イノベーション全史

京都大学（イノベーション・マネジメント・サイエンス）特定教授
木谷哲夫

BOW BOOKS
023

はじめに

はじめに

二〇二四年、ラスベガスのコンシューマー・エレクトロニクス・ショーに参加しました。数々のイノベーションを展示物で見ることができ、作成者のプレゼンも聞けるというイベントで、それ自体はよかったのですが、とにかく物価高がものすごい。アメリカではここ三年、インフレ率が五~八%と高かったことに加え、円安のために日本人はあっという間に貧乏になってしまった印象です。

日本で千円のランチなら四倍の四千円くらいかな、という予算感覚で行ったのですが、その水準（チップ無しで二五ドルまで）では、野菜や果物はほとんどとれなくなります。手に入るのはフレンチフライやハンバーガーなど、炭水化物と油、加工肉ばかりです。足りないビタミンはどうするかというと、錠剤やドリンクしかありません（普通のドリンクにちょびっとビタミンを足したものが種類豊富にあります）。

フードテック、サステイナビリティと最先端のアイデアを競い合うまさにその場所で、とんでもなく不健康な食事をしても何の矛盾も感じていない人たちを見るのは、非常に不思議な体験でした。

本書のテーマの一つになりますが、技術の進歩はすごくても、なぜか、その恩恵は昔ほど生活者には感じられなくなってきているのです。

現代のイノベーションは、生活実感とはかけ離れたところで起こっているという側面もあります。たとえば未来の超イノベーション最有力候補の核融合発電が将来実現しても、地球環境的に温暖化を防ぐインパクトは大きくても、生活者の体感としては、電気代が急に安くなる、といったわかりやすいインパクトはほとんどないかもしれません。

本書では、時代ごとのそうしたイノベーションの意味の変遷や、イノベーションのメカニズムを解説しています。


イノベーションは、エミュレーション（模倣）とディフュージョン（普及）のサイクルで起こるものです。どのようなジャンルのイノベーションであっても、エミュレーションとディフュージョンのサイクルが重層的に連続して起こることで初めて、社会が大きく変わります。

エミュレーションとは模倣するということ、ディフュージョンとは実用的な改善などで普及させるということで、日本の高度成長期はまさにそのサイクルが爆速で回った時代と言えます。

松下電機（現パナソニック）の創業者の松下幸之助は、二股ソケットに始まり、洗濯機、冷蔵庫、テレビなど、海外からエミュレート（模倣）した製品に実用的な改善を加えて一気に日本全国にディフュージョン（普及）させ、日本人の生活を大きく変えました。

つまりイノベーションは決してきれいで高級なものではない、ということです。

本書ではいろいろな実例を上げて解説していますが、今を時めくＡＭＤ（Adovanced Micro Devices）がインテルのコピー品からスタートしたこともその一例です。コピーこそイノベーションの神髄です。

基礎研究レベルのオリジナリティは必ずしも必要ではありません。スペースXのロケットであるファルコン9のエンジンは、そこそこの性能の古い技術でできた安定したエンジンを9基束ねたものです。打ち上げ用のロケットエンジンが絶対故障しないように信頼性を高めようと真面目に研究開発するととんでもなくコストが跳ね上がりますが、従来エンジンを束にして、どれかが仮に故障しても問題ない、という工夫をしたのです。九つのエンジンのうち、同時に複数のエンジンが故障する確率は極めて低いからです。

本書でも、漫然と高スペックを追求するのは組織病理にすぎないということを指摘していますが、こうしたクリエイティブな工夫が、急速な普及を可能にするのです。

言い換えると、オリジナリティにこだわり、打ち手の幅を狭めるのではなく、クリエイティブで柔軟な発想で現実世界のニーズを満たし、新たな顧客体験をもたらすことが求められているのです。

これからの勝ち筋はどこにあるのか、皆さんとともに考えていきたいと思います。

それでは、さっそく始めていきましょう。

目次

introduction

イノベーションとは何か

第1部 イノベーション「前史」

今、読むべきイノベーション本14冊

book 01
アニマルスピリット
ジョージ・A・アカロフ、ロバート・J・シラー

book 02
「豊かさ」の誕生
——成長と発展の文明史
ウィリアム・バーンスタイン

第2部

特別な世紀 アメリカン・システム

03 「超」イノベーションの時代

04 「特別な世紀」の立役者たち

今、読むべきイノベーション本14冊

book 03
J・A・シュンペーター
シュンペーター 経済発展の理論（初版）

book 04
アルフレッド・チャンドラー
経営者の時代
―アメリカ産業における近代企業の成立

第3部

大企業病　オーガニゼーション・マン

06

「特別な世紀」の終わり

今、読むべきイノベーション本14冊

book 05

リチャード・フォスター

イノベーション

――限界突破の経営戦略

07
衰退の自覚

book 06
ジェームズ・M・アッターバック
イノベーション・ダイナミクス
――事例から学ぶ技術戦略

book 07
クレイトン・クリステンセン
イノベーションのジレンマ
――技術革新が巨大企業を滅ぼすとき

第4部 資本主義のオリンピック

08 聖地の誕生

09 半導体の誕生

今、読むべきイノベーション本14冊

book 08
ヘンリー・チェスブロウ
OPEN INNOVATION
―ハーバード流イノベーション戦略のすべて

book 09
アナリー・サクセニアン
現代の二都物語
—なぜシリコンバレーは復活し、ボストン・ルート128は沈んだか

book 10
エベレット・ロジャース
イノベーションの普及

book 11
ジェフリー・ムーア
キャズムVer.2 増補改訂版
—新商品をブレイクさせる「超」マーケティング理論

第5部 ソフトウェアが世界を食い尽くす

今、読むべきイノベーション本14冊

第6部 「超」イノベーションの未来

15 今も続く「超」イノベーションの恩恵

16 「超」イノベーション番付

17 宇宙の「超」フロンティア

349

18 量子コンピューター、次のイノベーション論

369

装幀＋本文FMT

辻中浩一
＋
村松 亨修（ウフ）

introduction

イノベーションとは何か

第1部
イノベーション「前史」

1698
最初の蒸気機関
トーマス・セイヴァリ

1798
種痘
ジェンナー

1800
電池の発明
ボルタ

第2部

1854
電信の特許
サミュエル・モールス

1866
大西洋横断電信ケーブル

1869
アメリカ大陸横断鉄道

1878/1879
白熱電球
スワン
エジソン

1902
太平洋横断電信ケーブル

1903
飛行機

1906
ハーバー・ボッシュ法

1928
抗生物質ペニシリン

1930's
アラン・チューリング

1870

特別な世紀
アメリカン・システム

第3部
大企業病
オーガニゼーション・マン

1940's
コンピューター
フォンノイマン

1945
原子爆弾

1947/1948
トランジスタ
ベル研究所
ショックレー

1957/1958
集積回路
ギルビー
ノイス

1969
人類月面歩行

1960'S 後半
インターネット
ARPANET TCP/IP
1970'S

1971
マイクロプロセッサ
インテル

1975
マイクロソフト創業

1976
アップル創業

1970

第4部
資本主義の
オリンピック

第5部
ソフトウェアが
世界を食い尽くす

1994
アマゾン創業

1998
グーグル創業

2001
ドットコムバブル

2004
フェイスブック（メタ）創業

2007
iPhone 発売

2017
アルファ碁人類に勝利

2023
OpenAIによる生成AI

1990

2010

「超」イノベーションの未来

2025～ AI診断・治療

2025～ 遺伝子編集・個別化医療

2030～ 月面基地

2030～ 火星有人探査

2030～ 再生医療・組織工学・人工臓器

2040～ 量子コンピューター商業利用

2040～ ナノテクノロジー疾患治療

2050～ 商業核融合発電

2050～ 商業宇宙資源採掘

2050～ 宇宙太陽光発電

シンギュラリティ？

寿命脱出速度？

20X0～

イノベーションがすべてを解決する？

イノベーションが、ありとあらゆる人類の問題のすべてを解決する、というのが現代の信念となっています。ビジネスの成功だけでなく国の進歩までが、「イノベーション」次第ということになりました。

貧困の問題、地球環境の問題、がんや感染症の問題、差別の問題、格差の問題、教育の問題からエンターテインメントや広告の世界まで、世の中のすべての問題の解決はイノベーションがもたらしてくれるはず、という、ポジティブなイメージです。

同時に、ありとあらゆるタイプのイノベーションが考案されてきました。

「破壊的イノベーション」
「ブルーオーシャン・イノベーション」
「フルーガル・イノベーション」
「サステイナブル・イノベーション」
「レスポンシブル・イノベーション」
「リバース・イノベーション」
「グリーン・イノベーション」

といった具合です。〇〇イノベーションというのは世の中に溢れていると言ってもいいでしょう。

イノベーションを生み出すことが至上とされる結果、薬物の助けを借りてイノベーションを生むために人工的に脳を強化するということすら考えられています。

スタンフォード大学のグリーリーは、「健常者による認知能力増大薬の責任ある使用に向けてのファーストステップ」という論文の中で、そのような可能性に言及しています。[*1]

薬物摂取による健常者の注意力、記憶力の向上、覚醒、行動力の強化などについては、PCE（Pharmaceutical Cognitive Enhancement 日本語では「薬物による認知能力増大」）というジャンルで、賛否両論がありながらも一つの大きなトピックになっています。

PCEに関しては、仮にイノベーションを生むために役に立ったとしても、PCEへのアクセスが一部の人々に限定される場合、社会的な不平等をますます拡大する可能性がある公平性の問題や、PCEが自己改善の枠を超え、人間の自然な限界を超えることを可能にするという観点から、「人間の改良」が適切なのかどうかといった倫理的な問題が大きな議論の対象となっています。

イーロン・マスク氏が設立したニューラリンクは、超小型デバイスを人の脳に埋め込む臨床試験について、外部審査機関から承認されたと発表しています。このデバイスを脳に埋め込むこ

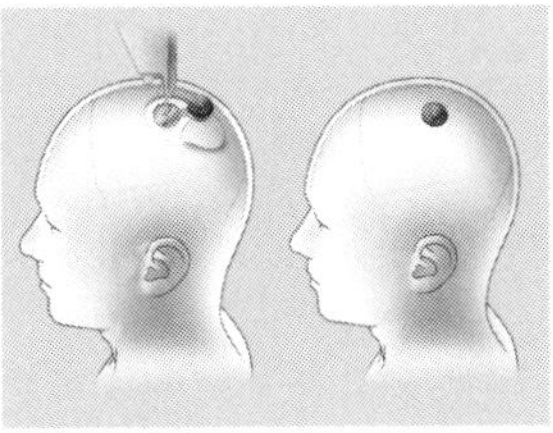

ニューラルリンク社のHPより

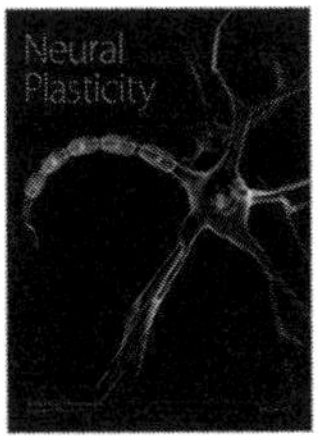

神経可塑性専門の科学ジャーナル
Neural Plasticity Journal

とで、考えるだけでコンピューターのカーソルやキーボードを操作できるようになることを当初の目標として掲げているのです。

こうした手段による脳の強化が、理論的には個々の人間の認知能力を向上させることで、イノベーションの源泉である創造性や問題解決能力を高める可能性があります。しかし、単なる「頭の良さ」が実際にイノベーションに結びつくかどうかは、実ははっきりしていません。

イノベーションを生み出すには、不確実性の中でも行動できるアニマルスピリッツや、普及のために実用的な改善を粘り強く行うといった、単に頭が良いということだけではない性格的・人格的な要素もありますし、さらには本書で詳しく解説するように、「エコシステム」、つまりイノベーションに関わる情報が流通する地域の特性という、本人以外の外部環境の要素が関係していると思われるからです。

イノベーションは最近になって普及した言葉

イノベーション万能の現代では想像もできませんが、イノベーションが社会的に肯定的な意味を与えられたのは非常に遅く、一九世紀中頃になってからです。

さらに、「イノベーション」という言葉自体が頻繁に使われるようになったのはせいぜいここ数十年のことです。

「イノベーションの父」と言われるシュンペーターも、実は一九一二年の有名な著書『経済発展の理論』の中では、イノベーションという言葉は使っていません。代わりに「新結合」という言葉が使われていて、「ああここはイノベーションのことについて書いているのだな」と後世の我々が読み替えているだけです。

科学的な研究から生まれた発明が、少しずつ世の中に普及し始め、一九世紀中盤を超えたあたりから一気にスケールし、二〇世紀中頃過ぎまでのイノベーションの黄金時代を築きました。多くの「超」イノベーションともいうべき発明が世の中に幅広く普及し、人間の生活ががらりと変わりました。

イノベーションは科学技術と何が違うのか

日本でも実は、イノベーションという言葉が使われるようになったのは、ごく最近のことです。技術革新、科学技術、新技術などと称されていたものが、ごく最近、イノベーションというように言い換えられるようになりました。

たとえば我が国の「科学技術基本法」が「科学技術・イノベーション基本法」に変更されたのは、ごく最近です（令和三年四月施行）。

この法律ではこれまで科学技術という言葉だけだったのが、科学技術とイノベーションの二種類の言葉を両方並べて書くことで、イノベーションは科学技術とは異なるものである、という認識の変化を示しています。

それでは「イノベーション」と「科学技術」の違いは何でしょうか？

イノベーションと技術革新がどう異なるかについては、さまざまな人がそれぞれの言葉で説明してきました。

「アイデアは実験室で確認されたときに誕生するが、意味ある規模で複製できるほどにコストが下がった段階で初めてイノベーションとなる」[*2]

「イノベーションとは何か新しいものを創造する以上のことを意味している。イノベーションとは顧客に付加価値をもたらす新製品による便益の創出を含んだ概念である」[*3]

という具合です。

共通しているのは、イノベーションには「普及」の側面があるということが、科学技術と異なっているということです。科学的な発見や新技術の発明だけではイノベーションになりません。普及し世の中に対するインパクトがあること、人々の生活を変えること、経済的な価値を生み出すことで、初めてイノベーションとなるのです。

イノベーションは科学技術と異なり「新しさ」「発見」だけではなく、世の中に普及することによる「経済的価値」の実現が重要だということです。[*4]

つまり、「科学技術・イノベーション基本法」という新しい名称により、国がこの法律で推進したいのは、科学的発見や新技術の研究だけではなく、それを世の中に普及し経済的な結果をもたらすことである、ということが明示されたわけです。

以上に書いたことを定式化すると、

イノベーション　＝　新しさ　×　経済的価値

ということになります。

そして、さらに一歩進めると、実は「新しさ」は何も自分で発見、発明したものである必要もありません。このため、実際には次のように定式化できます。

イノベーション　＝　エミュレーション（模倣）　×　ディフュージョン（普及）

アメリカにおけるイノベーションの黄金時代には、もともとはヨーロッパ発の発明や発見をエミュレーション（模倣）し、それを大量生産でディフュージョン（普及）させるということが、繰り返し大規模な形で起こりました。

現代でも、アリババやテンセントなどの中国の巨大テック企業が、アメリカ発のイノベーションをエミュレーション（模倣）し、一四億人の自国市場でデュフュージョン（普及）させて巨大化させたのと同じです。

キーワードはディフュージョン（普及）

起業家のことを気軽にゼロイチとか、ファーストペンギンなどと呼んだりしますが、それまで全く誰も実現しなかったアイデアを発想し、それを事業化して成功するということはあまり例がありません。

実際に成功したスタートアップを見ても、ゼロイチ、すなわち0→1のものはほとんどありません。

成功した企業は、1→100、1→1000というように、アイデアを実用化してスケールできた企業です。

「スケール」というのは規模の拡大、つまり、世の中に広く普及させることであり、そのためにコストを下げたり、使いやすく実用的な改良を行ったりすることです。

つまり、イノベーションにおいて最高の価値は実は普及、実用化といった努力にあるわけです。

実例を見てみましょう。

グーグルは0→1ではありませんでした。ヤフーすらもそうです。ヤフーは一九九五年に創業し、一年後の一九九六年にスピード上場（IPO）しました。ヤフーのIPOは、ネットスケープのIPOでドットコムブームが始まってから数カ月後でした。スタンフォード大学の同級生ジェリー・ヤンとデビッド・ファイロにより創業されたヤフーは、エキサイトやLycos、インフォシークのような検索エンジンにおけるライバルとの熾烈な競争にさらされました。

検索エンジン業界でこのような熾烈な競争が行なわれている最中に、最後にスタンフォード大のセルゲイ・ブリンとラリー・ペイジが共同創業したのがグーグルで、ヤフーの上場から実に二年も後に会社を設立（1998）しています。

検索エンジン業界ではすでに競争相手がひしめいており、グーグルは最後発でした。グーグルが上場したのは、ドットコムバブルの終わった後の二〇〇四年だったのです。

今、ほとんどの人はインフォシークやエキサイトのことは知りません。つまり、イノベーションの観点では、最初にスタートすることも重要ですが、もっと重要なのは最後まで生き残ることなのです。

「普及」の担い手がアントレプレナー

イノベーションとは科学的な発見をすることでも、発明することでも、アイデアを発想することでも、会社を興すことでもありません。新しいものを世の中に普及させ、コストを下げて実用化し、需要を呼び覚まし、大きな利潤を創出し、多くの人の生活を変え、社会の価値観を変え、大きな投資機会を創出することです。

したがって、イノベーションを構成する「新しさ」と「普及」のそれぞれで、担い手は異なります。「新しさ」を担うのは科学者や発明家ですが、「普及」を担うのはアントレプレナーということになります。

イノベーションにおいて後者の「普及」をより重視する観点では、アントレプレナーが担い手ということです。

イーロン・マスクは電気自動車を発明したわけではありませんが、世界中で電気自動車を普及させており、イノベーションの担い手となっています。

イーロン・マスクはスペースXを創業し、ロケット打ち上げのコストを大幅に引き下げましたが、彼は宇宙の専門家でもロケット技術者でもありません。

なぜ普通のビジネスマンではなく、アントレプレナーが新しいアイデアの普及に必要かというと、新しいものが市場で受け入れられるかどうかは事前にはわからず、実際にうまく普及することができるのかどうか、不確実性が極めて高いからです。

アントレプレナーシップとはしたがって、単に会社を設立することではなく、「高い不確実性の中で意思決定できる能力」と、「新しいアイデアを世の中に普及させるための行動力」ということになります。

日本経済に不足する投資対象を創り出す

イノベーションと経済成長の関係についての最初の研究（Solow, 1957）は、ソローが行い、イノベーションが経済成長の一つの要因であるとして、ノーベル経済学賞を受賞（1987）しています。ソローの考案した成長会計は、一国の経済成長が、どの要因から構成されているのかを簡潔に表現でき、現在も使用されている有益なツールです。

具体的には、経済成長を、資本蓄積、労働力増加、そして、「全要素生産性」（ＴＦＰ：Total Factor of Productivity たとえば技術進歩など）の三つの要素に分解します。そうすると、労働力の投入量、資本の投入量が一定でも、ＴＦＰが増大すれば経済成長できることになります。

清水洋（2019）[*5]によると、日本に成長会計をあてはめて考えると、高度成長期には大きかったＴＦＰの貢献度が、一九七〇年代以降は減少し、九〇年から現在まではほぼゼロとなってしまっています。[*6]

高度成長期の日本は、労働の投入量、資本の投入量、そしてＴＦＰの三つの要因ともに貢献していました。しかし、オイルショック後には、ＴＦＰの貢献度が大幅に減少し、バブル後の一九九〇年以降の「失われた三〇年」では資本投入量の減少による成長鈍化が特に顕著です。[*7]

資本投入量の減少はなぜ生じたかというと、金融機関の貸し渋りなどの原因があるでしょうが、投資対象がそもそも不足していたことも要因の一つであると考えられます。

投資が投資を呼ぶと言われるほど、経済にとって投資は重要であり、そのためには「投資する対象」が存在しなければなりません。

イノベーションは、新たな製品やサービスが、多くの人々に普及する過程で、大きな投資機会を生み出します。つまり、イノベーションの担い手であるアントレプレナーは、投資機会を生み出すことのできる人々です。

アントレプレナーはこれまでになかった新規性のあるものを世の中に一気に普及させることにより、大きな投資機会を創り出します。社会にとって新たな投資機会の創出をもたらすことで、資本主義のエンジンとなる非常に重要な人々です。

まとめると、イノベーションとは単に会社を興すことでも、発明することでも、アイデアを発想することでもありません。新しいものを世の中に普及させ、コストを下げて実用化し、需要を呼び覚まし、大きな利潤を創出し、多くの人の生活を変え、社会の価値観を変え、大きな投資機会を創出することです。

そして、その担い手がアントレプレナー、ということになります。

本書の構成

本書は、時代を「イノベーション『前史』」「特別な世紀」「大企業病」「資本主義のオリンピック」「ソフトウェアが世界を食い尽くす」「『超』イノベーションの未来」と六つに分けて、イノベーションがどのように進化し、世界を変えていったのかを解説するものです。

同時に、「今、読むべきイノベーション本14冊」として、古典から現代まで、イノベーションを考える際には押さえておきたい本を厳選し、どのような時代背景の中で書かれた本なのか理解しやすいよう、対応する時代ごとに分けて書いています。

時代背景や実際のイノベーションの事例と照らし合わせながら、理論について読んでいただくと、より理解が深まるからです。

第1部 ― イノベーション「前史」

前史とは、本格的なイノベーションの時代が始まる前のことを指します。産業革命を含めた一九世紀の中盤までのことを指し、後に続くイノベーションの大爆発の時代を準備した助走期間とも言えます。

一九世紀の後半から、大発明が次々と実用化され、人類の生活ががらりと変わる「特別な世紀」が始まりますが、それを準備している間、何が起こっていたのか見ていきます。

今、読むべきイノベーション本14冊

#01 ジョージ・A・アカロフ、ロバート・J・シラー『アニマルスピリット』

#02 バーンスタイン『「豊かさ」の誕生―成長と発展の文明史』

第2部 ― 特別な世紀 アメリカン・システム

一八七〇年から一九七〇年までの約一〇〇年間は、「超」イノベーションが世界をガラリと変えた時代でした。「特別な世紀」と呼ばれるこの一〇〇年間は、公衆衛生の進歩、電力、自動車、航空機、通信技術などにおける一連の画期的な発明で、経済成長と生活水準の飛躍的な向上がもたらされました。この時代の立役者はどのような人々で、どのような出来事があったのか、立て続けに「超」イノベーションを起こしたメカニズムである「アメリカン・システム」とはどのようなものだったのか、について解説します。

今、読むべきイノベーション本14冊

#03 シュンペーター『経済発展の理論』
#04 チャンドラー『経営者の時代―アメリカ産業における近代企業の成立』

第3部――大企業病　オーガニゼーション・マン

二十世紀の後半には「特別な世紀」は終焉を迎え、ゼネラル・エレクトリック、ゼネラル・モーターズ、フォード、エクソン、AT&T、メロン財閥、モルガン銀行など、「特別な世紀」を支えた企業の創業者たちはすべて経営から姿を消し、代わりにサラリーマン経営者の時代に移行しました。

集団への帰属意識が強く、個人より集団の調和を重んじ、生涯にわたり人格のすべてを自分の属する企業に捧げる人々＝オーガニゼーション・マンが生まれました。サラリーマン経営者が統治する大企業が主役となった米国経済からはかつてのような活力が失われ、経営者の関心は、アタッカーによる攻撃から自社をどう防ぐか、という守りの観点に移行しました。

今、読むべきイノベーション本14冊

#05 リチャード・フォスター『イノベーション―限界突破の経営戦略』
#06 J・M・アッターバック『イノベーション・ダイナミクス―事例から学ぶ技術戦略』
#07 クレイトン・クリステンセン『イノベーションのジレンマ―技術革新が巨大企業を滅ぼすとき』

第４部 —— 資本主義のオリンピック

シリコンバレーでデジタル・ゴールドラッシュが始まり、これまでの沈滞した時代には見られなかった若くて型破りな人たちが主役となり、「特別な世紀」のような資本家兼経営者の時代に回帰しました。

一九九〇年代のドットコムバブルの始まりからの数十年間で、アメリカ社会はかつてのアニマルスピリッツと、資本主義の活力を取り戻しました。

シリコンバレーがどのようにして世界のイノベーションの中心地となり、その過程でアメリカ社会を「再創造」したのか、について解説します。

今、読むべき
イノベーション本
14冊

#08 ヘンリー・チェスブロウ『OPEN INNOVATION―ハーバード流イノベーション戦略のすべて』

#09 アナリー・サクセニアン『現代の二都物語―なぜシリコンバレーは復活し、ボストン・ルート128は沈んだか』

#10 エベレット・ロジャーズ『イノベーションの普及』

#11 ジェフリー・ムーア『キャズム』

第5部 ―― ソフトウェアが世界を食い尽くす

一八カ月に二倍のペースで計算速度が向上するという経験則であるムーアの法則は、当初の予想に反して五〇年以上も続いており、現時点でもその進化は継続中です。指数関数的にコンピューターの計算能力が増大した結果、自然言語や画像などを含む大量のデータ処理が可能となり、ディープラーニングをもとにした、自分で進化し続けることのできる、これまでとは異なるＡＩが出現しました。

ヘルスケアやエネルギー、農業、交通といった伝統的な分野にも、デジタルテクノロジーが侵食しつつあります。

今、読むべき
イノベーション本
14冊

＃12 エリック・リース『リーンスタートアップ』
＃13 ロン・アドナー『エコシステム・ディスラプション―業界なき時代の競争戦略』
＃14 サラス・サラスバシー『エフェクチュエーション』

第6部 ―― 「超」イノベーションの未来

過去の「超」イノベーションの数々が我々にもたらす恩恵は巨大であり、簡単に否定することはできません。

一方で、「特別な世紀」以降（一九七〇年代以降）のイノベーションが我々にもたらす変化は、それ以前と比較すると鈍化していて、現代ではイノベーションが起こっても人々の生活にかつてのような飛躍的な変化は見られない、という見方が存在します。

つまり、現代では技術の変化のスピードはますます加速しているにもかかわらず、人々の生活の変化の度合いは実はそれほど大きくない、ということです。

しかし、未来の「超」イノベーションの大きな波の可能性は、持続可能性、エネルギー革命、寿命革命などあらゆる分野で、その手がかりが見え始めてきています。本書では到底すべてをカバーすることはできませんが、この章では、その中から宇宙や量子コンピューティングを解説し、ターゲット設定から始まるコンセプト・ドリブンで起業するやり方についても考察します。

注釈

*1 Henry T. Greely.（2013）. Some First Steps Toward Responsible Use of Cognitive-Enhancing Drugs by the Healthy. The American Journal of Bioethics. Volume 13, 2013 - Issue 7. Pages 39-41.

*2 Peter M. Senge. The Fifth Discipline.（1990）. Doubleday Business.

*3 David O'Sullivan & Lawrence Dooley.（2009）. Applying Innovation.SAGE Publications, Inc.

*4 清水洋.（2022）.『イノベーション』. 有斐閣.

*5 清水洋.（2019）.『野生化するイノベーション　日本経済「失われた20年」を超える』. 新潮社.

*6 清水洋.（2021）.「『為替だけの問題ではない』ほかの国より圧倒的に勤勉なのに日本人の給与が増えない根本原因」. PRESIDENT Online. https://president.jp/articles/-/50253?page=2)

*7 清水洋. 前掲ウェブサイト.

第1部

イノベーション「前史」

01 アニマルスピリッツ

ジョン・メイナード・ケインズ（1936）
主著『一般理論』の中で、
「アニマルスピリッツ」について述べている
National Portrait Gallery, via Wikimedia Commons
https://commons.wikimedia.org/wiki/File:Keynes_1933.jpg

イノベーション禁止令「新規御法度」

イノベーションというのは実は比較的最近までそれほど前向きな意味を持つ言葉ではありませんでした。それどころか、イノベーションを起こす人、イノベーターは、社会の敵、唾棄すべき人間、犯罪者とさえとらえられていたこともあります。
世界的に見て一八世紀の末まで、イノベーターは、社会をかき乱す冒険者、異端者という、社会的な常識、宗教、制度を乱す不届き者という扱いでした。

日本では江戸時代に徳川吉宗が、「新しいことを禁止する」というお触れ書き（今でいう政令）を出しました。「新規御法度」というものです。
文面は以下の通りです。

一．呉服物、諸道具、書物はいうに及ばず、諸商売物、菓子類も新規に巧出することを、今後堅く禁ずる。もしやむを得ない仔細のある者は役所へ訴え出て、許しを受け巧出すること
一．諸商物のうち、古来通りですむ物を、近年色を変えたり、数寄に作り出す類の物は、おって吟味し禁止を命ずるので心得おくこと[*1]

とにかく昔通りのことをやれ、変化をもたらすことは一切禁止、というかなり徹底したもので

した。

この政令は、「過度な浪費や風紀の乱れを防ぐ」ことを目指していました。商人たちが豪奢な生活を楽しむ一方で、町人や農民の生活は苦しくなり、社会の不均衡や不公平が増大することを避け、また、商人層の影響力が増すことを危惧し過度な浪費を抑えることを目指したとされています。

安定した治世の維持、つまり、変革や不安定さを排除し、既存の社会秩序や規範を維持するための一環とも解釈できます。

幕府の安定した治世を確保するには、外様大名など、不満分子の反乱の芽を摘むこと、具体的には、武器のイノベーションが起きないことが重要でした。実際、黒船の到来まで安定した治世が持続したことからも、その方針は治世の維持にとっては有用だったと評価できます。

イノベーションを禁止したことにより、安定してはいたものの退屈な時代だったことは確かで、たとえば一八世紀の『元禄御畳奉行の日記』に、能力ある人間が、閉鎖的な停滞社会の中で時間と能力を持て余している姿が描かれています。[*2]

イノベーションは神への反逆？

外国でもイノベーションを危険視する考えは同様に存在していました。

イノベーション概念の変遷について研究しているブノア・ゴダンの著書によると、

「イノベーションは我々が変化、というより特定のタイプの変化に対して持つ概念を表現する言葉である。イノベーションは人間によるもの、意図的なものであり、これは、神によってつくられたものや自然、あるいは偶然というものの対極にある。それはラディカル（革命的）で突然で、過去の何世紀かの人々にとっては、暴力的なものであった」

「これ（イノベーション）は、その反対の意味に観念される可能性のあったということから、社会的な構築物にすぎない。つまり、突然に対して漸進的、ラディカルに対してインクリメンタル、反抗的に対して進歩的、そして有用で創造的である、というように観念される可能性もあったのである」[*3]

といった具合です。つまり、イノベーションは神の秩序を壊す危険性のあるものであり、暴力的、突然、反抗的、自然でない、などといったマイナスイメージで観念されていたことがわかります。

そうしたマイナスイメージの根源は、イノベーションに内在する不確実性であり、その担い手であるアントレプレナーが持つ、伝統社会の価値観とは異なる、ある種の異端性にもあったと考えられます。

「(真の)不確実性」とは何か

自由主義市場経済体制を擁護する「シカゴ学派」の始祖として知られ、ミルトン・フリードマンやロナルド・コースらに影響を与えた、二〇世紀を代表する経済学者であるフランク・H・ナイトは、その著書『リスク、不確実性、利潤』(1921 日本語新訳あり)の中で、起業家が挑戦するリスクとは何か、について考察しました。

ナイトの「(真の)不確実性」の概念について、植村修一の『リスク、不確実性、人類の不覚』(2022)はわかりやすく解説しています。

植村によると、ナイトの「不確実性」には「測定可能な不確実性」と「測定不可能な不確実性」の二種類があり、測定可能な不確実性を「リスク」、測定不可能な不確実性を「(真の)不確実性」としています。

測定可能な不確実性とは、たとえば、確率が数学的に計算できるサイコロの目や、過去の統計分析から得られる交通事故に遭う確率などがあります。

「(真の)不確実性」とは、そのような測定が不可能な不確実性のことです。自由主義社会の競争下で利潤の源泉となるものは何か、というのがナイトの問題意識であり、「(真の)不確実性」の中で意思決定する起業家への対価が利潤である、としたのです。

一方、「リスクすなわち測定可能な不確実性での意思決定は、保険に加入するごとく機械的で、そこでの報酬は労働者への賃金と同じだ」とも言っています。

測定可能かどうかをもとにリスクや不確実性を議論することは極めて重要です。

つまり、単に測定可能な程度の不確実性の下で意思決定しているだけの者は労働者の賃金を得るのが相当であり、「(真の)不確実性」に挑戦する者だけがそれにふさわしい対価を得る、ということになるのです。

新しい事業を始める際に、定量的な分析やロジック、合理性に基づいて行動しようとすると、いつまでたっても行動できない可能性があります。なぜなら新しいということはイコール前例や過去のデータがないということであり、「なぜそれが売れるのか?」「どのくらい利益が出るのか?」「本当にその技術で大丈夫なのか?」といった質問に対して、ちゃんとした事実や実績に基づいた、誰もが納得する答えができない状態だからです。

たとえば、既存のビジネスである、駅前でビジネスホテルをやる、とか、コンビニフランチャイズ店を出店する、といった場合、商圏人口などから一定の顧客の存在を計算し、ある程度確度の高い収支予想を前提として意思決定することができるでしょう。

しかし、これまでにない全く新しいサービスや商品の場合、まだ市場が定義されていない状態にあります。そもそも誰かが本当に買ってくれるのか、顧客が存在しているのかさえ怪しく、不確実性が格段に大きくなります。ロジカルに、ファクトベースに、客観的に正しい意思決定をしようとしても、それには限界があります。

このような全く新しいサービスや商品の場合は、これなら絶対にうまくいく、という思い込みの強さや未来に関する主観的な読み、楽観性といった要素が重要になるのです。

イノベーションには非合理的な部分が大きい

アントレプレナーとは実際にイノベーションを起こす人であり、単に会社を新しく作る人ではありません。リーダーシップ、推進力、実行力、ビジネス機会の追求力、カリスマ性ということがアントレプレナーの資質として重要です。[*4]

そして、それらのさまざまな資質の根幹になるのが、「(真の)不確実性」に挑戦することができる、という資質です。

不確実性の高い新事業では、始める前には前例も何もなく、正当な理由付けをもって始めることはできません。そのような状態で新たな機会にかけ「オールイン」できるような衝動的な動機付け、強い思い込みを持っていることがアントレプレナーの資質として最重要です。これをアニマルスピリッツと呼びます。

経済学者ジョン・メイナード・ケインズは、主著『一般理論』の中でアニマルスピリッツ（animal spirits）について述べています。

彼によれば、アニマルスピリッツとは、経済主体の自発的な楽観主義、つまり不確実性の中で、経済行動を駆り立てる動機である、一種の直感的な欲求や感情を指します。

ケインズは、「最も重要な投資決定をする際、私たちは根拠があまりにも不確かで、いかなる科学的な計算も可能でない状況に直面する。そのような状況では、私たちは本能的な欲求、勇気、または楽観主義によって動かされる。私が『アニマルスピリッツ』と呼ぶものだ」というふうに説明[*5]しています。

ケインズは、彼が主に分析した、利子率や貨幣供給量といった定量的な概念だけでなく、人間の行動の動機として非合理的な面も認識していたのです。

02

黄金時代の準備

力織機工場

蒸気機関は当初紡績工場で用いられた

Illustrated by T. Allom, Engraver J. Tingle(1935)
History of the cotton manufacture in Great Britain by Sir Edward Baines,
via Wikimedia Commons
https://commons.wikimedia.org/wiki/File:Powerloom_weaving_in_1835.jpg

一九世紀の中頃からイノベーションの黄金時代が始まる

一人当たりGDPを推計して主要国を比較した分析がありますが、それを見ると、一八〇〇年代の中盤、特に一八七〇年前後から、先行していたイギリスだけでなく後発のドイツや日本も含めた主要国で急激な成長が始まっているのがわかります。

それより前の、経済成長が爆発する前の助走期間、あるいは「特別な世紀」の前の準備期間に一体、何があったのでしょうか？

農業の資本主義化

現在グローバルに広がる資本主義経済は、まだ三〇〇年余りの歴史しか持っていません。ギリシャで突如として劇的に農耕民が現れて以降[*6]九千年続いた自給自足農業のあと、約三〇〇年前（一八世紀）に、砂糖の生産をきっかけに資本主義が勃興しました。

資本主義経済と自給自足経済との違いは、前者が利潤を追い求めて膨張を続ける拡張的な経済システムであることです。

宮崎正勝（2015）によると、資本主義経済は、カリブ海域でのサトウキビの大量栽培から始まり、一八世紀後半以降に、分業により広域を結びつけ、膨張を続ける経済システムとして世界中に広がりました[*7]。

自給自足経済とは異なり、新たに形成されたサトウキビのプランテーションでは、生産に従事する働き手が貨幣で売買される「商品」として扱われる仕組みができあがり、イギリスとフランスは、カリブ海域のサトウキビ生産で膨大な富を手にしたのです。

製糖工場と一体となったサトウキビのプランテーションでは、労働力となる黒人奴隷とその維持・再生産のための食糧だけではなく、農場施設、農具、砂糖を精製するための工場、そこに動力を供給する風車などの生産手段がすべて、「商品」として貨幣で購入され、製品の砂糖も「商品」として売りさばかれました。

要するに、サトウキビのプランテーションでは、すべてが貨幣により動かされたわけで、そのような経済システムは、従来の世界にはほとんど見られないものでした。これが資本主義の本格的な始まりです。

資本主義経済による大規模で効率的な生産により、ヨーロッパに輸入される砂糖の量は増加の一途をたどりました。砂糖の価格は下がり、ヨーロッパ人は甘党になりました。

砂糖産業の需要を増やすため、イスラーム世界のコーヒー、中国の紅茶、新大陸のココア（チョコレート）などが発掘され、新たな商品の連鎖が生まれ、砂糖を取り巻く食品・嗜好品の輪が成長し、やがてはコーヒー、紅茶などのプランテーションも広がっていきます。

エチオピア原産の飲料であるコーヒーは、一六五〇年にオックスフォードでイギリス初のコーヒー・ハウスがオープンし、五〇年後にはロンドンのコーヒー・ハウスの数は三千軒に上ったといいます。

ケーキ、クッキー、チョコレート、キャンディや、砂糖を加えて飲むココア、コーヒー、紅茶などが次々に発明・輸入され、砂糖の消費を支えました。イギリス人の一人当たり年間平均砂糖摂取量は、一七世紀初めはほぼゼロだったのに、一九世紀初めには八キログラム前後に増えたとされます。[*8]

ユヴァル・ノア・ハラリはこのあたりの事情を次のように描写しています。[*9]

「サトウキビを育て、砂糖を抽出するのは労働集約的な仕事だった。熱帯の太陽が照りつける下で、マラリアが蔓延するサトウキビ畑で長時間好き好んで働く人間はそういない。労働者に賃金を払って商品を生産させたら高くついて、大量消費は望めなかっただろう。市場原理に敏感で、利益と経済成長を貪欲に求めるヨーロッパのプランテーションの所有者は奴隷に切り替えた。一六世紀から一九世紀まで、約一千万のアフリカ人が奴隷としてアメリカに連れてこられた。その七割ほどがサトウキビのプランテーションで働いた。労働条件は劣悪だった」

（ユヴァル・ノア・ハラリ『サピエンス全史　文明の構造と人類の幸福』）

イギリスの奴隷商人は、わずか二ポンドから三ポンドで購入した奴隷を二五ポンドから三〇ポンドの値段で売却し、一〇倍近い巨利を上げたとされます。[*10] 黒人奴隷の輸送量からして、イギリスなどの奴隷商人が上げた利益ははかり知れません。その膨大な富の蓄積が産業革命でイギリス経済を飛躍させる大きな前提条件となったのです。

肥料革命

産業革命の時代は、人口が増えるというよりも爆発し始めたにもかかわらず、当時の人たちは飢えるどころか食生活をさらに豊かにして、その人口急増を生き抜いた、という驚きの時代でした。[*11]

一七九八年、ロバート・マルサスは『人口論』の中で、土地の生産力には限りがあるので食糧供給は人口増加のペースに追いつかないだろう、と悲観的に予測しました。

しかし、実際は飢えるどころか、既述のような資本主義的な農業生産の進展で、コーヒーや紅茶、菓子などの嗜好品のバリエーションが広がった上に、一八三〇年頃に発見された奇妙な「棚ぼた」により、農業の生産性が一挙に向上し、マルサスの予測は大外れすることになりました。[*12]

現在の化学肥料は大気中の窒素を人工的に固定したものですが、当時の肥料というと家畜の糞しかなく、農業用の肥料は恒常的に供給不足で、農業生産の足を引っ張っていました。

南アメリカと南アフリカの海岸沖にある乾燥した島々では、ウやペンギンやカツオドリの糞を洗い流す雨が降らないため、鳥の糞が何層にも積み重なり、何世紀もの間に窒素とリンを含む堆積物が大量にたまっていました。農業用肥料としてうってつけのこの鳥糞石（グアノ）の発見により、一八四〇年から八〇年までの間に、鳥糞石に含まれる窒素がヨーロッパの農業の生産性に大きな変化をもたらします。

製造業が成立するためには、工場で労働できる人が都会に住んでいることが必要です。都市の労働者は食料生産には従事しないため、こうした農業の生産性の爆発的な向上がなくては都市での製造業の発展は不可能だったのです。

機械の登場

産業革命とは一般的に、一七六〇年代以降にイギリスで起こった綿工業の紡績部門での機械の導入、蒸気機関の利用、それに伴う経済・社会の大変動を指します。

なぜ綿工業だったかというと、それまでは主に羊毛から毛織物を作っていたのですが、吸湿性に富み丈夫な綿が今でいう「新素材」として大人気の輸出商品となったからです。一七五〇年から七〇年にかけて、イギリスの綿布の輸出量は、約一〇倍に増加しました。*13

綿糸の供給が追いつかなくなったため、深刻な綿糸不足（糸飢饉）が起こり、新しい紡糸技術の発明には懸賞金が出されたこともあり、多くの素人が参入し、一攫千金を狙って発明に狂奔しました。

かつら製造業者のリチャード・アークライトは水力紡績機を発明し、工場を建てて大きな利益を上げました。

しかし、水力だと港の近くの平坦地では高低差がないため使えません。ここでグラスゴー大学の実験器具の補修職人であったジェイムズ・ワットがトーマス・ニューコメンの蒸気機関を改良し、石炭の燃焼エネルギーを機械の動力として使えるようにしたのです。

ワットの蒸気機関は石炭を燃やして機械を動かすことのできる万能の動力となりました。工場が集積する都市が生産の場に変わり、農地をはるかに上回る生産力を持つようになりました。

つまり、ワットが蒸気機関を発明したわけではありません。ワットは、蒸気機関を実用化した人でした。

実は蒸気機関を実用化しようという試みは、一七世紀からヨーロッパの各地で行われており、科学者や発明家たちがしのぎを削っていました。

一八世紀になって、イギリスのトーマス・ニューコメンが、蒸気機関による揚水装置をつくりました。炭坑や鉱山で坑道を掘ると水が湧き出てくるため、これを排出するのが大変な作業だったので、当時のイギリスでは、炭坑、鉱山などで水をくみ上げる揚水装置が切望されていたのです。そして、ニューコメンの揚水のための蒸気機関をヒントに、糸飢饉ともいわれるような供給が切迫した状況で、紡績機を動かすための蒸気機関を作ったのが、ワットだったというわけです。

こうしてみると、改めて、切実な実際のニーズのあるところに大きなイノベーションが起きた、ということがわかります。昔からいわれているように、「必要は発明の母」だったのです。

「エンゲルスの休止」

機械が発明されてもすぐに社会が変わるわけではありません。

産業革命がその威力を最大限発揮するまでにはさらに長い助走期間が必要でした。その間は、テクノロジーの恩恵は一般人にはたいして体感できるものではなく、変化は主に機械の普及による省力化といった面でした。

経済史家のジョン・ハンフリーズによると、一八世紀の発明家たちは、「雇用の創出、特に女性や子どもの雇用創出につながることを売り込んだ」ということです。

機械の発明で、熟練工から女子どもに切り替えることによる人件費の削減を意味していました。

繊維、金属、皮革、農業、醸造など各分野で、発明はほとんどが労働置換型で、未熟練の女子どもを職人の代わりにしてコストを下げる、ということが売りであったとされています。

子どもを労働力にすることで、労務管理は強化できました。親元から切り離された子どもたちは大人と違い反抗することもなく、大人のように酒を飲んで暴れたりもせず、「熟練職人を相手にするときに踏まなければならない手順を省略して、抵抗をこん棒で押さえ込めるようにする」

ことができたのです。[14]

繊維や炭鉱などの主要な産業で、一八三〇年代、一八四〇年代にはイギリスでもアメリカでも、児童労働の比率は三分の一から二分の一に達していました。

マルクスと一緒に共産党宣言を書いたエンゲルスは、産業革命期には「大多数の賃金労働者を犠牲にして資本家が豊かになった」と書いています。確かにこの時期だけをとってみると、経済は急成長していたのに、労働者の賃金は低いままでした。利益の大半は事業家が手にし、それを新たな工場や機械設備に投資したために、労働者にまで恩恵が行き渡らなかったのです。この時期をロバート・アレンは「エンゲルスの休止」と呼んでいます。[15]

しかし、資本家だけが儲かる「エンゲルスの休止」はいつまでも続かず、労働者に恩恵が行き渡り始めます。具体的には一八五〇年ごろから子どもの労働参加率が大きく減少しています。機械が大型化、複雑化したため、再び作業員に高いスキルが求められるようになったからだと言われています。

経済学者のオデッド・ガローは、一九世紀後半になってようやく「技術の進歩が労働者のスキルを押し上げ人的資本の重要性を高めた」、と言っています。[16]

「エンゲルスの休止」の時代には、工場は機械化されても市民の生活水準はいっこうに向上せず、利益は一部の資本家だけが吸い上げていました。

技術革新の恩恵が、大きな設備投資によって広く普及するまで、長い準備期間を経て、一般の人々がようやく技術の進歩による利益を享受できるようになりました。

蒸気機関が鉄道に応用される

ワットの蒸気機関は、さまざまな動力、車や船への応用の可能性も秘めたものでした。そのため、蒸気機関を使った自動車、船などの実用化競争がヨーロッパ中で始まりました。蒸気船を最初に実用化したのは、イギリスのウィリアム・サイミントンだとされています。[*17]

コンピューターや電気と同じく、蒸気機関は経済学者が「汎用技術」と呼ぶ多様な用途に活用できる技術でした。多くの異なる分野にスピルオーバー効果をもたらす技術です。

蒸気機関が最も威力を発揮したのは移動に関する技術においてでした。

現代のデジタル技術が人々のつながる範囲を拡大したように、鉄道も大きく世の中を変えました。イギリスの鉄道は一八五〇年からの三〇年間で二万五千キロメートルまで延び、世の中は急速に便利になりました。ちなみに現在の日本の鉄道路線の総延長距離は約二万キロメートル（JR）ですので、国土面積のより小さなイギリスでの鉄道網の密度は相当なものでした。

鉄道のおかげで人の移動が楽になっただけでなく、本も新聞も手紙もすぐに届くようになり、ニュースや発明、アイデアもあっという間に広がるようになりました。

運搬コストの低下は生産者にとっては配送コストの低下を意味し、市場の範囲が一気に広がりました。

つまり蒸気機関が発明されてすぐに人々の生活に影響が出るのではなく、それが鉄道に応用され、鉄道網が張り巡らされて初めて社会に劇的な変化が起こるのです。

まとめると、この時代は、資本主義経済が勃興し、農業の生産力が拡大し、産業革命の発明の恩恵が一般人まで及ぶようになった時代でした。

続く一八七〇年〜一九七〇年の「特別な世紀」において数々の「超」イノベーションが人間生活を変えていくための、前提条件を整えた準備期間ということです。

今、読むべきイノベーション本14冊
「前史」がわかる

book 01

ジョージ・A・アカロフ、ロバート・J・シラー

アニマルスピリット

（山形浩生 訳　2009　東洋経済新報社）

著者のアカロフ教授は二〇〇一年に、シラー教授は二〇一三年にノーベル経済学賞を受賞しています。本書[*18]のタイトルの「アニマルスピリット」は、既述の通り、経済学者ジョン・メイナード・ケインズが用いた言葉ですが、それと経済学の新しい分野である行動経済学の成果を組み合わせ、経済活動の背後にある非経済的な動機や心理的要因を幅広く探求しています。

この本でアカロフとシラーは、経済活動の多くが冷静な計算や合理的な判断だけでなく、人々の信念、信頼、公正感、不正確な情報などの「アニマルスピリッツ」に影響されていると主張

しています。主なポイントとしては以下のようなものが挙げられます。

信頼：経済の活性化や縮小は、人々が未来に対して持つ信頼感に大きく依存している。

公正：人々は公正な取引や給与を求める傾向があり、その期待が裏切られると経済活動に影響する可能性がある。

腐敗と悪徳：腐敗や悪徳な行為は経済成長を阻害し、社会的信頼を損なう。

物語性：人々は物語やストーリーに影響されることが多く、これが投資や消費の動向に影響を及ぼすことがある。

非合理的な楽観主義や悲観主義：人々はしばしば過度に楽観的あるいは悲観的になり、これがバブルや恐慌の原因となることがある。

アカロフとシラーは、これらの非合理的な要因が経済において重要な役割を果たしていると指摘します。

人が新しいビジネスや投資機会を追求する動機、つまり、アントレプレナーシップは、経済活動や投資の背後にある非合理的な動機として、楽観主義、物語性、信頼、市場に存在する非合理、という四つのアニマルスピリッツに基づいているとアカロフとシラーは示唆しています。

楽観主義：起業家はしばしば過度な楽観主義を持っており、これが新しいビジネスの創出やリスクへの取り組みを促進します。彼らの楽観主義は、多くの場合、現実のリスクを過小評価することを意味しますが、この楽観主義が経済的活動とイノベーションを推進する要因として働くのです。

物語性：起業家は新しいアイデアやビジネスモデルに関する物語やストーリーに引き寄せられます。また、その物語性は、投資家や消費者を魅了し、新しいビジネスの成功を支える重要な要素となることがあります。

信頼：起業家の活動は、人々が経済システムや将来の機会に対して持つ信頼感に大きく依存しています。たとえば法的な安定性（独裁国家のように規制が恣意的に変わったりしない）や、自国の市場の成長に信頼があると、人々は新しいビジネスに投資したり、新しい商品やサービスを試したりすることにより意欲的になるからです。

市場に存在する非合理性：アカロフとシラーは、市場が常に合理的に動くわけではないと主張しています。この市場の非合理性は、起業家によるアービトラージ（裁定取引）を可能にし、新しいビジネスチャンスを見つけたり、特定の市場（ニッチ）で成功を収めたりする機会を提供することにつながります。

まとめると、非合理的な「アニマルスピリッツ」が起業家の活動を支えています。説明のつかない成功に対する過度な「楽観主義」と、システムや市場の将来についての「信頼」、合理的なはずの世の中に実は大きなビジネスチャンスが見逃されているという「市場に存在する非合理性」、そしてそれらをストーリーとしてつなぐ「物語性」が、多くの人や資源、資金を引き寄せ、「（真の）不確実性」への挑戦を可能にするのです。

book 02

ウィリアム・バーンスタイン

「豊かさ」の誕生
―成長と発展の文明史

（徳川家広 訳　2009　日本経済新聞出版社）

この本では一九世紀半ばから世界中で急速に経済成長が始まった理由について考察しています。イノベーションが起こるための前提条件である、1私有財産制、2科学的合理主義、3資本の入手可能性、4通信と移動のコスト低下という四つの条件が解説されています。

1 私有財産制

社会の繁栄の源泉として私有財産制が重要であることはもはや自明となっています。

バーンスタインによると、私有財産制度が優れていることの説明として、一九六八年にカリフォルニア大学のギャレット・ハーディンは《サイエンス》誌に、「共有地の悲劇」という論文を発表しました。

「共有地の悲劇」とは、たとえば牧草地を皆で共有している場合、それぞれが自分の家畜を増やし、結果として、共有の牧草地が消費しつくされ砂漠化してしまうようなことを指します。

もし牧草地が私有財産であれば、所有者は土地が荒廃し財産価値が低下しないように、むやみに家畜を増やしたりしないでしょう。しかし、共有の場合は個々の参加者が合理的に行動する結果、土地の荒廃は不可避となります。

また、私有財産の一つである特許権はイノベーションに非常に重要です。アメリカの初代大統領のジョージ・ワシントンが一七九〇年に、当時としては先進的な特許法に署名しました。運用を担当したのは、自らも発明家でもあった建国の父の一人、トーマス・ジェファーソンでした。

アメリカではこのため建国直後から効率的で安上がりな特許制度が発達します。効率的な特許制度のおかげで、許可された案件は、一八三五年までに九千件に達しました。一九世紀の繁栄の象徴である工場、蒸気船、鉄道、それに電信などの大発明が、新しい法の下で見込まれる莫大な利益に魅せられた人々によって生み出され、エジソンの白熱灯やイーストマンのカメラのような発明により、アメリカを代表する企業が成立するようになります。

2 科学的合理主義

バーンスタインは次のように書いています。

「経済の歴史はその根底においては技術の歴史である。この二〇〇〇年の人類の繁栄は、発明の奔流に舟を浮かべた結果なのだ。経済成長は生産性の向上とほとんど同義であり、生産性の向上のほとんどが技術進歩の結果なのである」[19]

科学がビジネスに入り込んだのはかなり遅く、一八五〇年頃まで、科学者が実際に産業に関わることはほとんどありませんでした。一九世紀の後半には、鉄鋼王アンドリュー・カーネギーが工場の中に研究所を作り、鉄鉱石の品質と製品である銑鉄の品質の関係を監視させ、科学者を活用することで競争相手に対して優位に立っていました。[20]

3 資本へのアクセス

起業家がもともと豊富な資本を有しているということはまれです。昔は発明家にはお金がなく、お金持ちには投資対象がない、というのが普通でした。一七世紀のヨーロッパには驚くほど非効率的な資本市場しかなく、資金の出し手と借り手が出会うことは非常に困難でした。

一七、八世紀のオランダでは、株式会社、海上保険、年金や恩給、先物取引や外国企業の株式上場、ミューチュアルファンド、投資銀行などの数々の金融イノベーションが起こりました。投資家のリスクは投資銀行の発券する債券を経由して多数の投資案件に分散投資されることで、格段に低下しました。

株式会社とは、有限責任の制度であり、株主は会社が抱える借金の返済義務を負いません。仮にそのような制度がなければ、投資先の事業の失敗は、イコール個人的な破産や悪ければ投獄、奴隷化という最悪の結末を招来するので、投資家は投資しようとしないでしょう。

つまり、投資家がきちんと保護されない世界では、大企業は成立できません。第三者との信頼関係が成立しにくいので、家族の信頼をベースにしたファミリービジネス以外は成立しないと思われます。現在でも、日米欧以外の国の主要企業のほとんどがファミリービジネスであるのはそのような理由からです。

バーンスタインは、一九世紀後半の債務者監獄制度の撤廃も重要だったと書いています。かつては会社が倒産して借金を返せないと投獄されていたのが、そのリスクがなくなったことで、起業が大幅に促進される理由となりました。

この結果、イギリスの事業家は、どのような大胆な構想も自由に追求できるようになりました。誰でも、いかなる事業でも、成功の可能性さえあれば「市場から資本が浴びるように提供され、構想は実現されたことだろう」[*21]というように、起業家経済の基盤を構築することができたのです。

4 通信と移動

四つめの要因としてバーンスタインが挙げているものは、イノベーションがイノベーションを生む、というような、経済の離陸の初期段階に特に重要だった大発明の普及についてです。バーンスタインが実例として挙げた電信以前の通信方法というのは以下のようなものです。

「一八一五年の六月一八日、真夜中を少し過ぎたあたりで一羽の伝書鳩がドーバー海峡を越えてイギリスに飛び、ワーテルローにおけるナポレオン軍の敗北の報を運んだ。この決定的な情報の行き先は、通信社でもなければ、戦闘の結果を知りたくて今や遅しと待ち構えている一般国民でもなく、イギリス軍や官庁でさえなかった。この報告を受け取ったのは、銀行家ネイサン・ロスチャイルドだったのである」[*22]

この後、わずか数十年後には電信技術が普及して世の中で伝書鳩は不要となりました。電信で大衆を驚かせたのは、ヴィクトリア女王の二番目の息子の誕生をウィンザー宮殿からロンドンに通信したのが、汽車を使った急使よりも速かったことでした。イギリスの主要都市間を結ぶ電信網は、「ヴィクトリア朝版のインターネットとなった」[*23]わけです。軍事的にも極めて重要で、初めて三〇キロ離れた地点に置いてある大砲に「撃て」という命令を下せるようになりました。

本書には、イノベーションを生むための社会的な前提条件が網羅的に書かれており、現代の世界でも非常に役に立ちます。

これら四つが奇跡的に同時期に可能だった国の数は多くはなく、西欧と北米と日本だけでした。そう考えると、グローバルな経済発展もそれほど楽観的に考えることはできません。

現代でも、独裁制により財産権が恣意的に侵害される国や、知的財産権がしっかりしていない国はいくらでもありますし、科学的合理主義が怪しい国々や、私的財産制が怪しいため、ちゃんと資金調達もできない（たとえば土地を売る手続きが煩雑で不確実であれば、銀行は土地を担保に融資できない）国も多くあるのです。

注釈

＊1 板倉聖宣．（1993）．『日本史再発見』．朝日新聞社．

＊2 野口悠紀夫．（2004）．『「超」リタイア術』．新潮社．

＊3 Godin, Benoît. (2015). *Innovation Contested: the idea of innovation over the centuries.* Taylor and Francis.

＊4 清水洋．（2022）．『アントレプレナーシップ』．有斐閣．

＊5 The General Theory of Employment, Interest, and Money（1936）の「第12章：長期の期待」の中で、ケインズは以下のように書いています；
"Even apart from the instability due to speculation, there is the instability due to the characteristic of human nature that a large proportion of

our positive activities depend on spontaneous optimism rather than mathematical expectations, whether moral or hedonistic or economic. Most, probably, of our decisions to do something positive, the full consequences of which will be drawn out over many days to come, can only be taken as the result of animal spirits—a spontaneous urge to action rather than inaction, and not as the outcome of a weighted average of quantitative benefits multiplied by quantitative probabilities."

後半を直訳すると、「私たちが何か肯定的なことをする決定の大部分は、その完全な結果が今後何日にもわたって浮き彫りになるもので、行動するという animal spirits の結果としてのみ取られることができ、量的な利益と量的な確率の加重平均の結果としてではない。」となります。このままではわかりにくいので、本文中には簡略化してわかりやすく書いています。

*6 マット・リドレー．(2013)．『繁栄　明日を切り拓くための人類１０万年史』早川書房．Kindle 版．p.200.

*7 宮崎正勝．(2015)．『世界全史 「35の鍵」で身につく一生モノの歴史力』．株式会社日本実業出版社．Kindle 版．

*8 ユヴァル・ノア・ハラリ．(2016)．『サピエンス全史　文明の構造と人類の幸福』．上下合本版　(pp.507-508)．河出書房新社．Kindle 版．

*9 ユヴァル・ノア・ハラリ．前掲書 .pp.507-508.

*10 宮崎正勝．前掲書．

*11 マット・リドレー．前掲書．

*12 マット・リドレー．前掲書．

*13 宮崎正勝．前掲書．

*14 カール・B・フレイ．(2020)．『テクノロジーの世界経済史』．日経ＢＰ．

*15 Allen, Robert C. (2009). 'Engels' Pause: Technical Change, Capital Accumulation, and Inequality in the British Industrial Revolution. *Explorations in Economic History,* Vol.46, Issue 1, pp.418 ｜ 435.

*16 O.Galor. (2011) .Inequality, Human Capital Formation, and the Process of Development. *Handbook of the Economics of Education.*

*17 大村大次郎．(2015)．『お金の流れでわかる世界の歴史』．KADOKAWA. Kindle 版 .pp.101-102.

*18 ジョージ・アカロフ，ロバート・シラー．(2009)．『アニマルスピリット―人間の心理がマクロ経済を動かす』．東洋経済新報社．

原著は George A. Akerlof and Robert J. Shiller. (2008) *ANIMAL SPIRITS: How Human Psychology Drives the Economy, and Why It Matters for Global Capitalism*. Princeton University Press.

ジョージ・A・アカロフ；ロバート・シラー．前掲書 Kindle 版．ジョージ・A・アカロフ (George A. Akerlof) とロバート・J・シラー (Robert J. Shiller) による『アニマルスピリット (Animal Spirits)』

*19 前掲書．p92. Kindle 版．

*20 前掲書．p201. Kindle 版．

*21 前掲書．

*22 前掲書．

*23 前掲書．

第２部

特別な世紀　アメリカン・システム

03

「超」イノベーションの時代

最初の自動車に乗る
ヘンリー・フォード（1896）
Newsweek, via Wikimedia Commons
https://commons.wikimedia.org/wiki/File:FordQuadricycle.jpg

「超」イノベーションが人間存在をがらりと変えた

一八七〇年から一九七〇年までの一〇〇年間は、「超」イノベーションが世界をガラリと変えた時代でした。

ノースウェスタン大学のニューケインジアンの経済学者ロバート・J・ゴードンは、最近の著書[*1]の中で、一九世紀から二〇世紀にかけての「特別な世紀」（ゴードンによると一八七〇年から一九七〇年）には、公衆衛生の進歩、電力、自動車、航空機、通信技術などの一連の画期的な発明によって、経済成長と生活水準の飛躍的な向上がもたらされたとしています。

その一方、「特別な世紀」以降（一九七〇年以降）のイノベーションが我々にもたらす変化は当時と比較すると鈍化しているとして、当時のような飛躍的な変化は見られないとしています。

たとえば、空間的な移動の場合、「特別な世紀」における変化は巨大なもので、アメリカの東海岸から西海岸に行くのに、陸路ではなくパナマ運河を経由して船で行っていたのが、大陸横断鉄道の開通により簡単に西海岸に行けるようになりました。さらにはライト兄弟の発明で飛行機が誕生してから数十年で、定期航空便が開通し、一般人でも飛行機で行けるようになります。

それに比べて最近では、イーロン・マスクのハイパーループ（編集部注：密閉または低気圧のチューブ内を乗車用ポッドが空気抵抗や摩擦を受けずに走行する交通手段）のようなアイデアはあっても実用化はできておらず、空間的な移動の面では、画期的な発明によって人々の生活が一変するというようなことは起こっていません。

もちろん、環境負荷の面では、石炭を燃やす蒸気機関車がなくなるといった進歩はあるのですが、移動時間が一〇〇分の一になるといったような、かつて「特別な世紀」にあったレベルでの生活水準の飛躍的な向上は見られません。

「特別な世紀」には、それだけの変化が集中的に起こったわけで、一八七〇年以前の人間と現在の人間は、根本的に全く別の生活を営んでいたと言えます。社会制度、平均寿命、乳児死亡率等々、全く別物です。

この時代は、「超」イノベーションが世界の様相を変えていった時代です。イノベーションは電信や鉄道、白熱灯や蓄音機、肥料や交流電源、医学などの全方面に及んでいます。現代と大昔を分ける変化の大部分はこの一〇〇年間に起こっています。言い換えると、根本的な人間生活の変容の大部分は特別な世紀の一〇〇年間に起こり、一九七〇年くらいで、ほぼ現在の姿に近づきました。

たとえば医療では、「特別な世紀」以前には加持祈祷、おまじないレベルの治療しかありませんでした。医学の当時最先端の国ドイツでも、病気の原因がわからないので、汚れた血を放出するつもりで行われた瀉血《しゃけつ》、あるいは下剤くらいしか治療としてできることはなかったのです。

瀉血で患者の体力を無駄に削っていたわけで、今から見ると、まさに、公衆衛生の暗黒時代です。

「ウィルヒョウ（ドイツ人の医師、白血病の発見者）が医学の世界に足を踏み入れたのは一八四〇年代初めのことで、その頃は、ほぼすべての病気の原因が、毒気やノイローゼや不機嫌やヒステリーといった目には見えないなんらかの力にあると考えられていた」[*2]という記録があるように、細菌が存在することすらわかっていなかったのです。

抗生物質は医療の「超」イノベーション

「特別な世紀」には、正真正銘の超イノベーションの一つと言える抗生物質が人類のヘルスケアを大きく変えました。

「一九四〇年代末には宝箱の蓋を開けたように次々と新薬が開発されていた」[*3]

第二次世界大戦のさなかにペニシリンが普及し、多くの兵士の人命が救われました。

具体的にどの程度の人命がペニシリンによって助けられたか、はっきりした数字はありませんが、確かなことは、負傷兵の死亡率が大きく改善したことです。第一次世界大戦では兵士が深い傷を負うと、傷口を洗って放置して乾くのを待つ、というだけでしたので、傷口から細菌に感染し、ガス壊疽《えそ》で兵士はバタバタ死んでいました。

第二次世界大戦では傷口にペニシリンパウダーをまぶして治療し、手術の成功率が格段に向上しました。昔なら死んでいた兵士も生き残るようになり、負傷兵の死亡率は第一次世界大戦では一二～一五%だったのが、第二次大戦では三%にまで激減しています。[*4]ペニシリンは下痢などにもよく効くため、ニューギニアのような病原菌が蔓延する熱帯地域で、日本兵が負傷や病気でバタバタ死んでいるのに、連合軍はペニシリンのおかげで戦闘力を維持していました。

一九三九年には貴重なペニシリンを一滴も無駄にしないように、投与した患者の尿から再回収して「リサイクル利用」までしていたようです。

戦場の必須アイテムとして巨額の軍事予算が注ぎ込まれ、一九四四年にはアメリカの製薬会社ファイザーが大量生産に成功、一九四四年六月のノルマンディー上陸作戦では、なんと連合軍の全部隊がペニシリンを携行していました。

一九二八年にペニシリンがスコットランドのフレミングにより偶然に発見されてから、大量生産されるまでのリードタイムはわずか一六年です。戦争遂行の道具となったこともあり驚くべき普及スピードです。

対するドイツは、伝統的に製薬大国で科学的な知識はありましたが、独裁者が興味を示さなかったので大量生産に移行できず、大きなハンディとなりました。

ペニシリンは連合軍の最強の兵器でもあったわけです。[*5]

ペニシリンの例に見られるように、アメリカのイノベーションの黄金時代を見ると、もともとはヨーロッパ発の発明や発見をエミュレーション（模倣）し、それをビジネスのロジックで圧倒的なスピードでディフュージョン（普及）させるということが、繰り返し大規模な形で起こっていることがわかります。

アメリカン・システムの勃興

薬師寺泰藏（1989）は、このエミュレーションとディフュージョンのダイナミックなサイクルを著書『テクノヘゲモニー―国は技術で興り、滅びる』[*6]の中で、アメリカン・システムと呼んでいます。

アメリカン・システムについては、さまざまな研究があります。ペンシルバニア大学の技術史教授だったトーマス・ヒューズは、一九世紀と二〇世紀初頭のアメリカの技術革新についての著書[*7]の中で、一九世紀末から二〇世紀初頭のアメリカの技術革新の世紀は「アメリカの創世記」であり、それはアメリカのアイデンティティ、自己認識、そして国家の進歩と結びついている、と主張します。

彼は電気、電話、ラジオ、映画などのイノベーションがどのように社会の構造を変え、人々の生活を形成してきたかを詳しく検証した上で、技術の進歩は単なる発明や革新だけでなく、それが社会に組み込まれ、どのように受け入れられ、使用されたかによっても定義される、と主張し、技術革新がどのようにしてアメリカの国民的なアイデンティティと結びついたのかを強調しています。

同様に一九世紀半ばからのアメリカン・システムに関わる研究としては、ローゼンバーグらによる西欧における経済発展のテイクオフのメカニズムの研究[*8]や、ラモリューらによるアメリカの技術市場の研究[*9]などがありますが、「アメリカン・システム」や「特別な世紀」の重要性については概ね共通しています。

04

「特別な世紀」の立役者たち

クライスラービルを眼下に、
エンパイヤーステートビルの
工事にあたる工夫

Taken by Lewis Hine, edited by Durova, via Wikimedia Commons
https://commons.wikimedia.org/wiki/File:Old_timer_structural_worker.jpg

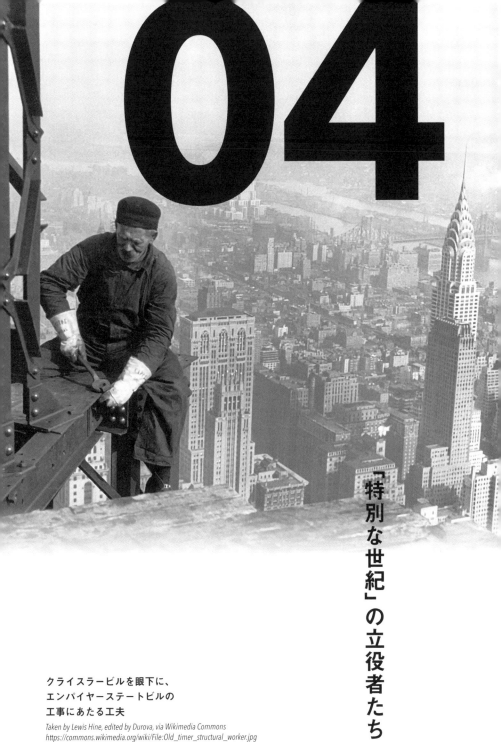

「超」イノベーションをもたらした起業家たち

アメリカの建国の父たち、フランクリンやハミルトンの時代から、アメリカの発明家、企業家や政治家は、新しいテクノロジーがいかに世界を変えるかについて、大胆な（そして予言的な）主張をしてきました。

政治家やジャーナリストは、アンドリュー・カーネギーやヘンリー・フォードなどの独創的で自立した起業家の姿を、アメリカ人に何ができるか、何をすべきか、という模範とインスピレーションの源として持ち上げてきました。

「一文無しから富を得ることができるのはアメリカだけである。血統ではなく、自分の実力で評価されるのはアメリカだけだ」

多くのイノベーターがそうした考えを実証しました。二〇世紀初頭から中盤にかけて、多くの偉大な起業家たちが登場しました。彼らの一部を次に紹介します。

1 トーマス・エジソン　電灯や映画などのイノベーションで世界を変えました。

2 ヘンリー・フォード　自動車製造における大量生産ラインの創設者であり、T型フォードは自動車を一般大衆の手に届く製品にしました。

3 J・P・モルガン 企業の合併や統合、再構築、産業の再編などを進めた投資銀行家であり、起業家が急速に規模を拡大するときの資金調達をサポートしました。

4 ジョン・D・ロックフェラー スタンダード・オイルの設立者であり、石油産業を支配しました。

5 ニコラ・テスラ 彼の交流電力システムは電力供給を革新しました。

6 アレクサンダー・グラハム・ベル 電話の発明者であり、通信産業の創立者とも言える存在です。

7 ジョージ・イーストマン カメラと写真の大衆化を可能にしたイーストマン・コダックの創設者です。

8 ピエール・デュポン 現在も世界最大の化学会社であるデュポンの事実上の創業者で、火薬、爆弾、ナイロンなどの合成繊維、化学肥料や農薬などの開発と普及を行いました。

9 ジョージ・ウェスティングハウス 交流電力システムの普及を推進した電力と鉄道において大きな役割を果たした企業家です。

10 トーマス・J・ワトソン・シニア ワトソン・シニアのビジョンとリーダーシップはＩＢＭをコンピューター産業のリーダーに育て上げ、その後の情報技術産業の発展に大いに寄与しました。

これらの起業家たちは、アニマルスピリッツに溢れる革新的な思考と行動で、世の中に大きな変化をもたらしました。

「超」イノベーションがうまくいくかどうか、全く新しい技術の実用化がうまくいくかどうかは、事前には予見できないことであり、かつ、巨額の投資が必要でした。そうした巨大なリスクをとることは、到底客観的・論理的に正当化できることではなく、アニマルスピリッツ、つまり、「自分なら成功するはず」という根拠のない自信や、血気、野心、動物的衝動、といったものに突き動かされる必要がありました。

最後発で成功したエジソンの白熱灯

エジソンは白熱灯の開発に成功し、一八七八年にエジソン電気照明会社を設立します。電球が成功したことで、電力供給の重要性が急速に高まり、多くの電力関連企業が設立されました。

エジソンの発明の方法というのは、先行事例を研究し、過去の失敗を徹底的につぶしていくという手法でした。

エジソンは「天才とは、一%のひらめきと九九%の努力である」という有名な言葉を残しています。それは白熱灯の開発では、成功し大当たりする可能性の直感（一%）と、その分野の先例を徹底的に調べ上げる（九九%）ことで実践されました。

開発するときに片っ端から試していき、消去法で残ったものに集中するというやり方のため、エジソンの守備範囲は広く、電球から映画から電話、蓄音機まで同じ手法を用いて、ありとあらゆるものに手を出していきました。[*10]

エジソンは発明を趣味の世界からビジネスの世界のものに変えた人でした。電球や蓄音機を生み出したニュージャージ州のメンローパークに設立した研究所では、六〇人の研究者が働いていました。当時の発明家というのは多くて数人で研究するのが普通で、大規模な研究所で発明していたのはエジソンだけでした。[*11]

白熱灯の開発では、すでに一八六五年には水銀真空装置（真空なので光源が劣化せず長持ちする）が発明され、世界中で白熱灯の開発競争が熾烈を極めていました。ロシアや英国などに先駆者が何人も存在し、エジソンは最後発で開発競争に参入しました。すでに電灯の芯であるフィラメントと電力システムに開発競争の焦点が定まったあとでした。

エジソンはフィラメントと電力システムについての各先駆者の失敗例を徹底的に分析し尽くし、最初に着手した金属フィラメントはすべて失敗し、高電圧の電力システムの開発から行いました。高電圧の電力システムの開発後に、金属フィラメントでは溶けてしまうので炭素材を採用したのです。

エジソンは最後発で開発競争に参入しましたが、最適な電力システムとフィラメントの材質の組み合わせを、しらみつぶしに試すことで成功することができたのです。

元祖ベンチャーキャピタルのJ・P・モルガン

J・P・モルガンがエジソンの会社と競合他社を統合し、一八九二年に設立したのがゼネラル・エレクトリック（GE）です。GEは一〇〇年後の一九九〇年代、ジャック・ウェルチ社長の頃、時価総額世界一に君臨し、当時のビジネスパーソンにとっては現在のアップルのように経営の手本となるような会社でした。

エジソンの発明からスタートした会社を大規模に成長させ、一〇〇年続く巨大企業となるように礎を築いたのがJ・P・モルガンです。

白熱灯を発明したエジソンは裕福でしたが、大きな工場を建てて、何千人もの労働者を雇い、大量の材料を購入して電球を大量生産するほどの巨額の資金は持ち合わせていませんでした。しかも電球は電力の供給がなくては役に立たないので、電球を売るビジネスを成立させるためには、インフラである発電所と送電網まで同時に建設しなければなりません。

当時アメリカで、大規模な事業への投資資金の調達先といえばJ・P・モルガン、というような存在で、それまでにアメリカを工業国の筆頭の地位へと押し上げた、鉄道や公益事業、製鉄所の建設に必要な膨大な資金を調達してきたのもモルガンでした。

けれども、モルガンといえども、エジソン電灯会社の株式を個人で全額引き受けることは不可能で、そのリーダーシップと実績を生かし、自前の資金だけでなく、多くの銀行をシンジケートに編成して、巨額の融資の実行に成功しました。

エジソンは直流電源にこだわっていましたが、モルガンは、交流電源でなくては競争に勝てないと見抜き、エジソンの会社をトムソン・ヒューストン・エレクトリックと合併させ、ゼネラル・エレクトリック（GE）が誕生しました。

モルガンはエジソン電灯会社に単に資金を供給しただけでなく、今のベンチャーキャピタルのように、会社にとって決定的なタイミングで、会社が成長するために不可欠な方針転換を支援したのです。

現在もJ・P・モルガンはアメリカの巨大銀行として存続していますが、実はのちにチェースマンハッタン銀行に買収されています。チェースマンハッタン銀行がJ・P・モルガンを買収後、自分の銀行の名前ではなくJ・P・モルガンに銀行の名称を変更したのです。

なぜせっかく自分が買収したのに自分の名前ではなく買収先の名称を使うことにしたかというと、J・P・モルガンのブランドは、世界最高の価値を持つものだと正しく認識していたからです。合併後の新銀行の名称として、国際金融の世界で一定のネームバリューのあったブランドを捨ててしまった日本のメガバンクとの差は大きいと言えます。

エジソンとテスラの直流・交流戦争

ゼネラル・エレクトリックの設立で電気業界は一本化されたかに思われましたが、もともとは鉄道会社の信号を作っていたウェスティングハウスが交流方式でエジソンに挑戦してきました。交流送電を発明したのは、イーロン・マスクが尊敬していると言われているニコラ・テスラで、EVメーカー、テスラ社の名前の由来となった人物です。

テスラはオーストリア人ですが、一八八四年にアメリカに渡り、エジソンの下で働き、なんと生涯で三三〇四件もの特許を取得しました。交流送電システムを開発しますが、エジソンは直流による電力事業を展開していたため、交流による電力事業を提案するテスラは、エジソンと対立し、退職。そのテスラを拾ってくれたのがウェスティングハウスです。

交流送電の最大の利点は、変圧可能なことです。発電所から供給される電圧は数十万ボルトという高い電圧で送電されますが、最終ユーザーの住宅などに近づくにつれて降圧させ、必要な場所ごとに電圧を調整する手法で、送配電の設備コストを圧倒的に低くすることができます。

結果的に交流電源が勝利して現在のような電力供給が可能になったわけですが、当時の直流のエジソンと交流のウェスティングハウスとの泥仕合は目に余るものでした。

交流送電が効率的であるとウェスティングハウスが主張したのに対し、エジソンは、交流電源が人間に害があるなど、根も葉もないデマを新聞で拡散し、妨害の限りを尽くしました。

エジソンの悪名高い所業は、たとえば、交流システムで犬や猫を感電死させるという実験です。この実験は、交流と直流で動物に電気を流してみて、直流では死なないが、交流では感電死するというデモンストレーションで、このような動物虐待は、当時でも大きな非難にさらされました。[*12]

エジソンの主張では、交流は感電死の危険が大きい悪魔の電気ということで、交流の危険性を知らしめるチラシを作り、そこには感電死することを「ウェスティングハウスする」と呼ぶ造語まで載せていたそうです。[*13]

極めつけは電気イスの発明です。当時のアメリカは、まだ一般的だった西部劇流の絞首刑での公開処刑をやめて、苦痛の少ない人道的な死刑に変えようとしていました。もともとは死刑反対論者であったはずのエジソンは、死刑の在り方を検討する委員会からの質問に対して答える形で、電流（もちろんウエスティングハウスの交流）を流して絶命させる方法がよい、とアドバイスしたのです。

ニューヨーク州オーバーン刑務所で、一八九〇年八月六日にウィリアム・ケムラー死刑囚が世界で初の電気イスによる死刑に処されました。電流を流して一七秒後、医師がケムラーの死亡を宣告してスイッチを切りました。世界最初の電気イスによる処刑の成功、と声が上がったまさにその時、ケムラーが痙攣しつつまだ生きていることに気づいた立会人達は全員恐怖に襲われ、同席していた新聞記者はその場で気絶、地方検事は廊下に脱出して気絶してしまいました。

結局、ケムラーの体には合計八分もの間、電流が流されました。

当時の新聞記事は「目を背けたくなるような光景だ。絞首刑よりずっとひどい」と論評しています。[*14]

苦痛のない死刑の実現は失敗に終わったのですが、交流が危険で非人道的だというイメージを植え付けることを目的とする反交流キャンペーンとしては大成功でした。

一八八八年、三一歳のテスラは、アメリカ電子工学学会でこれまでの成果を発表して世界的な注目を集め、一八九三年、シカゴ万博やナイアガラの滝での発電事業に交流電流が採用されたことをきっかけに、世界中が交流へと大きくシフトしていくことになります。ナイアガラの発電所建設に参加した企業は、こぞって交流システムを採用し、ここにエジソンが固執した直流方式の命脈は尽き、テスラはエジソンに勝ったわけです。

ナイアガラの滝に旅行すると、滝の横にはニコラ・テスラの銅像があり、プレートには「水力発電の父」と書かれています。

極貧のうちに亡くなったニコラ・テスラ

人生の中盤でテスラは、ひらけた場所で自由に実験ができるコロラドスプリングスに移り住み、多種多様な研究・実験をしています。

テスラの実験風景

https://commons.wikimedia.org/wiki/File:Nikola_Tesla,_with_his_equipment_EDIT.jpg

たとえば、「思考の中で形成された明確なイメージは、反射作用によって網膜上に同様のイメージを作り出す。それを特殊な装置で読み取ることができるかもしれないと確信した」ことで、Thought Camera（思考カメラ）を発案しました。

現在のVR、ARで用いるヘッドマウントディスプレイは重く使いづらいので、網膜上に投影させようというアイデアが存在しますが、一〇〇年前にテスラは同じアイデアを持っていたことになります。

テスラは発明するだけでなく、それを広く普及させようと努力した点で、単なる発明家とは異なりイノベーションの人でしたが、ビジネスの才覚はありませんでした。

一九四三年一月ニューヨークでテスラは極貧のうちに亡くなりました。安ホテルのベッドで死亡しているのをメイドに発見されたのです。

テスラの名言はいくつも残っています。[*15]

「アイデアが浮かんだら、まず想像の中でそれを構築する。構造を変え、改良を加え、そして発明品を完全に頭の中で動かす」

「文明の広がりはたき火のようなものだ。初めに微弱な火花、次にちらつく炎、そして強烈な火炎と、スピードとパワーが増え続ける」

など、自分のアイデアを世界に普及させ、人々の生活を変えることに熱心に取り組んだ人だったことがわかります。

ラリー・ペイジ（グーグル創業者）は次のように言っています。

「テスラは素晴らしい発明家だったが、資金を確保できなかったために、すべてのアイデアを実現することはできなかった。もし、彼が失敗していなかったら、今頃は大陸を横断する無線電力網が完成していただろう」（二〇一一年九月、グーグル主催「時代精神会議」でのスピーチ）

ラリー・ペイジは子どもの時に、テスラの伝記でテスラの孤独な最期を知り、「科学者として偉大でも自分の発明をコントロールするビジネスマンの才覚がないと偉大になれない」と確信したといいます。[*16]

テスラは八〇ものトランクに研究資料を残して死んでいったと言われており（テスラファイル）、そこにどんな秘密の発明があったのかというのは、殺人光線や無限エネルギー装置など、最近までオカルト愛好者の話題でした。

実際はテスラの残した膨大なファイルはＦＢＩに移管され、ＭＩＴの専門家などによって調査された結果、テスラが生前公表していた以上の新発見の証拠はない、と結論付けられています。当時の資料はアーカイブされネット上で公開されています。[*17]

フィルムを発明、写真産業を一変させたジョージ・イーストマン

ジョージ・イーストマンは、自身の創造力とビジョンで写真というものを一変させ、当時一部の専門家だけのものであった写真撮影を一気に普及させ、一般大衆のものとした人です。彼の発明により、誰もが特別な瞬間を永遠に記録し、共有できるようになったという意味で、真のイノベーターとして歴史に名を残しています。[*18]

イーストマンの人生は、科学的探求心と事業家の精神の組み合わせがどれほど強力であるかを示しています。

イーストマンは一八五四年にニューヨーク州ウォータービルで生まれました。子ども時代は幸せなものではなく、早くに父親を失い、母親と二人の姉妹とともに貧困の中で生きることを余儀なくされました。一五歳で正式な教育を中止し、保険会社や銀行で働き、家族を養いました。つまりジョージ・イーストマンは中卒に相当する教育しかなく、正式な科学教育を受けた記録はありません。

彼は写真が趣味で、二六歳の時にドミニカへの写真撮影旅行を計画しましたが、機材は複雑で重く、移動が困難でした。この体験が写真撮影をもっと手軽にしたいという強い願望を生み、写真のイノベーションにつながったとされています。

彼はドライプレート（乾板）の開発という革新的な発明をしました。従来の方法では、撮影前にガラスプレートに感光剤を塗布し、その場で撮影し現像する、という大変な手間がありましたが、ドライプレートはあらかじめ工場で感光剤を塗布し乾燥させることで、現地でそれをカメラに挿入し、撮影するだけでよくなったのです。

さらに、彼はガラスの代わりに使えるような薄いプラスチックのフィルムを開発するための実験を始めました。何度も失敗を重ねながらも、挫折することなく、必要な微調整を見つけ出しました。

結果として彼が発明したフィルムは、写真を一変させました。一八八八年、イーストマンはフィルムを用いたコダック・カメラを発表します。このカメラは、それまでのカメラとは全く異なり、簡単に使うことができ、軽量コンパクトで、連続撮影が可能でした。

キャッチコピーは「あなたが押すのはボタンだけ。残りは私たちがやります」。

「コダックなしの休暇は無意味な休暇です」という広告は、現代のインスタグラムのような存在であったことを示しています。

撮影やプリントの手軽さを追求し続けた結果、販売開始から数年で数百万台も売れたモデルもありました。彼のイノベーションは写真産業を一変させ、コダックはフィルムの現像と印刷も手がけ、写真に関わるすべてのバリューチェーンを管理することで、巨大企業となりました。

安価なカメラを大量に配り、利益率の高いフィルムで稼ぐビジネスモデルでした。

ニューヨーク州ロチェスターにあるジョージ・イーストマン博物館は、一九〇五年に建てられたコロニアル・リバイバル様式のジョージ・イーストマンの元邸宅内にあります。

筆者が二〇〇〇年ごろに訪問した際には、二階の居間に、一九三二年三月一四日付のイーストマンの遺書のコピーが展示されていました。

遺書には、「なぜ待つ必要があるのだ?」と書いてありました。イーストマンにとって働くことが生きることであり、働けなくなった以上、死ぬのを待つ意味はありませんでした。イーストマンは七七歳のときにピストルで自分の心臓を撃ち抜いたのです。

人生の最後にイーストマンは大部分の財産を慈善事業に寄付し、その中にはロチェスター大学やマサチューセッツ工科大学（ＭＩＴ）への大規模な寄付も含まれていました。彼の寄付の多くは匿名で行われ、その全貌は彼が亡くなるまで公には知られていませんでした。

火薬製造から繊維、化学肥料へ、ピエール・デュポン

現在も世界最大の化学会社であるデュポンは、もともと一八〇二年にエルテール・イレネー・デュポンによって設立された火薬製造会社でした。二〇世紀初頭から中盤にかけてのイノベーション黄金時代に、デュポンは重要な役割を果たしました。

ピエール・デュポンは、幼少期に番頭の裏切りで親が会社を失いましたが、ＭＩＴを卒業後、

破綻状態にあった親の会社を買い戻します。J・P・モルガンなどの投資家と協力してM&Aを繰り返し、第一次大戦では膨大な砲弾、爆弾の生産で莫大な利益を上げ、利益は戦前の一〇倍になりました。

二〇世紀中盤にかけては研究開発のための中央研究所を設立し、そこでは数多くの重要な発明が生まれました。ナイロン、テフロン、ネオプレンなどの合成素材を発明し、これらの製品は消費者用の商品、産業用途に大きな影響を及ぼしました。

また、デュポンの化学肥料の開発と普及に関する貢献も、二〇世紀初頭から中盤の農業生産性の向上という観点から見て、重要なものであったとされています。

大量生産方式の父、ヘンリー・フォード

自動車を発明したのはドイツのカール・ベンツで、一八八五年のことでした。最初の自動車はか細い四輪によって支えられ、人が歩くのとあまり変わらない時速八キロ、一馬力の代物でした。しかし、それからわずか数十年後、一九二〇年代には、実に二千万台の自動車がアメリカを走っていました。驚くべき普及の速度です。

アメリカにおける自動車のイノベーションも、ヨーロッパからの技術のエミュレーション、そこからの大量生産、普及というディフュージョンという、アメリカン・システムの典型例です。

普及に最も功績のあったのは自動車王と呼ばれたヘンリー・フォードで、自動車を富裕層でな

い一般人も買えるような値段で売っても利益が出るような、効率的な大量生産の方法を編み出しました。

後発のゼネラル・モーターズやクライスラーなどがフォードの大量生産方式をさらに模倣する形で、速度やデザイン、価格で差別化しつつ熾烈な競争を繰り広げ、自動車が一気に普及したのです。

ヘンリー・フォードはミシガン州の農家に生まれ、一六歳の時にデトロイトに出て機械工見習いとして就職しました。日本で言うと中卒となり正規の科学教育は受けておらず、実地で技術を習得していきます。

一八歳の時にはエジソン電灯会社の技術者となり、二〇歳の時にチーフ・エンジニアとなりました。二三歳の時に四輪自動車の自作に成功します。

三六歳の時、エジソンの会社を辞めて自分の自動車製造会社を起業しますが、二年後に会社は解散。二社目を創業しますがそれもうまくいかず、一九〇三年、四〇歳の時に、三度目の正直で、フォード・モーター・カンパニーを創業します。

創業から五年後に発売したT型フォードはハンドルが左にあり、ボンネットでエンジンとトランスミッションを覆い、エンジンは四気筒と、ほぼ現在の自動車の原型とも言えるものでした。

これを、富裕層相手の手づくり自動車が一台三千ドルから四千ドルの時代に、格安の八二五ドルで売り出したのです。

フォードは大量生産方式だけでなく、新製品についての大々的広告キャンペーンや、北米のほとんどの都市に販売店を設けるためにフランチャイズ方式を採用し、ディーラー網を構築するなど、ビジネス経営の面でも天才的な手腕を発揮します。

エンパイア・ステート・ビルとクライスラー・ビル

第一次大戦の終結で火薬の需要が一段落し、次のビジネスを探していたピエール・デュポンは、「株の奴隷」と言われ、株で失敗したゼネラル・モーターズ（GM）の創業者デュラントからGM株を買い取り、ゼネラル・モーターズの経営に乗り出しました。

ところがもともとゼネラル・モーターズで働いていた有能なエンジニアであるクライスラーは、いちいち車づくりに口を出すデュポンとそりが合わず、独立してクライスラーを起業し大成功しました。

彼がニューヨークのマンハッタンに建てたクライスラー・ビルは当時世界で最も高いビルでしたが、すぐあとにデュポンはそれよりも高いエンパイア・ステート・ビルを建てて、エゴの張り合いをしました。今でもこの時代の名残として、この二つのビルはマンハッタンの真ん中で張り合っているように見えます。

「超」イノベーションの時代は超えられるのか？

「特別な世紀」では、「超」イノベーションが立て続けに起こったことにより、人間生活のありようが根本から変容しました。

先に紹介したように、ゴードンは著書"The Rise and Fall of American Growth: The U.S. Standard of Living since the Civil War."（2016）の中で、将来の成長について懐疑的な見方を示しています。彼は、過去の大規模なイノベーションが一度きりの事象であり、それらがもたらした経済成長の効果を再現することは難しいと主張しています。特に、デジタル情報技術の進歩が生活水準全体に与える影響は限定的であり、過去の革新、たとえば電気や内燃機関の普及などに比べるとその影響は小さい、と述べています。

確かに、かつてのイノベーションの影響は巨大であり、それを超えるインパクトは難しい、というゴードンの主張については一理あります。彼のイノベーション効果の逓減（限界効用）という主張は、現代のイノベーションを考える上で示唆に富んでいます。

05

日本の「特別な世紀」

三代歌川広重
『東京名所之内 銀座通煉瓦造
鉄道馬車往復図』（1882年）
via Wikimedia Commons
https://commons.wikimedia.org/wiki/File:M15GinzaStreet_Tokyo.jpg

かつて日本は世界最大の武器大国だった

さて、日本の立ち位置はどうだったのでしょうか？

実は日本は、「特別な世紀」が始まるまさにその時、かなりいい位置につけていました。

日本に産業革命の影響が初めてもたらされたのは一八五三年の黒船の到来時とされています。つまり、世界で「特別な世紀」が始まるちょうどその頃、日本でも、黒船が到来しイノベーションの世紀が始まったことになります。このため日本は欧米と、スタート時点において、大差ないタイミングで「超」イノベーションの時代に入ることができたのです。

言い換えると、日本はラッキーなことに、黒船による開国で、黄金の一〇〇年とも言える一八七〇年から始まる世界のイノベーションの大波に大きく乗り遅れないですんだのです。

明治維新から第二次世界大戦前までの七〇年間で、日本の実質鉱工業生産は約三〇倍になりました。その直前まで三〇〇年近く鎖国し、欧米との交流はほとんどなく、男性は「ちょんまげ」という髪型をしており、「サムライ」という人たちが刀を持って町中を闊歩していたのにもかかわらず、です。

欧米が産業革命を一〇〇年も前に成し遂げている中、圧倒的に不利な状況にもかかわらず、黒船到来後の日本は短期間で世界経済市場に食い込み、爆発的な経済成長を成し遂げていきます。

まさに奇跡の経済成長と言えます。

なぜ奇跡の経済成長が可能だったのでしょうか?

黒船以前にも、将来の経済発展を可能とする何らかの素地があったはずです。

ノエル・ペリン『鉄砲を捨てた日本人』に、面白い指摘があります。

一つは、武器技術から見たとき、日本は、イギリスおよびヨーロッパ諸国より断然進んでいた先進国だったということ、もう一つは、徳川初期に突然武器生産をやめたが、それはなぜかということです。[*19]

鉄砲を持ったポルトガル人が種子島に漂着したのは一五四三年でした。領主は模造品を作ろうとしたがうまくいかず、苦労して一〇挺だけ試作品を作ることができました。

その後たったの数年間で、鉄砲は日本全国に一気に普及したのです。長篠の戦いの時には、信長は一回の合戦に一万挺もの鉄砲を調達することができました。この戦いで織田信長の足軽の鉄砲隊が武田勝頼の誇る騎馬部隊を全滅させたことは有名です。

長篠の戦いは、種子島に鉄砲伝来から「わずか三〇年後」でした。

ペリンが指摘しているのはこの点です。

つまり、「日本は鉄砲の大量生産技術をヨーロッパよりも早くに完成させた」ということです。

エミュレーション（模倣）からディフュージョン（実用的改善と普及）という、アメリカが産業革命以降で示してきたのとそっくりのイノベーションの型が、一六世紀から一七世紀にかけての日本で、すでに存在していたことになります。

なぜ日本人は鉄砲を捨てたのか

なぜそのような早い普及が可能だったのかにはいくつかの条件が存在します。技術的なものとしては、粘性の高い良質の鉄が日本に豊富に存在したということです。粘性が低いと弾丸発射の際にひびが入ってしまいます。ヨーロッパが鋼石還元の純鉄だったのに対し、日本は砂鉄から粘性の高い錬鉄を作っていました。炭素含有量〇・一％以下と驚異的に低く（炭素含有量が低ければ低いほどひびが入りにくい）武器生産のために最適な製鉄法でした。

種子島自体が海岸に豊富な砂鉄が埋蔵されており、古来製鉄が盛んで、製鉄や刀鍛冶（武器製造）の技術を有していたことは奇妙な偶然です。そして出雲にも豊富な砂鉄が算出したことから、近畿地方（堺や近江）には数百人の刀鍛冶がいたとされています。

つまり、基礎となる製鉄技術自体が当時のヨーロッパよりも進んでいたため、ヨーロッパから粗悪な原料を輸入する必要がなかったのです。

それではペリンのポイントの二つ目、なぜ日本人は鉄砲を捨てたのか、についてですが、これは政治的なものです。

鉄砲を最初に統制したのは秀吉で、刀狩を行い、その後の徳川家康になってから武器生産者である刀鍛冶を徳川幕府の直轄にして諸大名の鉄砲政策を禁止していました。

江戸幕府は権力を維持するために数々の工夫を行っています。

江戸まで何重にも関所を設け、忠誠度の高い譜代大名を江戸の近くにおいて築城させ、同時に、信用できない外様の大名を、薩摩、長州、土佐など江戸から非常に遠いところに配置しました。彼らが反旗を翻したとしても、江戸にたどり着くまでに何カ月も旅をし、何個も城を攻略し、厳重に防衛されている関所を突破せざるを得ないように、高度な防衛システムを設計したのです。[*20]

黒船の衝撃

黒船とは当時の世界の最先端技術の塊でした。帆船と異なり、風ではなく蒸気機関を動力とするので、重くすることができます。このため鉄で船全体に装甲を施し、重い大砲を搭載できました。移動・攻撃の兵器として比類のないものでした。

黒船が完全にひっくり返したのは幕府が精密に構築していた防衛システムです。

遠くに追いやった薩摩や長州などの外様大名も、黒船さえあれば、江戸まですぐに到達できます。陸路を行軍する必要がなく、途中で城を攻め落とす必要もなく、関所を突破する必要もありません。大砲を搭載しているため、将軍のいる江戸城を船の上から直接攻撃することすら可能になりました。このままでは地方の反乱に対して政権を維持できません。

日本が幸運だったのは、世界中で「超」イノベーションが勃興しつつあるまだ早いうちに、黒船の衝撃を受け、政権維持のために無理やり技術の輸入に励むことになったことです。

黒船はさまざまな要素技術の集合体であり、明治政府はすべてを一気に輸入しようとしました。工部省の中に英国からエルトンという著名な学者（帰国後イギリスの電気学会会長を務めた）を招聘し、工部省工学寮で電気技師の育成を開始しました。

工部省の中に工学寮を設け、工学教育がスタートしたのは一八七三年です。大学校を基礎課程、専門課程、実地課程（各二年）の三期六年制とし、土木、機械、造家（建築）、電信、化学、冶金、鉱山、造船の八学科とする学則・シラバスを作成しています。

一八七七年に工学校は工作局隷属となり、工作局長の大鳥圭介が校長に就任し、そして工部大学校と改名され、その後、東京大学と合併したため東京大学の工学部の前身となります。

アメリカのボストンにある、世界の工学教育のメッカであるマサチューセッツ工科大学（MIT）の創立は一八六八年なのでMITからわずか五年遅れただけ（ただし、アメリカ最初のレンセラー工科大学は一八二四年に設立されておりMITはやや後発）で、本格的な工学教育が始まっているのです。

当時は優秀な外国人教師が任用され、多くの授業は英語で行われました。学生のノートや卒業論文も、英語で書かれたものが現存しています（国立科学博物館で見ることができます）。こうして見ると、当時の大学のほうが今よりもグローバルだったと言えるかもしれません。現在、日本の大学の教員は圧倒的に日本人男性で占められていて、外国人の比率は非常に低いからです。

鉄道狂時代

日本でも「特別な世紀」の威力はすさまじく、人間存在そのものが、がらりと変容しました。江戸時代の時代劇を見ると、人々の世界観や服装、生活など、全く異世界で暮らしているように思われます。しかし第二次世界大戦中を舞台としたドラマや映画を見ると、その頃の人々は、生活水準は今より少し不便だとしても、基本的には現在と同じ世界で生きているように感じられます。つまり、黒船から約一〇〇年で日本人は全く変容したと言えるのではないでしょうか。

「超」イノベーションの顕著なインパクトとして交通があります。

日本でも黒船が来た一八五三年から一九〇三年までの五〇年間で、東京―大阪間の距離感は全く変わりました。

一八五八年には徒歩で江戸から大阪まで、一四日間かかりましたが、五〇年後の一九〇三年には東京から大阪まで鉄道で二〇時間になりました。かつては往復一カ月、しかも健康で脚力のある人限定だったのが、一泊二日で、誰でも行けるようになったのです。

電信のインパクトも絶大でした。日本初の電報は一八六九年に開通し、電話回線での通話は一八九〇年に始まりました。

江戸時代には人間が走って手紙を運んでいました。飛脚がリレーで何日もかかっていたのが、たったの数十年でほぼリアルタイムに誰とでも連絡できるようになったのです。

鉄道の技術輸入と普及のスピードを見ると、どれほど短期間で大きな変化が起こったのかがわかります。
明治政府は明治維新からわずか五年後の明治五年（一八七二年）に、新橋―横浜間に鉄道を走らせています。欧米以外の国が自力で鉄道を敷設したのはこれが初めてです。すでに中国やオスマン・トルコで鉄道は存在していましたが、それらは外国資本によって建設され、運営も外国資本が行っていました。日本の場合、技術は輸入しましたが、建設、運営の主体は日本でした。[*21]
鉄道を建設するためには技術輸入や車両の購入などが必要で、投資金額が膨大であり、中国やトルコのように外国企業に何十年かの間、特別な権益を与えて作らせる、という案もあったのですが、やせ我慢をしてロンドンで公債を発行し、自力で借金して建設したのです。
鉄道網が急速に建設されたのは民間企業主導でした。鉄道ビジネスは儲かるということになり、明治二〇年代には私設鉄道ブームが訪れ、明治二五年までには、全国各地に五〇社近い私鉄が発足しました。そして、明治二三年度には、官設鉄道の延長キロ八八六キロメートルに対し、私鉄の延長キロは一三六六キロメートルにも達し、私鉄は、短期間で官設鉄道の延長キロを超えるまでに成長したのです。[*22]

こうして、初開通から三五年後の明治四〇年（1907）には、日本の鉄道の営業キロ数は実に九千キロメートルを超えていました。

当時の最先進国イギリスでは、鉄道が儲かるビジネスと認知され、数多くの鉄道会社が競って投資した一八四〇年代の「鉄道狂時代」に鉄道網が急速に伸びましたが、そのイギリスで一八四八年に鉄道の総延長が約八二〇〇キロ拡大した[*23]ということと比較しても、遜色のない普及の速度だということが言え、日本にも「鉄道狂時代」が存在したことは明らかです。

明治のアニマルスピリッツ

明治の経済成長は政府の「上からの近代化」のようにとらえられることが多いのですが、実は政府はきっかけを提供したにすぎません。

明治の日本では、アメリカで「特別な世紀」を可能としたエミュレーション（模倣）からディフュージョン（実用的改善と普及）のサイクルが、アントレプレナーを担い手として爆発しました。

J・P・モルガンがエジソンの会社と競合他社を統合し、一八九二年にゼネラル・エレクトリックを設立したのは既述の通りですが、実はそれよりも前に、渋沢栄一らは東京電灯を設立しています。一八八七年にはすでに東京の日本橋茅場町から電気の送電を開始し、火力発電所を五カ所に設置する工事を始めていました。

一八九三年には二〇〇キロワットの「国産の」大出力交流発電機を備えた浅草火力発電所の建設が開始されています。同じ一八九三年にシカゴ万博やナイアガラの滝において、発電事業に交流電流が初めて本格的に採用されたことと比べると、アメリカと同じタイミングで本格的な交流送電が開始されたのです。

電気事業はぼろ儲けができるということで、品川電燈、深川電燈など新しい電力会社が続々設立され、その後も、東京鉄道、利根発電、鬼怒川水力電気、桂川電力、江戸川電気、猪苗代水力電気、日本電灯などの電力会社が誕生、今では考えられないほどの多数の電力「スタートアップ」が乱立していました。

特に東京電灯と、鬼怒川水力電気、日本電燈の三社による競争は熾烈になり、電気料金のダンピングが行われるまでに至っています。[*24]

そうした旺盛な設備投資のための資金はどこから来たのかというと、民間の投資です。当時の有名な投資家であった甲州財閥の若尾逸平は、莫大な資金を株取引に投入して巨万の富を築き、「株を買うなら『明かり』と『乗り物』である」[*25]という言葉を残しています。

アニマルスピリッツに溢れたアントレプレナーが多数存在し、一獲千金を狙う莫大な投資資金がイノベーションのサイクルを後押ししたのです。

日本は実は資源大国だった

経済発展するためには、外国から物や人材を仕入れ、技術の移転を行う必要があります。そのためには外国にお金を支払わないといけないため、最初の段階での「資本の蓄積」がとにかく必要となります。

その資本の蓄積はどのように可能になったかというと、輸出です。

当時は輸出力の最大の要因は生糸でした。日本は江戸時代からすでに生糸大国でした。生糸を大量に輸出することのできる、大量生産技術を持っていたのです。

さらに、通信技術が世界中で普及することで、電線の原料となる銅の需要が莫大なものとなりましたが、実はこの銅を輸出したおかげもあって、日本は資本蓄積をすることができました。

日本には天然資源がほとんどなかったと一般に考えられており、たとえばウィリアム・バーンスタインは、「日本ほど天然資源を欠いた国というものは、ほとんど存在しない。一八六八年以後の日本経済の劇的な発展は、天然資源が経済発展に全く関係しないという事実を浮き彫りにしている」と書いていています。[*26]

しかし実際は、当時の日本は資源大国であり、初期の資本蓄積には国内の鉱物資源の輸出が非常に大きかったのです。

江戸時代の一時期（寛文期）、日本の輸出の七割は銅だったとされています。

明治維新以前から、日本は銅の産出国として知られていました。特に、足尾銅山などの銅の採掘は、江戸時代を通じて継続して行われていました。開国後、銅は外貨獲得のための主要な輸出品となりました。

明治政府は、国家の近代化と産業化を推進するため、鉱山資源の開発に重点を置きました。当初、鉱山は政府の直接統制下に置かれましたが、のちに私企業への払い下げが行われるようになりました。

明治時代に日本の鉱山技術は大きく進歩しました。外国からの技術導入や研修によって、採掘や精錬の技術が向上したからです。

たとえば住友財閥の資本蓄積の原点となったのは別子銅山（愛媛県）です。明治維新当時は人間が手で掘っていましたが、お雇い外国人であるフランスのラロックの指導で、発破を使って採掘したり、洋式精錬所を建設したり、精錬所までの道路を作って運搬を機械化したり、生産の近代化で一気に産銅量が増加し、別子の産銅量は累計七〇万トンに達しました。

別子銅山が閉山したのは一九七三年で、実は比較的最近まで現役の鉱山でした。[*27]

明治時代の鉱山としてほかに有名なのは、佐渡金山（新潟県）や足尾銅山（栃木県）、花岡鉱山（秋田県）、など、日本中の多くの地域に分布しています。現在もDOWAホールディングスの小坂精錬所（秋田県）は、輸出入に便利な沿岸部ではなく、内陸に位置しています。これは小坂鉱山に近い場所に精製所が建設されたからです。小坂鉱山も明治初期の経済のテイクオフに重要な役割を果たしました。

黒船当時すでに組織化された社会基盤があった

江戸時代に鉄砲を捨ててはいましたが、実は軍事技術と鉱工業に関してはもともと急速に発展するための土台があったわけです。その他の分野でも日本は世界で進んでいた部分が多くありました。

世界最初の麻酔による手術は一八〇四年に華岡青洲が日本独自の麻酔薬によって行っています。マーケティングでも世界の最先端であり、三井越後屋が一七世紀に採用したとされる「店前売り」は、店舗を構えて商品を販売する方法で、顧客にとっては、店先でさまざまな商品や価格を見て、比較検討をしてから購入できるというメリットがありました。

「正札現金掛値なし」で、これまで顧客ごとに商品の価格を変えてツケ払いで販売していたのを改め、店舗で販売する商品には「値札（正札）」をつけ、どの顧客に対しても商品を表示通りの同一価格で販売し、顧客に安心感を与えることになりました。

値札での同一価格での販売は世界最初でした。

これについては一八一三年にロシア人ゴロウニンは北のはずれの一村落で、初めて近代的な包装や値札を見て驚きを書き残しています。「すべての品物に字の書かれた小さな紙が貼り付けられており、そこには、商品名、価格、用途、製造元、そして簡単な宣伝文句が記されている」。[*28]

社会のさまざまな面で、ペリーによる開国後、日本を訪れた第一世代の訪問者たちは一様に社会の進んだ様子に驚きを書き残しており、大量の記録が残っています。

後にアメリカ科学振興アカデミー会長となったモース博士（大森貝塚の発見者）によると、「東京の死亡率がボストンよりも低いことを知って驚いた」とありますし、日光に馬車と人力車で旅行した際、「我々が通った道路は、ニューイングランドの田舎で見受けるものよりもはるかに良かった」と書いています。[*29]

初代イギリス公使オールコックは、「私は平和、裕福、明らかな充足感を見出した。またその村落は、イギリス村落にも勝るばかりにこの上なく手入れが行き届いており、観賞用の樹木は至るところに植えられていた」と書いています。[*30]

重要なのは、江戸時代に一定の私有財産制が存在したことです。[*31] 江戸時代の農村社会における土地所有の形態や農民の自主性が、現代の日本の産業化の基盤を形成したと言われています。

当時、土地所有は完全に自由に売買できるものではなく、個人に所属するものでもありませんでしたが、家や村落ベースで私有財産制に近い運用がされていました。近代化の素地が江戸時代から存在したということで、日本の近代化が西洋の影響だけによるものではない、という点がスミスなどの研究者により強調されています。*32

まとめると、日本には、一種の私有財産権の存在に加え、治安や教育といった基礎となる社会システムが整備されており、工業の基礎技術も存在していましたし、銅などの天然資源による初期の資本蓄積も可能な状態でした。

その上で、アニマルスピリッツに富んだ多数のアントレプレナーが、欧米技術の急速なエミュレーション（模倣）とディフュージョン（普及）を担い、「日本の特別な世紀」を可能としたのです。

今、読むべきイノベーション本14冊

「特別な世紀」を解読する

book

03

J・A・シュンペーター

シュンペーター 経済発展の理論（初版）

（八木紀一郎・荒木詳二 訳　2020　日経BP）

それまで社会の異端児、はぐれ者扱いだったイノベーションについての認識が徐々に変わり始めたのが、「特別な世紀」が始まる一九世紀後半です。イノベーションに対する認識が変化したのは、電信や鉄道、白熱灯や蓄音機の普及といった、誰もが体感できる圧倒的な現実、生活の質の劇的変化によるものでした。イノベーションのパワーを目の当たりにして、イノベーションと現在我々が呼ぶ現象についての理解が生まれてきました。

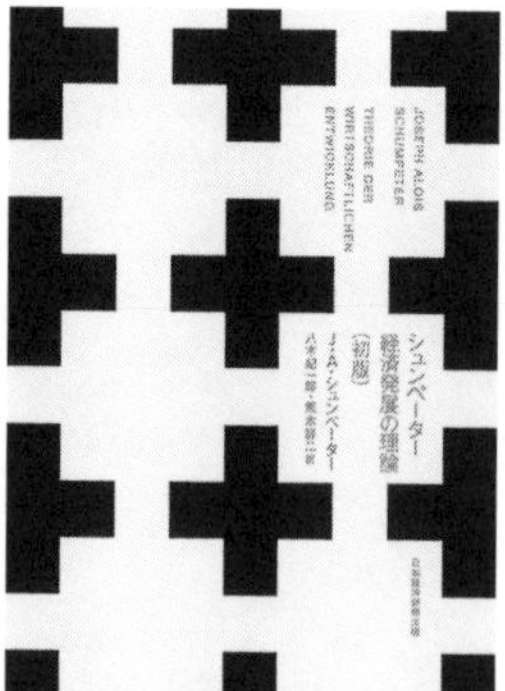

シュンペーターは一八八三年に生まれ、一九五〇年に亡くなりました。したがって、時期的に「特別な世紀」の中で生まれて仕事をした人になります。代表的な著作として、一九一二年に『経済発展の理論』、一九三九年に『景気循環論』、一九四二年に『資本主義、社会主義、民主主義』を書いています。

シュンペーターが執筆していた時期、「創造的破壊」や「新結合」といった言葉で彼がどのような事象をイメージしていたか、想像してみましょう。

エジソンは一九三一年に亡くなり、テスラが亡くなったのは一九四三年です。

つまりシュンペーターの著作は、ちょうどアメリカで白熱灯、電力システム、電報・電信、蓄電器などのイノベーションにより人々の生活が一変しつつあった時期に書かれたことになります。

我々が当たり前のように使う「イノベーション」「創造的破壊」「アントレプレナー」といった数々の概念は、シュンペーターがそれを広めるきっかけを作った元祖とも言えます。とはいえ、彼自身は、実際に「イノベーション」という言葉は一回も使っていません。後世の人が、あれはイノベーションのことを指しているのだな、といった具合に解釈しているだけです[33]。

彼の言葉としては「創造的破壊」という言葉（1932, 1934）が有名です。

「……現実の資本主義で重要になるのは、そうした類での競争ではない。鍵を握るのは新製品、新技術、また新しい供給地や新しい組織形態（巨大な管理装置など）が仕掛ける競争だ。これはコスト・品質面で圧倒的に優位に立つことが求められる競争であり、従来型企業の利益・生産の限界部分ではなく、企業の基盤・生命そのものを攻撃する競争だ」[34]とあるように、従来型企業の基盤そのものを脅かすようなコスト・品質面での飛躍的向上のことを創造的破壊と呼んだわけです。

「個人」が起こす「創造的破壊」

シュンペーターは、経済状態を静態（Static）と動態（Dynamic）の二つに分け、生産・消費といった活動が同じような規模で循環している状態を「静態」、それらが「アントレプレナー」による「創造的破壊」によって前に進む状態を「動態」としました。

シュンペーターが偉大なのは、少数の「アントレプレナー」によって引き起こされる「創造的破壊」により、静態的な均衡が破壊され、経済全体としては好況と不況の波を繰り返しつつも、動態的に経済発展が生まれるとしたことです。[*35]

政府でも大組織でもなく、「個人」の役割が重要とした点、つまり、少数の突出した個人が、現状の秩序を破壊し、新しい秩序を作るという資本主義にとって最重要の過程を担っている、としたことがポイントです。[*36]

『資本主義、社会主義、民主主義』では、イノベーションによって可能となった独占利潤こそが、さらにスケールするために重要だということを書いています。

「イノベーションに成功した起業家が資本主義社会から報酬として受け取る利潤には、紛れもない独占利益の要素が含まれている（もしくはその可能性がある）。だが、そうした要素は（中略）、貴重な存在といえる」[*37]

つまり、シュンペーターは「発展なしには企業者利潤はなく、企業者利潤がなければ発展はない」と言っているのです。[*38]

政府の役割は小さくあるべき

ケインズは、「需要の不足によって生産水準が決定され、それが失業を発生させる」と主張しました。不況時に経済状況を改善し、失業を解消するためには、要するに需要を増加させればよい。その「有効需要」を生み出すために、政府による公共工事などの財政政策や金利引き下げによる金融緩和の可能性が出てきます。不況にどう対策すればいいか、という問いに対する処方箋として、政策当局が実際に使える道具を提供したことになります。

しかし弊害としては、景気が悪くなるたびに財政規模が拡大し、政府の役割が大きくなることです。このように、どちらかというと政府の役割をポジティブにとらえているのがケインズの特徴です。

一方、「アントレプレナー」の「イノベーション」を原動力とする動態的な経済発展を重視するシュンペーターにとっては、ケインズの理論は短期的・表面的な処方箋であり、根本問題の解決にはならないように思われ、許しがたいものであったようです。

「アントレプレナー」が「イノベーション」を起こすために国が何をすべきか、というと、実は特にできることはありません。

もちろん、司法の制度をしっかりするとか、交通・通信環境とかを整備する、といった環境の整備はできますが、ケインズの有効需要刺激策のような即効性ある手段とは程遠いものです。

したがって、シュンペーターの立場では、基本的には起業家を「邪魔しなければいい」とする小さな政府の考え方になります。

このようにケインズとシュンペーターとは、国の役割に対する態度に大きな違いがあります。国に期待するケインズと、何もしないほうがいいとするシュンペーター。

この考え方の違いはケインズの没後シュンペーターが『アメリカン・エコノミック・レビュー』に発表したケインズ追悼論文を見るとよくわかります。

「彼には子どもがなく、彼の人生哲学は本質的に短期の哲学だった。だから彼はイギリス人として、あるいは彼自身がそうであったような種類のイギリス人として、自ら残されている手段、すなわち金融ないし為替政策に断固として訴えたのだ。少なくともそれは苦痛を和らげることになるだろう」[*39]

つまりシュンペーターにとっては、国によるマクロ経済政策は小手先で苦痛を和らげるだけで、問題の根本解決にはならないということです。

シュンペーターの頭の中では、少数の起業家がイノベーションを起こすことが資本主義の原動力であり、政府の入り込む余地はありません。アップルやアマゾン、マイクロソフトやテスラは政府のおかげで成功したわけではありません。あくまで突出した少数のアントレプレナーの活躍によるものです。

もちろん、政府はアントレプレナーの邪魔をしないように、既存企業の既得権益を守るための規制づくりなどに加担しないとか、資金へのアクセスを容易にするといった環境の整備は行う必要がありますが、それ以上のものはありません。

こうした考え方は実は、官僚や政治家にとってはやることがあまりなく、非常につまらないものです。これが長年、シュンペーターがビジネスマンには人気でも、メインストリームの言論界では比較的マイナーな存在であり続けた理由の一つでしょう。

大企業化による衰退と社会主義のディストピア

アントレプレナーがイノベーションをドライブし、創造と破壊を繰り返すことにより、資本主義経済は発展していくとすると、経済発展の最大の阻害要因となるのは、そうしたアントレプレナーが生まれなくなることです。

人間は安住の地を作りたがります。大企業はますます住み心地が良いものとなり、労働組合ができ、雇用を安定化させ、福利厚生を充実します。シュンペーターが恐れたのはその点でした。

「資本主義はまさにその成功ゆえに（中略）社会主義への移行を強く示唆する状況が『必然的に』訪れる」[*40]

硬直化した労使関係や大企業病によって「特別な世紀」は限界を迎えるのですが、シュンペーターはまさにそのことを恐れていました。

大企業がイノベーションを阻害するメカニズムについて、次のように書いています。

「資本主義の企業はまさにその功績によって進歩を自動化する傾向があり、結果的に自らの存在を不要にする傾向がある――成功があだになって自滅する傾向がある――というのがここでの結論だ。完璧な官僚機構と化した巨大な産業装置が、中小企業を駆逐し、オーナーからの収奪を進めるばかりか、いずれは起業家をも駆逐し、ブルジョア階級からの収奪を進めることになる」[*41]

「社会主義の音頭を本当にとっていたのは、社会主義を説く知識人でも活動家でもなく、バンダービルト（鉄道王）、カーネギー（鉄鋼王）、ロックフェラー家（石油王）だった」[*42]（括弧内は筆者による注）

官僚機構と化した大企業がイノベーションの担い手である起業家を駆逐することで、社会は資本主義から社会主義に向かう、というのがシュンペーターの恐れたディストピアでした。

今のところ一九九〇年からのデジタル・ゴールドラッシュによる起業家経済の復活で、アメリカは社会主義化していませんが、未来について考えると、その危険は常にあると言っていいでしょう。

日本では時価総額上位企業の顔触れが固定化し、大企業・大組織の時代が続いており、シュンペーターの恐れたディストピアに日本は近づいているのかもしれません。

book 04

アルフレッド・チャンドラー
経営者の時代
―アメリカ産業における近代企業の成立

（鳥羽欽一郎・小林袈裟治 訳　1979　東洋経済新報社）

シュンペーターとは全く別の切り口を強調したのがチャンドラーです。

チャンドラーは、アメリカの資本主義の勃興期（一八五〇年代から一九二〇年代）を観察し、「巨大企業とマネージャーの役割は何だったのか？」と問うています。

ハーバードビジネススクール教授で経営史学者だったアルフレッド・チャンドラーは、二〇〇七年に九〇歳で亡くなりました。彼の学説として有名なのは、「組織は戦略に従う、その逆ではない」というものです。

それに比べるとあまり知られていませんが、チャンドラーは「見える手」という著書[43]も書いています。“The Visible Hand”で、その邦訳が、ここで紹介している『経営者の時代』です。市場による均衡の達成を重視するアダム・スミスの「見えざる手」ではなく、組織の中の管理者・マネージャーの役割を強調しました。

鉄道産業をきっかけに企業が大規模化した

「特別な世紀」にはエミュレーションとディフュージョンのアメリカン・システムがフル回転し、新発明に基づく製品を大量生産して一気に普及させる過程で巨大な経営組織が生まれました。チャンドラーによると、そうしたアメリカ産業の規模と集中を可能にしたのは、起業家精神、資本の入手可能性、公共政策よりも何よりも、職業マネージャー（つまり、サラリーマン）の存在だといいます。

順を追って彼の議論を再整理すると、

1 鉄道以前には大企業は存在しなかった。
2 鉄道の発展とそれによる近代的なマネジメントが誕生した。
3 通信ネットワークの発達と、大量生産のための技術革新と生産プロセスの革新が続いた。
4 大量生産と通信を利用し、水平方向のM＆Aと垂直統合による超大企業が誕生した。

となります。巨大な初期投資が必要なので、銀行がまず必要となり、株式市場での資金調達も必要となった。そして何よりも、鉄道という複雑で巨大な機構を運用し、効率的かつ安全に輸送するために、専門知識を有する職業マネージャー（サラリーマン）が多数誕生したというのです。

主役は大組織のマネージャー

輸送と通信のスピードと信頼性が格段に向上したため、効率的な配送ネットワークが張り巡らされました。あらゆる製品が効率的に輸送されるようになり、卸問屋、小売りも巨大化します。メーシーズ、ウールワース、といった有名どころや小売りチェーンに加えて、通販のシアーズなども出現しました。シアーズはどんな田舎でもカタログで何でも注文できるという奇跡のビジネスで、一九世紀のアマゾンだと言えます。シアーズの売り上げは$138,000（1891）から$38M（1905）に激増し、一日に一〇万件の注文を処理したといいます。アメリカで農業に従事する巨大な人口は、それまでショッピングを楽しめませんでしたが、シアーズの出現によって、それが可能となったのです。

すべての産業分野で巨大組織ができたわけではありませんが、特に、連続的なプロセス製造に依存し、あるいは大量のエネルギーを必要とする産業（鉄鋼やその他の金属、化学、石油などの産業）は、新しい信頼性の高いエネルギー源（石炭または電気）と新しい機械で適切に構成されているため、生産性が飛躍的に向上し、企業は巨大化しました。

チャンドラーの主張は、経営資本主義（サラリーマン／プロフェッショナルマネージャーによる経済活動の成長）が、アメリカ、そして世界の産業の劇的な成長の主な説明であるということです。彼は、経済学者や歴史家が長い間、起業家資本主義（クリエイター／イノベーターの役割）と金融資本主義（銀行と金融の役割）を研究することを好んできた、と主張しています。

なぜ鉄道から始まったのか

チャンドラーは、鉄道会社がアメリカのシステムの原点であるという言い方をしています。一九世紀当時の鉄道会社は、線路の質、資材の質、労働者の質、あらゆる点においてレベルが低く、事故が多発していました。これを、資材を標準化し、近代経営を行う大組織で解決したということです。それが出発点となり、タイプライター、カメラ、農機具、自動車といった新産業が一九世紀後半に花開くことになったのです。

アメリカン・システムは、発明品を、高度な生産・経営システムにより幅広い人口に一気に普及させるものですが、その原点は一九世紀初頭の鉄道会社にあった、というのが彼の説です。

チャンドラーとは少し別の考え方として、歴史学者チャールズ・オコーネルの説があります。鉄道が大組織運営のマネジメント・イノベーションを行ったのは間違いないとしても、それに先行して陸軍でマネージャーが出現したとします。鉄道は陸軍のやり方を真似しただけだとする説です。

アメリカン・システムの原点はエミュレーションであり、それは、どこからの模倣だったかというと、当時の先進国フランスでした。フランスは、ナポレオンの時にエコール・ポリテクニークという超エリート工科大学を作り効率的な武器の設計生産を担わせていました。当時世界最高の武器大国だったのです。

一九世紀にはアメリカはイギリスとは戦争していたので、イギリスは敵国で、フランスが同盟国でした。現代でも軍事先進国が軍事顧問団を派遣するのはよくあることですが、当時はフランスの軍事顧問団が大勢アメリカに来て、武器に関わるいろいろな技術やノウハウを伝授していました。

当時についての考察を行った『テクノヘゲモニー』（薬師寺泰蔵著 1989 中公新書）によると、フランスの優れた武器の互換性システムの代表は、たとえばマスケット銃であり、そうした知識の体系がフランスの軍事顧問団を経由し、陸軍の標準化武器システムとしてアメリカに伝わったとされています。

薬師寺によるとつまり、「アメリカン・システムという生産・経営システムは、フランス流の武器製造管理技術をそのルーツに持ち、民間に天下りした陸軍エンジニアが開発したシステムである」ということになります。

いずれにせよ、大規模なエミュレーション（模倣）とディフュージョン（普及）によりイノベーションを生み出すのがアメリカン・システムであり、それがこの時代に生まれた、ということが重要です。

そして個人の起業家に加えて、新しく誕生した巨大組織がそのプロセスを担い、それを回すマネージャーの役割も大事だった、ということになるでしょう。

注釈

＊1 Gordon, Robert J.（2016）. *The Rise and Fall of American Growth: The U.S. Standard of Living since the Civil War*. Princeton University Press. 邦訳は『アメリカ経済　成長の終焉』. 日経ＢＰ.

＊2 シッダールタ・ムカジー.（2016）.『がん―４０００年の歴史―』. 早川書房.

＊3 ムカジー. 前掲書.

＊4 B Short.（2021）. Antibacterial Warfare: The Production of Natural Penicillin and the Search for Synthetic Penicillin during the Second World War. *Journal of Military and Veterans' Health*. Volume 29.

＊5 Richard Conniff（2017）. Penicillin: Wonder Drug of World War II. Historynet. Retrieved in August 2023.

＊6 薬師寺泰蔵.（1989）.『テクノヘゲモニー ―国は技術で興り、滅びる』. 中公新書.

＊7 Hughes, Thomas P.（1989）. *American Genesis: A Century of Invention and Technological Enthusiasm*. University of Chicago Press.

＊8 Rosenberg, Nathan, and L. E. Birdzell Jr.（1986）. *How the West Grew Rich: The Economic Transformation of the Industrial World*. New York: Basic Books.

＊9 Lamoreaux, Naomi R., and Kenneth L. Sokoloff.（1999）. *Inventors, Firms, and the Market for Technology in the Late Nineteenth and Early Twentieth Centuries. Learning by Doing in Markets, Firms, and Countries*. University of Chicago Press.

＊10 牧野武文.（2013）.『交流・直流戦争から世界システムへ：ニコラ・テスラと発明王エジソン』. 電子版 .p.22.

＊11 牧野武文. 前掲書. p.21.

＊12 前掲書. 牧野武文. pp.44-45.

＊13 前掲書. 牧野武文. p.45.

＊14 前掲書. 牧野武文. p.53.

＊15 https://iyashitour.com/archives/49827/2

新戸雅章.（2019）.『天才ニコラ・テスラのことば』. 小鳥遊書房.

新戸雅章.（2013）.『天才の発想力　エジソンとテスラ、発明の神に学ぶ』. サイエンス・アイ新書.

＊16 新戸雅章.（2015）.『知られざる天才、ニコラ・テスラ』. 平凡社新書.

＊17 FBI テスラファイル　https://vault.fbi.gov/nikola-tesla/Nikola%20Tesla%20Part%2001%20of%2003/view

＊18 イーストマン関連では以下の資料を参考にした。

・Brayer, Elizabeth.（1996）. George Eastman: A Biography. Johns Hopkins University Press.
この本はジョージ・イーストマンの詳細な伝記で、彼の人生と業績について深く掘り下げています。

・Ackerman, Carl W.（1930）. George Eastman. Houghton Mifflin.
これもイーストマンの伝記で、彼の生涯と彼が創立したコダック社について詳述しています。

・ジョージ・イーストマン・ミュージアムの公式ウェブサイト
The life and legacy of George Eastman. The George Eastman Museum. https://www.eastman.org/george-eastman. には、イーストマンの人生

と遺産についての情報が詳しく掲載されています。
・コダック社公式ウェブサイト
George Eastman - His Life.
今は見られないようです。
・George Eastman. The Philanthropy Roundtable. https://www.philanthropyroundtable.org/almanac/people/hall-of-fame/detail/george-eastman.
このウェブジョージ・イーストマンの人生について詳しく紹介しています。

*19 ノエル・ペリン．(1991)．『鉄砲を捨てた日本人』．中公文庫．

*20 「入り鉄砲に出女」の監視．ADEAC. https://trc-adeac.trc.co.jp.

*21 大村大次郎．(2015)．『お金の流れでわかる世界の歴史』．株式会社 KADOKAWA.

*22 国土交通省．「日本鉄道史」．https://www.mlit.go.jp/common/000218983.pdf. ２０２３年12月５日参照．

*23 Wikipedia.「イギリスの鉄道」．
https://ja.wikipedia.org/wiki/%E3%82%A4%E3%82%AE%E3%83%AA%E3%82%B9%E3%81%AE%E9%89%84%E9%81%93

*24 Wikipedia.「東京電燈」．https://ja.wikipedia.org/wiki/%E6%9D%B1%E4%BA%AC%E9%9B%BB%E7%87%88．２０２３年12月５日参照．

*25 Wikipedia.「若尾逸平」．https://ja.wikipedia.org/wiki/%E8%8B%A5%E5%B0%BE%E9%80%B8%E5%B9%B3．２０２３年12月５日参照．

*26 ウィリアム・バーンスタイン．(2015)．『「豊かさ」の誕生 成長と発展の文明史』．日経ＢＰ

*27 住友の歴史．https://www.sumitomo.gr.jp/history/besshidouzan/index04.html. ２０２３年８月１日参照

*28 ノエル・ペリン (1991)．『鉄砲を捨てた日本人』．中公文庫．

*29 E．S．モース．石川欣一訳．(1939)．『日本その日その日』．創元社．

*30 オールコック、山口光朔訳．(1962)．『大君の都　上』．岩波書店．

*31 Thomas C. Smith. (1959). The Agrarian Origins of Modern Japan. Stanford University Press. で著者のスミスは、江戸時代の農村社会における土地所有の形態や農民の自主性が、現代の日本の産業化の基盤を形成したという視点を提供しています。当時、土地所有は完全に自由に売買できるものではなく、個人に所属するものでもありませんでしたが、家や村落ベースで私有財産制に近い運用がされていました。

*32 Thomas C. Smith. (1989). Native Sources of Japanese Industrialization 1750-1920. University of California Press. では、日本の近代化が西洋の影響だけによるものではないという点を強調し、日本の農村社会とその経済構造に焦点を当てています。
邦訳は『日本社会史における伝統と創造―工業化の内在的諸要因 1750―1920年』(MINERVA 日本史ライブラリー)

*33 それでも実はイノベーションという言葉自体が出てきたのは非常に遅くなってからで、イノベーションという言葉を最初に使ったのは社会学者 Hart (1931) だとされています。(Godin,2008)
イノベーションという言葉は使いませんでしたが、同時期、技術革新の理論が初めに心理学で生まれました (User,1929：Rossman,1931)。
人類学も異なる文化との接触による社会の変化についてイノベーションに似た概念で説明をしています。(Smith,et al. ,1927)
社会学者や人類学者にとっては、社会的、文化的な変化のバックグラウンドにあるものがイノベーションとの位置付けえでした。

*34 シュンペーター．（1942）．『資本主義、社会主義、民主主義』．第七章．引用は日経ＢＰクラシックス版（2016）．
*35 伊東光晴、根井雅弘．（1993）．『シュンペーター—孤高の経済学者』．岩波書店．
*36 秋元征紘．（2015）．『なぜ今、シュンペーターなのか』．クロスメディア・パブリッシング．
*37 前掲書．『資本主義、社会主義、民主主義』
*38 名和高司．（2022）．『シュンペーター』．日経ＢＰ．
*39 前掲書．秋元征紘．『なぜ今、シュンペーターなのか』p.84.
*40 前掲書．『資本主義、社会主義、民主主義』
*41 前掲書．『資本主義、社会主義、民主主義』
*42 前掲書．『資本主義、社会主義、民主主義』
*43 Alfred D. Chandler Jr.（1977）．*The Visible Hand: The Managerial Revolution in American Business*. Harvard Business School Publishing.（邦訳）アルフレッド・チャンドラーJr.（1979）．『経営者の時代—アメリカ産業における近代企業の成立 上・下』．東洋経済新報社．

第3部

大企業病　オーガニゼーション・マン

06

「特別な世紀」の終わり

郊外に広がる住宅地
ペンシルバニア（1936）
Taken by Lewis Hine, edited by Durova, via Wikimedia Commons
https://commons.wikimedia.org/wiki/File:LevittownPA.jpg

巨大株式会社と「大繁栄」

新技術のエミュレーションとディフュージョン、すなわち模倣と製品の標準化、大量の労働者を均一に働かせるマネジメントシステム、大量生産による普及というアメリカン・システムが大成功を収めた結果、各業種に圧倒的な大企業が生まれました。

一九一七年のアメリカに存在したフォード、ゼネラル・モーターズ、デュポンなどの五〇余りの大企業のほとんどは、一九三〇年時点で製造業の生産量のうち半分を占めていたとされます。新技術を大量生産で一気に普及させるアメリカン・システムは、第二次世界大戦でその底力を発揮し、日本とドイツを物量で圧倒しました。

平均寿命は飛躍的に伸び、「人生はどこまでも続く」という考えで安心した人たちは、大規模開発された郊外の住宅地にアメリカンドリームを象徴する理想郷を見出します。きれいに整地され、街路樹が植えられ、どの家にも広い芝生があり、プールがある、郊外の美しい住宅地です。郊外の住宅に設置する耐久消費財は飛ぶように売れ、自動車、芝刈り機、巨大なオーブン、冷蔵庫、テレビ、ラジオ、プール、別荘、ゴルフクラブ、バーベキューグリル、洗濯機、等々、新型が次から次へと開発され購買意欲を刺激し、空前の好況となりました。

このときの雰囲気をよく知ることのできるTVドラマ「奥さまは魔女」は、一九六四年から一九七二年までアメリカのABCで全八シーズン、二五四話が放送された当時の大ヒットドラマです。

日本でも一九六六年から日本語吹替版が放映され、まだ終戦後の物資欠乏の記憶が残り、高度成長のさなかで「うさぎ小屋」に住み、ひたすら働いていた日本人は、その豊かさ、住宅の広さ、すべての点における格差に驚愕したのです。

ガルブレイスが言うところの「ゆたかな社会」です。[*1]

イノベーションの鈍化

一九六〇年代は、アメリカン・システムの到達点である巨大企業が人類の進歩の象徴であるように考えられていた時期です。[*2] しかし同時に、戦後の発展をリードした国内消費はその限界に近付きつつありました。一九五〇年には、車を持っているのは四人に一人でしたが、一九七九年には二人に一人が車を持つようになり、同年、テレビの普及率は九九%に達しました。冷蔵庫、洗濯機なども同様でした。

そして、戦後のアメリカ経済の大成功に、ついに陰りが見え始めたのが一九七〇年代です。一九六〇年代の年平均成長率四・〇%に対し、一九七〇年代の年平均成長率は二・八〜三・〇%に低下しました。

前の章で取り上げたゴードンは、その著書[*3]の中で、アメリカの経済成長とその鈍化について、広範で深い洞察を提供しています。一九世紀から二〇世紀にかけての「特別な世紀」には、公衆衛生の進歩、電力、自動車、航空機、通信技術などの一連の画期的な発明により、経済成長と生活水準の飛躍的な向上がもたらされました。

一方、彼は一九七〇年以降のイノベーションは鈍化したとして、以下の理由を挙げています。

1 基本的な発明の枯渇　一九世紀後半から二〇世紀中盤までの「特別な世紀」には、公衆衛生、電力、自動車、航空機、通信技術など、人類の生活を根本的に変えるような一連の大発明があった。しかし、それ以降のイノベーションはそれらの大発明に比べると、生活や生産性への直接的な影響の度合いが少ない。

2 デモグラフィックな変化と教育の鈍化　人口の高齢化や教育の進歩の停滞など、社会経済的な要因が経済成長を鈍化させた。

3 格差の増大　富の格差の拡大は、全体的な生活水準の向上を阻害し経済成長を妨げる。

4 公的な負債の増大　公的な負債の増大は、経済成長を制約する。

ゴードンは、これらの要因により、現代のイノベーション（インターネットやスマートフォンなど）が「特別な世紀」のような経済成長をもたらすことは難しい、と主張します。

その当否はともかく、アメリカの「特別な世紀」では、電気、自動車の普及、情報技術の進歩など、数多くの「超」イノベーションがあったわけですが、一九七〇年代以降の数十年の間は、イノベーションが停滞していたということは明らかです。

大組織によって固定化する社会

ゴードンは一九七〇年代以降のイノベーションの停滞の理由として、そもそも大発明がなかった、としていますが、本書の主張である、イノベーションは発明だけでなく、普及まで含む一連のプロセスである、ということを前提とすると、普及を担う主体の変化がイノベーションを阻害していた、という仮説を立てることもできます。それではその普及を担う主体の変化とは何かというと、大組織化ということになります。

二〇世紀後半、世界、そしてアメリカは「大組織化」「集権化」というキーワードで代表されるものとなっていました。大企業が寡占的、独占的になり、政治面でも連邦政府の権限が拡大し、自動車や石油などの主要産業で少数の巨大企業が支配的になりました。

当時のエリートは、ピューリッツアー賞受賞のジャーナリスト、デイヴィッド・ハルバースタムが「ベスト・アンド・ブライテスト」[*4]と呼んだ、東海岸のアイビーリーグを出て法律やビジネスを学んだような人たちでした。そして労働者は、社会学者のウィリアム・ホワイトが「オーガニゼーション・マン」[*5]として描写した、個性より仲間意識を、個人より集団の調和を重んじ、生涯にわたり人格のすべてを大企業に捧げる人々でした。

サラリーマン経営者が統治する大企業では、社会主義的な労働慣行が一般化し、アメリカ経済にはかつてのような下剋上の活力が失われてきていました。

ゼネラル・エレクトリック、ゼネラル・モーターズ、フォード、エクソン、AT&T、メロン財閥、モルガン銀行やロックフェラー家など、巨大企業からの利益は世襲され、上流階級として固定化し、東海岸を中心にエスタブリッシュメントの世界が構築されていきました。

テクノストラクチャー

大企業化がますます進行し、弊害を生むようになってきたこの時代の様子は、当時のガルブレイスの著作に生き生きと描写されています。[*6]

「通信のほとんどすべて、鉱工業の大半、小売業の主要な部分と娯楽興行のかなり多くの部分は、大企業によって運営され、供給されている。企業の数は多くはない」

そして担い手はかつてのような起業家ではなく、サラリーマン経営者です。

「ほとんどすべての経営者がサラリーマンであり……（アメリカの上位五〇〇社の法人企業で）自分を

事業家ないし資本家と考えている経営者は……まず見当たらない」

「一九五二年に現役であった八〇〇人ばかりの経営者――約三〇〇社の工業、鉄道、公益事業の法人企業の各社で最高の給与をもらっていた者――の中で、その会社に二〇年以上在職している者の数が四分の三を数えた」

こうした大組織のエリートサラリーマンを、ガルブレイスはテクノストラクチャーと呼び、「個人は集団の中に埋没してしまう。尊敬は会社と結びついている」としています。今のアメリカからはあまり想像できませんが、当時のアメリカは現在の日本と同じサラリーマン社会でした。

「この期間に個々の企業の規模は途方もなく大きくなった。事業家的企業（株式を保有する創業者が経営する企業）は衰退した」

ロックフェラーやモルガン、デュポン、クライスラー、ヒルトン、フォードなど、有名な資本家兼経営者と違い、当時の後継者の名前は世の中に知られることもありませんでした。大企業の計画化体制の行きつく先は、社会主義のディストピアです。

「ビジネス界で、計画化、社会による統制、国家の保障、社会主義などという言葉はいちばん歓迎されない。将来そういったことがありうると考えるのは、それらがすでに愕然とする程度に現実化している事実を意識することになるはずである」[*7]

ヘンリー・フォードの後継者

起業家であり資本家であったヘンリー・フォード[*8]はアメリカン・システムの申し子であり、自動車の大量生産方式を発明した「特別な世紀」の最重要登場人物の一人です。

彼は一代で築いた彼の自動車帝国に、引退する一九四五年（八二歳）まで社長として君臨し、老年で判断力が極度に衰えていたにもかかわらず居座り続けたために、業績は悪化していました。海軍にいた孫のヘンリー・フォード二世[*9]が帰国して社長を継いだ時には、フォードの業績は非常に良くない状態でしたが、フォード二世はその地位にふさわしい経験を全く積んでないため、ベテラン経営者を何人も雇って補佐させる体制を作り上げました。

ゼネラルモーターズの役員などを引き抜きビジネス・ノウハウの核としたほか、「ウィズ・キッズ（Whiz Kids 神童）」と呼ばれる一〇人の有望な若手人材を登用しました。この一〇人はアメリカ陸軍航空軍の統計チームから集められた人材で、その中には、のちにフォード・モーターの社長となるロバート・マクナマラも含まれていました。

つまり、起業家で資本家であった自動車王ヘンリー・フォードのあとは、サラリーマンのエリート専門家による集団指導体制となったのです。

ウィズ・キッズ（神童）

ロバート・マクナマラはハーバード大学でＭＢＡを取得し、「科学的管理法」で知られるフレデリック・テイラーの下で確立された科学的測定方法を学びました。[*10] 卒業後、ハーバード大学に残り、企業経営に用いる分析手法について教鞭をとっていた頃、第二次世界大戦が勃発し、アメリカ軍の統計管理局で戦略爆撃の解析および立案の仕事に従事することになりました。

彼は日本の主要都市を廃墟にした戦略爆撃の立役者の一人です。

ヨーロッパ戦線で活躍した爆撃機であるＢ－17を日本に転用するのではなく廃棄して、新型の大型爆撃機のボーイングＢ－29を大量生産し、対日戦に投入するほうがコスト面で効率的である、と主張しました。結果、アメリカ軍はＢ－29を一九四四年末から開始された対日戦略爆撃に大量投入することで、大きな戦果を上げました。

戦後、フォードはマクナマラを含む一〇人の統計管理局の面々を最高経営幹部候補生として採用しますが、マクナマラは大胆なリストラや不採算工場の閉鎖などで実力を発揮、一九六〇年にはフォード・モーターの社長に就任しました。

中卒で、二回起業に失敗し、三回目の起業で世界最大の自動車企業を築き上げたヘンリー・フォードは、アニマルスピリッツを体現する経営者でした。しかしその後継者は、元ハーバード大学の教員で、統計解析を駆使し、感情を交えず論理的かつドライに戦略を立案する、ベスト・アンド・ブライテストだったわけです。

この時代、「特別な世紀」に創業された、起業家兼資本家であった初代が築いた大企業の多くが、エリートサラリーマンによる集団指導体制に移行しましたが、フォードはその典型的な事例の一つと言えるでしょう。

アメリカに敗戦をもたらしたマクナマラの誤謬

マクナマラはフォードの社長として活躍している時に、ケネディ大統領から呼び出しを受けます。驚いたことに、国防長官への就任依頼でした。[*11]

ケネディを引き継いだジョンソン政権でベトナム戦争への介入はエスカレートし、引き続き国防長官の大役を担ったマクナマラは北ベトナムへの報復爆撃を指示し、一九六五年にはジョンソン政権により本格的な戦略爆撃である北爆が開始されます。

アメリカの大規模介入によっても戦況はいっこうに改善せず、泥沼化したベトナム戦争は、多くの犠牲者を生み、これまで常勝を誇っていたアメリカにとってトラウマともなる実質的敗戦となりました。[*12]

マクナマラのような論理的、合理的思考を持つ秀才、ベスト・アンド・ブライテストが数多く集結し、非の打ちどころのない戦争計画を立案したはずが、なぜ失敗したのか？　それこそハルバースタムが『ベスト・アンド・ブライテスト』で問いかけた命題であり、今でも「マクナマラの誤謬」として知られているものです。

マクナマラは科学的管理の信奉者として、「アメリカ兵の死者数よりも多く敵兵が死亡している限り、軍は勝利への道を進んでいる」「測定できないものを管理することはできない」とし、死者数以外の定量化できない指標は「戦争の勝敗とは無関係」とし考察から除外しました。[*13]
現在でもマクナマラの誤謬として知られている誤謬は、以下の三点を指します。[*14]

「A：現実の定量的モデルが常に他のモデルよりも正確であると勝手に思い込むこと」
「B：最も簡単に行うことができる定量的測定こそが最も適切だと考えてしまうこと」
「C：定量的測定基準で使用されているもの以外の要因をなかったことにしたり、たいした影響はないと矮小化したりすること」

マクナマラの誤謬は、現代のビジネスパーソンも理解しておくべきものです。
多くの場合、すでに存在するデータは限られたものでしかなく、入手可能なデータだけをいくら精緻に分析しても、失敗してしまいます。すでに存在するデータの「外の」情報を、どのように取り扱うのかが非常に重要なのです。

「科学研究のシーザー」

科学研究の世界でもこの時代は、「大規模化」「集権化」という明確な特徴を持っていました。第二次世界大戦が始まる前からアメリカは戦争準備を行っていました。一九四一年、大統領直属機関として、OSRD（科学研究開発局）が新設されました。元MITの副学長のバネバー・ブッシュを議長に、MIT学長、ハーバード大学学長、AT&Tの中央研究所であるベル研究所の所長など、科学研究業界の大物たちがメンバーでした。

バネバー・ブッシュは当時非常に有名な人物で、アメリカの現在の科学技術研究の枠組みを作った人物とされています。

ニューヨークタイムズは彼を「科学研究のシーザー」と呼びました。本来は個人主義的で民主的なはずの科学研究において、シーザーのような権力者は不要なはずですが、なぜこのように呼ばれるようになったのでしょうか？

その理由は、シーザーのごとく科学界に君臨し、第二次世界大戦でアメリカの科学における戦時総動員体制を作り上げ、原爆、レーダー、ペニシリンの開発を推進し、軍事的な勝利に貢献したからです。[*15]

戦後はNASAの前身であるNACAの委員長となり、航空宇宙開発の基盤を作っています。

国家主導の巨大技術開発プロジェクト

前述のOSRDの仕事は、戦争遂行のために大学および民間の研究開発を奨励監督することです。MITのレーダー研究所をはじめ、大学の研究所がそのままOSRDの傘下に入り、基礎研究よりも応用研究が行われ、研究成果は即民間で製品化されていきました。原爆のマンハッタン計画もここで始まりました。

戦後、OSRDの高度技術は一部民間に移転されていき、OSRDを源流に持つ全米科学財団National Science Foundation（NSF）は基礎研究だけを援助する政府機関として発足し、現在も連邦政府の科学研究についての中心組織として活動しています。

しかし民間へ完全移転されたのは一部であり、かなりの部分は、冷戦の恐怖を背景に、原子力委員会（AEC）、NASAなど政府機関の延長のような科学技術行政機関が乱立する中、そこにそのまま戦時の体制が移行しました。

つまり、大規模な技術開発プロジェクトは、戦時中は国が音頭を取っていたとはいえ、直接には民間や大学が担っていたのが、戦後は国家機関が直接関与し、産軍複合体と呼ばれるものに変質していったのです。

ホットスタッフという有人宇宙船の宇宙飛行士の映画があります。題材となったマーキュリー計画は一九六三年に終了し、アポロ計画に切り替わります。国家機関であるNASAのアポロ計画で人類が月に降り立ったのが一九六九年です。

当時のタイム誌の論調は以下のようなものでした。

「これぞまさに、科学と知性の成し遂げた驚異的な偉業である」

「人間にはどんなことでも成し遂げられるという楽観的な前提の正しさを我々に再度確信させる、輝ける出来事だ」（『タイム』1969.7）

資源があり、ちゃんとした計画があり、プログラムに基づいたシステマティックな努力で大勢の研究者がゴールに向かって邁進すれば、どのようなことでも可能だという楽観主義、イノベーションは国家やNASA、デュポンやボーイングといった巨大組織が先導すべきもの、というイメージが大衆の中に形成されました。

がんのNASA

しかし、アームストロング船長の月面着陸をピークに、巨大組織の先導による科学研究自体が陰りを見せ始めることになります。

アメリカにおける国家主導のイノベーションに陰りが見え始めた決定的な転換点となったのは、

始まる前の期待の盛り上がりと幻滅のギャップの大きさから、がん征圧プロジェクトと言っていいでしょう。

ミズーリ大学薬学部教授ソロモン・ガープは一九六八年に、『がんの治療―国家目標として―』という本を書き有名になりましたが、その本の中で以下のように述べています。

「本書のテーマは、今こそがん研究を見直し、がんの治癒やコントロールに向けて努力を結集するときが来たという主張である。……がん克服に向けた努力のいちばんの妨げは、深刻かつ慢性的な資金不足だ」[*16]

国家レベルでのがんとの闘いを主導した有力者の一人はメアリ・ラスカーでした。メアリ・ラスカーは、アメリカのノーベル医学生理学賞とも言われ、日本人では利根川進氏や山中伸弥氏といった科学者が受賞したことで有名なラスカー賞を授与するラスカー財団の創設者です。メアリ・ラスカーは、アポロ11号が科学に対する大衆のイメージを大きく変えたことで、自分の進める運動を「がんへのロケット発射」と呼ぶようになっていきました。

ニクソン大統領はもともと目的志向型のプロジェクトが好きでした。彼は科学研究への資金投入には全く興味を示さなかったものの、がん征圧プロジェクトには関心を示しました。ニクソンのイメージする通常の科学とは、奇人・変人の学者が趣味で行うもので、彼の構想は、がん征圧プロジェクトの主導権をそうした奇人・変人集団から奪い取り、目的志向のプロジェクトとして規律と責任をもたらす管理者たちに任せる、というものでした。

ニクソンの肝いりで独立した諮問委員会が組織され、一九七〇年に公表された報告書で提言されていたのは、予想されたようにがんの独立機関、つまり「がんのNASA」の設立でした。当時の大人気コラムニストによる一九七一年のコラムには、このように書かれています。

「……今までにどれだけの人がこう質問したことでしょう？『私たちの偉大な国は人間を月面に立たせられるのに、なぜがんの治療法を見つけられないのだろう』」[*17]

一九七二年の大統領選が近づく中、ニクソンはしびれを切らしていました。シカゴ・トリビューンのコメンテーターは以下のように書いています。

「リチャード・ニクソンが……二つの大きな目標を達成できたら――ベトナム戦争を終結させ、がんを打ち負かせたら――彼はアメリカの歴史におけるリンカーンのような存在になるだろう」[*18]

ニクソン大統領ががん征圧法に署名したのは一九七一年末でした。しかし、科学者の間で一般的な見解は、がんに戦争を仕掛けるのは時期尚早だというものでした。

がん戦争のお手本となったアポロ計画とマンハッタン計画は、長い時間をかけて蓄積された科学的な知見（核物理学、流体力学、熱力学）を土台としたものでしたが、がんについてはその土台となるべき知識――細胞が悪性化するメカニズムは解明されていなかったのです。

このため、がん征圧プロジェクトは、地味な成果はいくつかあったものの、月面着陸や核実験のような成果は出ず、大衆を満足させることなく竜頭蛇尾に終わりました。

華々しく開始したがん戦争は失望に終わり、この幻滅をきっかけに、国家主導の大規模プロジェクトなら何でもできる、という楽観的な雰囲気自体が消滅していったのです。

07

衰退の自覚

1981年　マンハッタンの路地
photo by bennymarty, via iStock

アメリカを襲うスタグフレーション

インフレと失業の同時進行はスタグフレーションと呼ばれますが、一九七〇年代、八〇年代のアメリカはその状態にありました。[*19]

一九六三年に暗殺されたケネディ大統領に代わって就任したジョンソン大統領は「偉大な社会」計画に基づく福祉予算の拡大とベトナム戦争本格介入による軍事費の増大、積極財政に踏み切ります。

アメリカ経済は需給が逼迫し、賃金・物価の上昇が加速し始めます。

当時は固定相場制であったために、ドルは価値を下げることなく、アメリカのインフレ加速は輸出製品の値上がりとなり競争力低下に直結、国際収支の悪化につれてアメリカ保有の金準備は減少を続け、一九七一年八月、ニクソン大統領がついに金とドルの交換停止を発表します。これをもって金ドル本位制は崩壊、主要通貨は固定相場制から変動相場制へと移行していきます。

そして失業率が一九七〇年代、八〇年代と高くなってきたこと、オイルショックなどを経てインフレーションが年一〇%前後にまで進行したことから、国民は体感的に不況を強く感じるようになりました。

ここで当然ながら、スタグフレーションの原因は何か、どうやってスタフグレーションを脱却するか、といった侃々諤々《かんかんがくがく》の議論が国を挙げて行われます。さまざまな説、意見が噴出し、小さな政府、供給サイドの重視、民間投資重視のレーガノミクスをはじめ、さまざまな議論がなされます。

産業政策（衰退産業から成長産業への人材移動）や、労働者の訓練、敵対的な労使慣行の是正など、当時絶好調だった日本の製造業との競争を意識した議論もなされます。

今では想像もできないことですが、一九七〇年代、八〇年代当時のアメリカは本気で日本の経済成長を怖がっていました。このため、日本をモデルにする改革案が多かったのです。

社会主義的改革によりイノベーションが停滞

アメリカの産業の競争力が落ちてきたこと自体、固有の理由があるはずであり、その点に関してはマイケル・ピオリとチャールズ・セーブルが主張した、「アメリカの競争力の衰退は、アメリカのシステム自体に原因がある」という説が説得力を持ちます。[*20]

スタグフレーションの種は戦前に蒔かれていました。一九三五年に大恐慌に対抗するニューディールの一環として労働者の集団交渉権と労働組合の保護がルーズベルト大統領によるワグナー法にて成立、一九三八年の厚生労働基準法で最低賃金が制定されました。

こうした戦前の一連の社会主義的改革は、戦争の特需で一時的にその影響は目立ちませんでしたが、戦後、ボディブローのようにアメリカ経済を痛めつけていきます。

政府の労働規制により労働慣行が制度化され、企業の官僚機構化がどんどん進んでいきました。マイケル・ピオリとチャールズ・セーブルは、この結果、以下の二つの甚大な影響があったとしています。

一つ目の影響は職場が細部にわたってマニュアル化され融通が利かなくなり、徐々に企業の生産性が落ちてしまったことであり、二つ目は、労働者を簡単に解雇することができなくなり（と言ってももちろん今の日本よりは容易ですが、過去のアメリカと比べて、という話です）、レイオフ制度の創設の結果、一時的にせよ失業者を企業内に抱え込む必要が出てきたため、迅速な成長産業への人材の移動が阻害されたことです。

一部に勘違いがありますが、レイオフとは普通の解雇ではなく、再雇用を前提として、一時的に行われる人員削減を指します。

経営がうまくいかなくなったときに従業員を一時的に解雇し、一定期間だけコストカットを行い、経営が安定してきたら、レイオフした従業員は再雇用されます。人件費の削減だけでなくスキルやノウハウを持った従業員が他社へ流出するのを防ぐ効果があります。

日本の一時帰休は給料を払い続けないといけないので別物です。レイオフは、解雇と人材確保の良いとこ取りを目指すものです。

労働者は産業別の強固な組合を形成して交渉力が増してきたため、先端技術の導入に反対し、先端的な生産設備への投資が行われなくなりました。社会主義的な労働慣行の制度化を生み、その労働慣行の硬直化がアメリカン・システムを内部から破壊し、産業の空洞化が起こった、という説になります。まさにシュンペーターがかつて懸念していたように（p.126参照）、「大組織化、社会主義化」することによる「創造的破壊の停滞」が起こったのです。

「良い仕事」の消滅

安定した良い仕事をすることは、かつてアメリカンドリームの基盤でしたが、一九四〇年代後半から一九七〇年代前半までの「大繁栄」の時代が終わり、一九七〇年代後半以降になると、ほとんどの労働者の賃金が何十年も停滞することになりました。今の日本と同じです。何百万人ものアメリカ人に快適な中産階級の生活をもたらした、堅実な仕事に実際に何が起こったのでしょうか？

リック・ワーツマン（2017）は、ゼネラル・モーターズ、ゼネラル・エレクトリック、コダック、コカ・コーラの四つの大企業における企業と労働者の関係の進化を詳細に検証しています。[*21] 第二次世界大戦後の経済の絶頂期、巨大企業は、士気を維持するために賃金を高く保ち、従業員や退職者にさまざまな福利厚生を提供する責任を負っていると信じていました。
ワーツマンは、一九五〇年代と六〇年代の「大繁栄」の時代における雇用の安定と着実に上昇する賃金、保証された年金、充実した医療給付などが、一九七〇年代と八〇年代の不況を経て、現代のダウンサイジング、アウトソーシングの時代になるまでを記述しており、読者にアメリカ人が中産階級を復活させる方法とは何なのか、再考させてくれます。
ワーツマンの分析は以下のように進みます。

黄金期　第二次世界大戦後の数十年間、多くのアメリカの労働者は、持続的な給与の増加、利益の共有、健康保険、年金などの福利厚生を享受していました。この期間は、労働者と企業の間のロイヤルティ（忠誠）が頂点に達した時期とみなされます。

変化　しかし、一九七〇年代後半から、経済の全体的な構造の変化、グローバル化の影響、技術の進歩、金融部門の成長などの要因が組み合わさり、企業は労働者からのロイヤルティ（忠誠）を失い始めました。これにより終身雇用や一貫した福利厚生は減少しました。

結果　結果として、労働者の給与は停滞し、不安定な雇用が増え、多くのアメリカ人が経済的な不安定さを経験するようになりました。一方で、経営者や投資家は、利益を増大させるために労働者の給与や福利厚生を削減することを選択しました。

徹底的なインタビューを行い、ＣＥＯ、労働者、組合ボスの目を通して、企業が株主に有利になるように物事の優先順位を変えていったことが語られます。

結論として、ワーツマンは、「企業が再び労働者に対する忠誠心を持つ必要がある」と主張しています。それにより、社会全体の繁栄と安定がもたらされると彼は信じています。

労働組合が一種の既得権となり、新しい組合員に対象を広げて時代の変化に適応していくことをしなかったために、労働組合が弱体化したことも指摘されています。後者については、日本の正社員優遇と一部通じるところがあるかもしれません。

コダックが与えた中産階級が夢見る生活

ワーツマンの分析した四社のうちの一つ、コダック社は最も劇的な事例ですので、詳しく見てみたいと思います。

コダックのビジネスモデルは単純で、何千万台も安価なカメラを配布し、収益性の高い製品であるフィルムの顧客を生み出すというものでした。

一九六〇年代から七〇年代にかけて、コダックは一六ドルの安価なカメラを七千万台販売し、所有者はコダックのフィルムを平均、毎年八個使用しました。

ジョン・F・ケネディの暗殺シーンの有名なビデオ映像は、たまたま見物に来た一般人が、コダックの8ミリカメラで撮影し、コダクローム・フィルム上に記録したものでした。

コダックは製品自体が画期的な発明であったと同時に、アメリカ人の生活様式を変え、中産階級が理想とする生活についての新しい価値観を、写真という媒体を通じて示し続けたため、「アメリカの偉大な企業の中で最も偉大」とされました。

創業者のジョージ・イーストマンは一九三二年に亡くなり、死後に集団指導体制となったコダック社はその後も半世紀以上もの間、超一流企業として地域経済に君臨し続けることができました。

コダックはマンハッタンのグランドセントラルステーションにある二〇メートルほどもある「コロラマ」（コダック×パノラマ）でコダックの価値観、アメリカの理想について、写真を映すことで示していました。

アンセル・アダムス（著名な写真家）によるオレゴン州の小麦畑の写真、コンバーチブルに乗ったテキサスの家族、アラバマの美人コンテスト、ニューヨークの邸宅の家族プール、といった「アメリカ人の夢見る生活」を表現する数々の写真です。

ピークの一九七〇年代、コダックは人口二〇万人のロチェスター市にあって五万人以上を雇用し、イーストマン家は、ロチェスターの大学とその病院システム、文化施設、非営利団体、公園、郊外の住宅開発に莫大な寄付を提供していました。

コダックは、退職者だけでなくその家族全員に医療費を支払い、家族の学位取得への助成、住宅ローンの提供、従業員のスポーツリーグの組織化など、従業員に対して徹底的に手厚い待遇を提供していました。

つまり、コダックの従業員になることがそのままイコール、アメリカ人の夢見る中産階級の生活が可能になる、ということでした。

一九八〇年、コダックは会社設立一〇〇周年を記念し、夏の間、毎日記念パーティーを開き、無料の音楽と花火を市民に提供しました。

直接的な雇用に加えて、原材料や各種のサービスを提供する間接的な雇用があり、コダックはロチェスターの広域経済（人口約一〇〇万人）の約四分の一の雇用を担っていました。

一九八〇年のボーナスは、現在の貨幣価値で約五〇〇億円の購買力に相当しました。毎年のボーナスが入ると、人々は自動車ディーラーや家電ショールームに殺到し、地域経済は潤いました。

終身年金と毎年の利益分配ボーナスだけでなく、従業員が仕事を続けられるように従業員を再教育できるようになるまで、大きな技術的変更を延期することさえありました。

一九八〇年代後半、会社は五年間も待って、新しい種類のフィルム処理機械を設置しました。解雇されるはずだった労働者が無事定年に達し、年金の支払いに移行できたからです。

ワーツマンはコダックの雇用の特徴について以下のように語っています。[*22]

「あなたはもう働けなくなるまで一生懸命働き、それから彼らはあなたを永遠に世話するでしょう」

「コダックは、当時の大企業の間でかなり標準的だったものの模範でした」

労働者は、参加することにより、国の経済的利益の公正な分配をより多く得ることができたとワーツマンはインタビューで語っています。

「人々はロチェスターでの当時をノスタルジックに振り返ります。なぜなら、多くの人がこの国が何らかの形で元に戻ることを望んでいるためです」

しかし、現代から見ると、コダックのやり方は対等の労使関係というよりは一種のパターナリズム（編集部注：強い立場にある者が、弱い立場にある者の利益のためだとして、本人の意志は問わずに介入・干渉・支援すること）だったように思われます。

コダックの繁栄は一九九〇年代に終わりを迎えます。日本ビクターが開発したビデオカムコーダーを自社で製造することに失敗し、インスタント写真でポラロイド社に遅れ、デジタルカメラの普及で徐々に苦境に立たされていきます。

一九九三年までに、コダックはデジタルカメラの研究に五〇億ドルを費やし、その年にデジタルカメラに不本意ながら参入しました。ハーバードビジネススクールのケースによると、二〇〇一年、コダックは販売したデジタルカメラ一台につき六〇ドルの赤字を出していました。コダック社は二〇一二年に破産を申請しました。

ところで、単にデジタル化の波に遅れたというのでは、コダックの凋落について理解するには十分ではなく、それよりも根本的な、エコシステム・ディスラプションが起こった、という見方があります。

単にフィルムカメラがデジタルカメラという破壊的イノベーションに代替されたというのが原因ではなく、もっと根本的な「ゲームチェンジ」とも言える変化が起こったということです。ゲームチェンジは単品の製品やサービスのイノベーションだけによってもたらされるのではなく、価値提供を行うパートナーを含めて考える必要がある、ということです。

それではゲームとは何か？

ロン・アドナー『エコシステム・ディスラプション――業界なき時代の競争戦略』[*23]（2022）によると、顧客にとって本当に価値のあることは何か、という問いに照らして、適切な財・サービスを、パートナーを含むエコシステムとして総合提案するのが正しいゲームである、とされています。

社会主義のディストピアを回避

スタグフレーションの時代、大組織化、社会主義化による停滞が永遠に続くのではと思われましたが、現実には、こうした大組織化の流れはストップします。

シュンペーターが懸念した社会主義化のディストピアは結局、到来しませんでした。

デジタルのゴールドラッシュが二〇世紀最後の一〇年、一九九〇年代に始まり、ドットコムバブルの進展とともに、アメリカ全体の活力が回復していきます。

戦後の一時期、人類の進歩を象徴すると思われていた、サラリーマンが経営する巨大企業は、「絶滅したマンモス」や、「古臭い過去の遺物」とみなされるようになり、起業家・資本家が活躍するかつてのアメリカン・システムに回帰しました。

日本はどうかというと、ドットコムバブルとほぼ同時に到来した不動産バブルによって、シリコンバレーは生まれず、残念なことに日本人のアニマルスピリッツはデジタル革命には向かわず、不動産投資に向かいました。

このため、戦後の集権化、大企業化の流れは逆回転することはなく、衰退の傾向がそのまま定着してしまいました。

今、読むべきイノベーション本14冊

「大企業病」の時代のイノベーション論

二〇世紀の前半は戦争の時代でした。戦争に勝つためにイノベーションが非常に重要視されるようになり、数々のイノベーションが戦争に勝つための手段として非常な速さで実用化され、実際の戦場で使用されます。

シュンペーターの著作の多くは第一次世界大戦と第二次世界大戦の間の「戦間期」に書かれましたが、戦後の一九五〇年代になると、イノベーションの概念は広がっていき、次のようなさまざまな領域で最初の研究が生まれました。

- 組織イノベーション（Cole, 1959およびAitken,1965）
- 商業化された発明としてのイノベーション（Jewkens, 1958）
- イノベーションのプロセスにおける内在的ロジック（Carter and Williams,1957）
- イノベーションのディフュージョン（拡散）についての研究（Brozen, 1951; Carter and Williams, 1959）
- イノベーションと経済成長の関係についての最初の研究（Solow, 1957）

その他、研究開発の評価方法や、行動やプロセスのコンセプトとしてのイノベーションなど、今に至るまでの重要な考え方の萌芽が次々と生まれたのがこの頃です。

戦後の大企業病の時代になると、イノベーションは経営戦略や国家の産業政策などにおいて、最も重要な概念の一つになりました。いわば「上からのイノベーション」の黄金時代です。日本で科学技術庁ができたのもこの頃です（1988）。

新たなイノベーションのコンセプトや、イノベーションのモデルが次々と考案されていきました。[*24] この時代のイノベーションは基本的に大企業によって担われていたので、イノベーションに関する考え方も組織論やプロセス論、アタッカーであるベンチャー企業や新興国からのチャレンジにどう対応するか、といった問題意識が中心になります。

この章では現代でも使われている代表的な概念を生み出した三冊について解説します。

book 05

リチャード・フォスター
イノベーション
――限界突破の経営戦略

（大前研一 訳　1987　阪急コミュニケーションズ）

Sカーブ

技術の進歩を予測するため、企業戦略を検討する際に現在でもよく使用するツールの一つは、テクノロジーSカーブです。リチャード・フォスターによって提唱されたこのSカーブは、非常に直感的な概念に基づいています。技術の進歩は幼年期を経て爆発的に急伸し、成熟とともに緩やかになる、というのがSカーブです。

Sカーブは、コンピュータープロセッサ、ジェットエンジン、肥料、白熱灯など、さまざまな技術のプロットに使用でき、人口成長の説明に起源を持つPearl関数[*25]などの数学的モデルで記述することができます。技術生産性の最適化のほか、Sカーブの基本的な概念は製品や技術の置き換えの領域にも拡張されています。

商業製品の環境でSカーブの方法を意思決定に役立てるためには、いくつかのビジネス上の課題も考慮する必要があります。著者のリチャード・フォスターはイェール大学で工学博士号を取得したマッキンゼーのコンサルタントで、技術マネジメント関連のプロジェクトに長年従事したため、企業における技術開発の実例を豊富に有しています。[*26]

製品や製法が別のものにとって替わられる転換を、「技術の不連続期」と呼びます。たとえば、真空管から半導体へ、プロペラ機からジェット機へ、レコードからテープへ、テープからCDへ、など、二つのSカーブの間には断絶があり、新しいSカーブは古いSカーブを支えたのと同じ知識から生まれるものではなく、全く新しい知識に基づいているとします。

トップ企業が敗れる理由

技術が成熟していくと、それをさらに進歩させるにはますます費用がかさむようになります。と同時に、新しい技術の可能性が現れ、それは業界をリードしている企業があまり開発に手を付けていない技術に基づく場合が多くなります。

技術は不連続であり、その断絶のたびに、業界トップから滑り落ちる企業が出てきます。その反対に、次のSカーブを予測した企業は、自社になじみのない技術を活用し、市場を制し続け

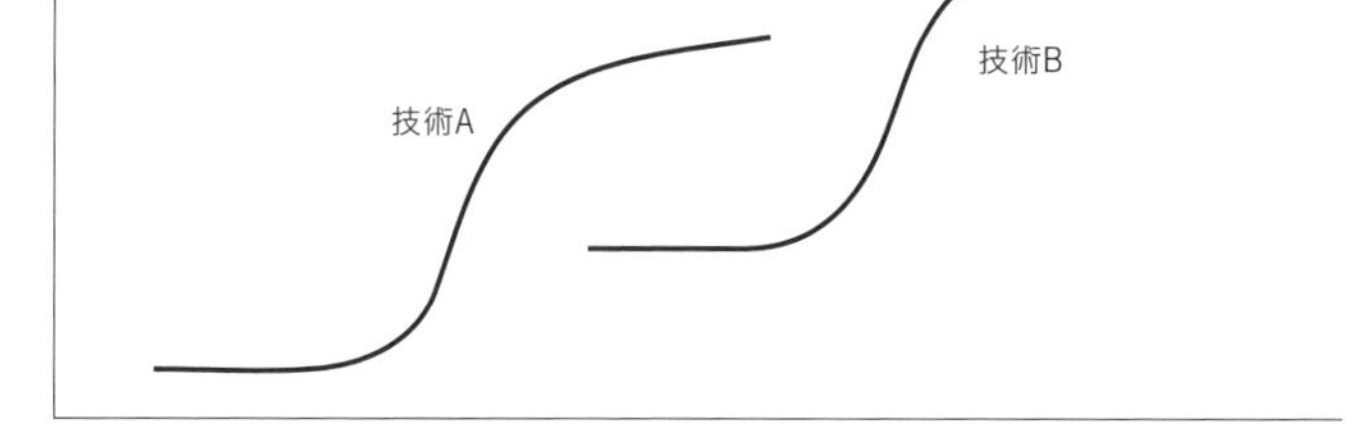

テクノロジーのSカーブ

ることができます。

つまり、挑戦者の動きを予測し、それに対応するのに役立つということになります。フォスターは大企業がうまく防衛する事例として以下のようなものを挙げています。

・P&Gは、新しい紙を抄《す》く技術によりパンパースを開発
・ミシュランは、寿命の長いラジアルタイヤを開発して競争を制した
・シティバンクは、ATMを導入し他の銀行に勝った
・ゼロックスは、コピーマシンを開発してカーボン紙メーカーに勝った

フォスターの主な主張は、技術の不連続がこれからますます頻繁に起こる、ということだけではなく、攻撃側の企業のほうが防御側の企業よりも有利だということ、そして、防御側の企業は自社の不利を理解した上で、テクノロジーのSカーブを理解する必要があるということです。

book 06

ジェームズ・M・アッターバック

イノベーション・ダイナミクス
―事例から学ぶ技術戦略

（大津正和・小川進 訳　1998　有斐閣）

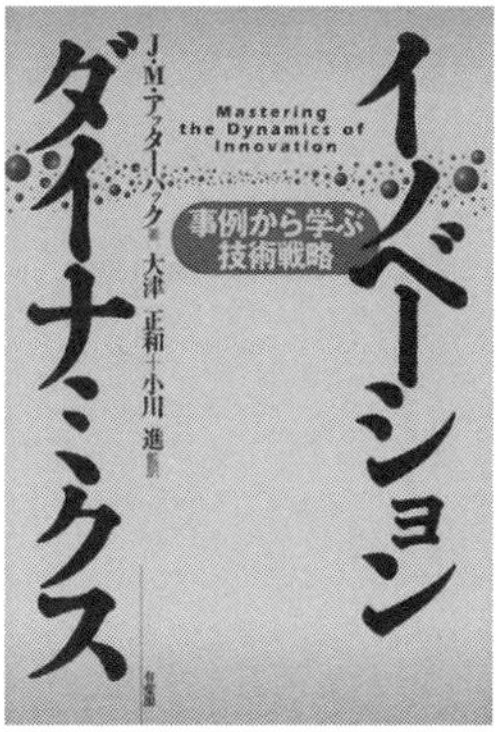

プロダクトイノベーションとプロセスイノベーション

アッターバックの理論を簡単に説明すると、ある特定の産業や企業において、プロダクト（製品）イノベーションとプロセス（製造工程）イノベーションのそれぞれは、時間の経過とともにその比重を変える、というものです。

MITのマネジメントとエンジニアリングの教授であったジェームズ・アッターバックによって、『イノベーション・ダイナミクス』[*27]（原著1994）の中で提唱されましたが、対象としている事例はほとんど一九七〇年代後半のものです。

まず、萌芽期においては、多数の企業が、半実験的に、製品イノベーションを競い合います。たとえば自動車業界では、初めから内燃機関エンジンだったわけではなく、蒸気機関自動車や電気自動車など驚くほど多様なアイデアが産業の萌芽期には存在していました。

やがて、それらが淘汰され、内燃機関が残り、その他は脱落します。これをドミナントデザインと言います。この段階では製造方法のイノベーションの比率は低くなります。

次のドミナントデザインが固まったあとの移行期では、プロセスイノベーションが競争の焦点になります。自動車業界では、工程におけるイノベーションの比率が大きくなり、T型フォードが大量生産と垂直統合によりコストを圧倒的に引き下げることができました。

最後に、安定期に入ります。この段階では、製品でも工程でもイノベーションの発生率は下がっていきます。成功した主要企業では、プロセスイノベーションに気を取られ、プロダクトイノベーションがおろそかになりがちになります。

プロダクトイノベーションとプロセスイノベーションについての理論は事例を用いて説明されますが、取り扱われている事例が相当古く、初期の自動車産業、タイプライター産業、白熱電球や蛍光灯の開発、ガラス産業、セルロイドフィルム

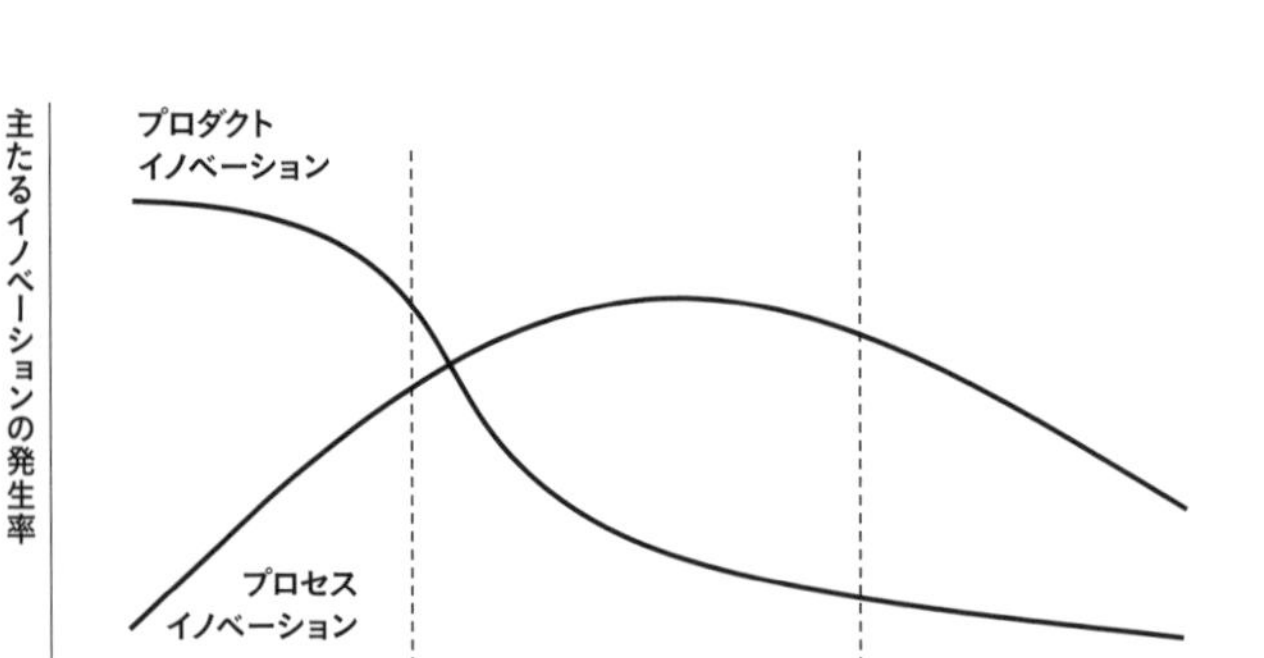

プロダクトイノベーションと
プロセスイノベーション

（写真のフィルム）などになります。

現代の事例にあてはめて、たとえば半導体を例にすると、回路設計（プロダクトイノベーション）は一部の天才によるもので、その後の進化はほとんど微細加工技術（プロセスイノベーション）の進歩によるものです。

しかし、回路設計による革新は今でも重要であり、プロダクトイノベーションの比率が下がったとは言えないかもしれません。

ただし、プロダクトイノベーションとプロセスイノベーションを分けて考えることは、自分の立ち位置を確認する上で、今でも有益です。

アッターバックの関心は、「いかに多くの企業が新技術への切り替えに失敗したのかということと、なぜそのような切り替えがそれほど困難であるのか」、という点にありました。

コダック社について、もし、電子画像処理が未来を示しているのなら、コダック社は一世紀の長きにわたる自身の専門技術である化学から離れ、デジタル技術が決定要因となる新たな分野へと飛躍しないといけない、と書いています。

結果的にコダック社はフィルムからデジタルカメラへの変化の波に乗り遅れ、アッターバックの懸念が当たっていたことになります。

book 07

クレイトン・クリステンセン

イノベーションのジレンマ
――技術革新が巨大企業を滅ぼすとき

（伊豆原弓 訳　2001　翔泳社）

破壊的イノベーション

それでは変化の波に生き残るためにはどうすればいいのか、ということで、経営者が直面するジレンマとともに描き出したのがクリステンセンの『イノベーションのジレンマ』になります。「破壊的イノベーション」はハーバードビジネススクールのクリステンセン教授により考案された考え方です。

有名なグラフ（既存企業は、初めは低品質で相手にされない底辺からのアタッカーによって徐々に侵食され、ついには逆転されることをわかりやすく図解したもの）と有名な事例（鉄鋼ミニミルが建築用の鋼材から始まり、徐々に鉄鋼メーカーの領域を侵食し、鉄鋼メーカーは高級鋼材の狭い領域に押し込められることになったこと）がありますので、それを説明します。

技術が、顧客ニーズよりも速いスピードで進化していくと、ついには、技術が顧客ニーズを超えてしまいます。下の図の持続的イノベーションの線は、時間とともに、ハイエンド顧客が求める性能を超えて進化してしまいます（つまり、過剰性能）。

そこに破壊的イノベーションが登場します。当初は既存技術よりも安いだけで、性能は満たしていない「安かろう悪かろうの粗悪品」なのですが、急速に競争力をつけ、既存技術を脅かすようになります。

クリステンセンはこれを鉄鋼ミニミルの有名な例を用いてわかりやすく説明しました。

鉄鋼ミニミルは、登場した時には、低品質で、高炉メーカーには魅力のない市場（低収益、小ボリューム）の鉄筋市場に参入しました。高炉メーカーは喜んで利益の少ない鉄筋市場から撤退します。

しかし、ミニミルの性能は徐々に上がっていき、上位市場まで少しずつ浸食され、気がついたら高炉メーカーに残されていたのは最上位のニッチ市場のみでした。

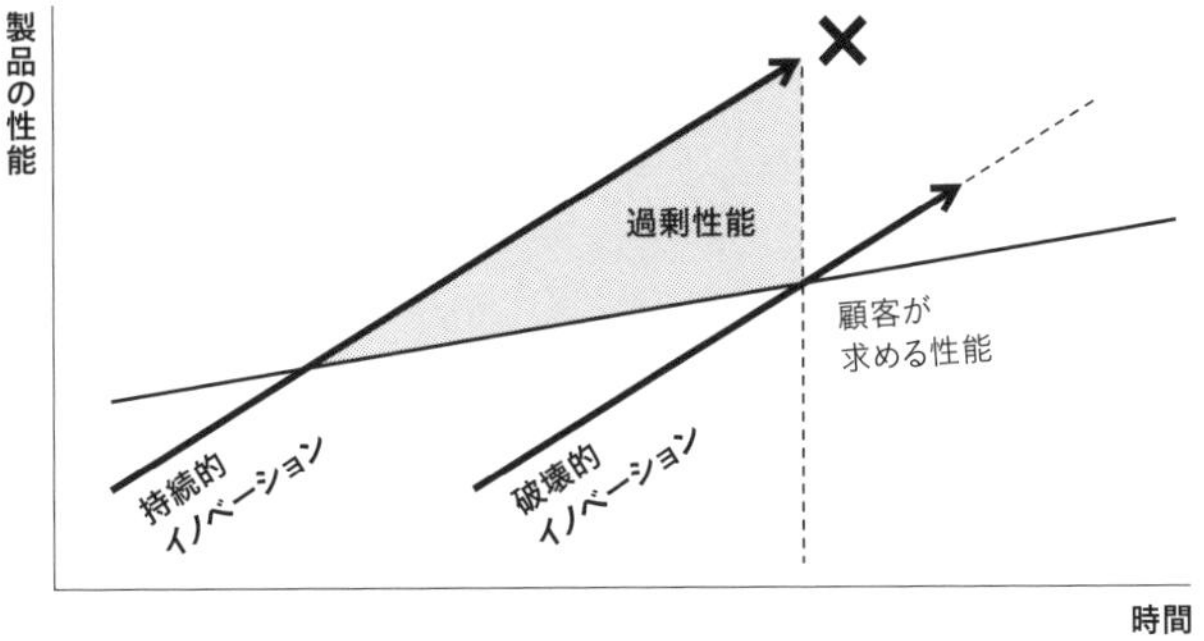

イノベーターのジレンマ

破壊的イノベーションについては有名なエピソードがあります。

ある日クリステンセン教授は、インテルの創業者アンディ・グローブから呼び出されました。インテルは西海岸で、東海岸のハーバードからは遠いのですが、当時世界最大の半導体企業の創業者から声がかかったら行くしかありません。

勢い込んでインテルの本社に到着すると、「お呼びしておいて大変恐縮ですが、予定が変わり、一〇分しか時間が取れなくなりました。一〇分でインテルが何をすべきか教えてください」というリクエストでした。

クリステンセン教授がさすがなのは、ここで相手の機嫌を取ってインテルが何をすべきか適当な処方箋を提示するのではなく、「自分の理論を説明するだけ」に専念したことです。理論をちゃんとわかりやすく伝えるまでが自分の仕事、そこから意味合いを抽出し、実際の打ち手を考えるのは、社長であるアンディ・グローブの仕事、ときっちり線を引いたわけです。

半導体について世界一詳しい経営者に、次の半導体はこうすればいいなどと、具体的な提案ができるわけはありません。

「インテルについて何も知らないので、具体的な提案はできません。しかし、理論とわかりやすい実例を示すことはできます」と答えたクリステンセンは、自分が最も詳しいこの鉄鋼メーカーの例で説明したのです。

この時に生まれたのが、普通のパソコンで使われているものよりも性能も価格も抑えたCeleron

プロセッサです。ネットとワードくらいなら、Celeronで十分なわけで、このおかげでインテルは低価格帯からのアタッカーを長い間食い止めることに成功しました。

イノベーションのジレンマは大企業の防衛理論

ところで、それでは「何がジレンマなのか?」ということになりますが、たとえば先ほどの例では、高炉メーカーには優秀な人材がたくさんいるのに、なぜ間違ってしまったのかというと、実は何も間違った判断はしておらず、合理的な判断をしていただけなのです。

無理に安物で競争して低価格で勝負しても利益は少ないし、それよりは得意な技術開発に邁進し、機能を追加し、スペックを上げたほうがよい、というまっとうな判断です。

そうした合理的で妥当な判断を何度も繰り返すと、気がついたら自分の会社は誰も望まない製品を作っており、低価格帯だけでなく全体としてアタッカーに逆転されてしまっていた、ということをイノベーションのジレンマと言います。

つまり、「正しい判断を積み重ねることが競争力の喪失につながる」という逆説的な現象です。

このジレンマを避けるためにクリステンセンは、いくつかの提言をしています。

一つ目は、破壊的技術を社内で育成しようとしても、既存ビジネスが巨大すぎて、それと比べると、どうしても成功の規模は小さく見えてしまいます。このため、「小さな成功でも報いられる仕組み」を持つ。

二つ目は、破壊的技術の育成を行うには、「既存ビジネスから切り離された組織」が必要だということ。プロセスや価値観が既存事業と同じだとうまくいかないからです。この理論は、大企業がアタッカーからの攻撃から自分を守るためにはどうすればいいのか、という点に焦点が当たっています。イノベーションのジレンマ論は、大企業の立場からの防衛的イノベーション論ということが言えるでしょう。

注釈

＊1 J・K・ガルブレイス.（1960）.『ゆたかな社会』. 岩波書店.
＊2 J・K・ガルブレイス.（1968）.『新しい産業国家』. 河出書房.
＊3 Gordon, Robert J.（2016）. The Rise and Fall of American Growth: The U.S. Standard of Living since the Civil War. Princeton University Press.
＊4 デイヴィッド・ハルバースタム.（1999）.『ベスト&ブライテスト』. 朝日新聞社.
＊5 W・H・ホワイト、岡部 慶三訳、藤永 保訳.（1959）.『組織のなかの人間 上・下―オーガニゼーション・マン』. 現代社会科学叢書. 東京創元社.
＊6 J・K・ガルブレイス.（1968）.『新しい産業国家』. 河出書房.
＊7 J・K・ガルブレイス. 前掲書.
＊8 ヘンリー・フォード　Wikipedia
https://ja.wikipedia.org/wiki/%E3%83%98%E3%83%B3%E3%83%AA%E3%83%BC%E3%83%BB%E3%83%95%E3%82%A9%E3%83%BC
%E3%83%89. ２０２３年８月参照.
＊9 ヘンリー・フォード2世　Wikipedia
https://ja.wikipedia.org/wiki/%E3%83%98%E3%83%B3%E3%83%AA%E3%83%BC%E3%83%BB%E3%83%95%E3%82%A9%E3%83%BC%E3

%83%892%E4%B8%96. ２０２３年８月参照.

*10 ロバート・マクナマラ Wikipedia.
https://ja.wikipedia.org/wiki/%E3%83%AD%E3%83%90%E3%83%BC%E3%83%88%E3%83%BB%E3%83%9E%E3%82%AF%E3%83%8A%E3%83%9E%E3%83%A9. ２０２３年８月参照.

*11 ロバート・マクナマラ. 仲晃訳. (1997). 『マクナマラ回顧録—ベトナムの悲劇と教訓』. 共同通信社.

*12 松岡完. (2010). 『ベトナム戦争—誤算と誤解の戦場』. 中公新書.

*13 ウイリアム・カウフマン. 桃井真訳. (1968). 『マクナマラの戦略理論』. ぺりかん社.

*14 『アメリカを敗戦に追い込んだ「マクナマラの誤謬」とは?』. GIGAZINE. 2022.02.03 .https://gigazine.net/news/20220203-mcnamara-fallacy/. ２０２３年８月参照.

*15 有本建男 (1997). 「現代アメリカの科学研究体制を築いたバネバー・ブッシュ」. 『情報管理』Vol.40、No.2.

*16 シッダールダ・ムカジー. (2016). 『がん—４０００年の歴史—』. 早川書房.

*17 ムカジー. 前掲書

*18 ムカジー. 前掲書

*19 中島精也. (2021). 「米インフレの変遷と今後の展望」. 『国際金融』1348号.

*20 マイケル・ピオリ、チャールズ・F・セーブル. (1993). 『第二の産業分水嶺』. 筑摩書房.

*21 Rick Wartzman. (2017). *The End of Loyalty: The Rise and Fall of Good Jobs in America*. Public Affairs.

*22 Kaitlyn Tiffany. (2021). The Rise and Fall of An American Tech Giant. *The Atlantic.* におけるワーツマンへのインタビュー)

*23 ロン・アドナー. (2022). 『エコシステム・ディスラプション—業界なき時代の競争戦略』. 東洋経済新報社.

*24 たとえば、
・ファイナンシャルイノベーションの概念
・技術イノベーションと国家のイノベーションシステム
・ユーザーイノベーションのコンセプト
・技術パラダイムモデル
・イノベーション研究への進化モデルの適用
・イノベーションアベニューモデル
・ソーシャル・イノベーションの概念
といったものがあります。定量的な分析も進化していきました。

*25 P. Asthana. (1995) .Jumping the technology s-curve. *IEEE Spectrum*. Volume 32. Issue 6.

*26 リチャード・フォスター. (1987). 『イノベーション—限界突破の経営戦略』. 阪急コミュニケーションズ.

*27 ジェームズ・M・アッターバック. (1998). 『イノベーション・ダイナミクス—事例から学ぶ技術戦略』. 有斐閣. (原著刊行は１９９４)

第4部

資本主義のオリンピック

08

聖地の誕生

拡大していくシリコンバレー
著者ら作成

シリコンバレー、アメリカ合衆国

一九七〇年代にはスタグフレーションで苦しんでいたアメリカ経済は、レーガンの時代に競争力を徐々に回復、一九九〇年代に入ると、シリコンバレーでテック企業が大量に出現する時代となり、古くからの大企業は脇役となっていきました。

二〇世紀の最後に、デジタル技術とインターネットによる新しい産業の勃興とビジネスモデルの革新があり、大企業中心の経済から起業家社会を基盤とする経済への変革が始まり、「エミュレーションからディフュージョン」をもたらすアメリカン・システムが復活しました。

その芽は何十年もかけて準備されたものでした。

カリフォルニア州サンフランシスコ・ベイエリアのサンタクララバレー地域は、一九七一年までは全くの無名の地域でした。

半導体ビジネスのこの地域での集積に関する雑誌記事を書いていたドン・ホフラーにニューヨークとワシントンの同僚が教えてくれたことによれば、この場所は「シリコンバレー」と呼ばれているということでした。[*1] 短くて覚えやすく、のんびりとした起業家精神溢れる場所を説明するのに、ちょうどよいと感じたホフラーは、「シリコンバレー、アメリカ合衆国」と、一九七一年一月一一日号の『Electronic News』の表紙に大々的に掲げ、その名前が定着することになったのです。[*2]

現在、シリコンバレーは、地名というだけでなく、成功のための特別な仕組みを象徴する言葉でもあり、世界の経済成長の中心、新しい人的ネットワークの中心であり、イノベーションの聖地となっています。

何十年もの間、シリコンバレーの時代はもう終わった、と何度も言われつつ、そうした予測を裏切り続けてきました。

第二次世界大戦後すぐに、真空管からスタートし、一九六〇年代は半導体、七〇年代のPC、八〇年代のネットワーク、九〇年代からはインターネット、二〇〇〇年代はクラウド・スマートフォン、二〇一〇年代からはＡＩ・ＩｏＴと、時代ごとにテーマを変えつつ、常に世界をリードしてきています。

カリフォルニアの緑豊かな田舎が、どのようにしてイノベーションの聖地となったのでしょうか？

反抗マインド

シリコンバレーは、東海岸に対してのカウンターカルチャー、つまり「権威」に反抗する、ある意味、反体制的なマインドセットから出発しています。

シリコンバレーが嫌った「権威」とは何だったのかというと、当時はビッグビジネス、ビッグガバメント、ビッグブルーの三つを指していました。ビッグブルーとはコンピューター業界の巨人IBMのことで、ロゴが青いことからそう呼ばれていました。

シリコンバレーが勃興した一九七〇年代は前の章で述べたように、大組織化が行きづまり、工場の閉鎖、雇用の海外流出、サラリーマン経営者が経営する大企業の経営不振、日本企業との競争での敗北など、悲惨なニュースが続いていました。

そうした暗い世相の中で、シリコンバレーには、明るくてポジティブな、暗くて沈滞した東海岸とは対照的な姿があり、アメリカ人の目に強烈なコントラストとして映ったのです。

ワシントン大学の教授マーガレット・オマーラ（2019）の書いた"The Code: Silicon Valley and the Remaking of America"（編集部注：邦訳は現時点ではありませんが、書名を訳すと「鍵：シリコンバレーとアメリカの再創造」となります）は、シリコンバレーがどのようにして世界のイノベーションの中心地となり、その過程でアメリカ社会を「再創造」したか、そのカギとなったものについて詳述しています。

あえて再創造と言うことで、沈滞していた社会が活力を取り戻し、かつての「特別な世紀」に立ち返るということを表しています。

この本でオマーラは、シリコンバレーが有名になり始めた頃から、革命的で反体制的なメタファーに溢れていたことを指摘しています。

当時、「パーソナル・コンピューターで革命を起こそう」「パーソナル・コンピューターは、アメリカ革命の続きである」といった雑誌の見出しや、記事がよく見られました。[*3]ビッグブルー（ＩＢＭ）に対する反抗の例としてアップルがあります。

「新しいマッキントッシュ・パソコンを世に問う準備の中で、アップル社の幹部は、『この製品の過激で革命的な性質』を強調するマーケティングメッセージを考案した……一九八四年のスーパーボウルで、若い女性が歓声鳴り止まぬ観客の間を走り抜け、スクリーンに映し出されたビッグブラザーのような映像にハンマーを投げつけ、それを粉々にしたのだ。アップルの最大のライバル、ＩＢＭに対するこのパンチは、マーケティング計画や広告スローガンにとどまらない、技術者のレトリックにおける、より広い反体制の思想を反映していた」[*4]

「資本主義のオリンピック」

「大組織」から「個人」へ、「集権化」から「分散化」に、アメリカ社会の潮流が大転換します。シリコンバレーがその震源地でした。

反戦運動や人種差別撤廃などアメリカ社会全体が高度に政治化していた一九七〇年代に、シリコンバレーの人々はそうした世の中に背を向け、自分の生き方に勤しんでいました。

シリコンバレーの精神を三つに要約して箇条書きにすると、次のようになります。[*5]

1　一生懸命働く
2　優れたテクノロジーを築く
3　その結果、たくさんのお金を稼ぐ

シリコンバレーに移り住んでこの生き方を実践した彼らは全員がよそ者で、地域と社会的な絆はありませんでした。つまり、世界中から猛者が特定の一都市に集中する、いわばオリンピック状態です。この場合はスポーツではなく、資本主義、イノベーションと起業のオリンピックでした。彼らの人間関係は同業種の中だけで、地域社会の住民から見ると、「怪しいよそ者」だったのです。*6

たとえば、ビデオゲームの先駆者であるアタリの例が有名です。

一九七二年に二九歳のノーラン・ブッシュネルを中心に結成されたアタリは、速くて安価なマイクロチップの登場で可能となったゲーム開発で成功した会社で、当時クリスマスプレゼントとして最も人気があったのが、アタリのゲーム機でした。

アタリでは、「従業員は低賃金で一日一二時間、忙しいときは二〇時間働き、疲れたときは作っているゲームで遊んだが、なぜか家に帰らない者が多かった。彼らの多数はヒッピーだったため、工場は常にマリファナの臭いとロックの大音響で満たされていた上、金に困ったヒッピーが、テレビや部品を勝手に質屋に売り払うこともあった。だがゲームが売れるたびに全員にボーナスが頻繁に出るなど、羽振りは大変よかった」ということです。[*7]あるアタリ社員の回想では、「自由な思考を持ち、楽しむ人たちの集まりでした。ボートに乗り、飛行機を飛ばし、大麻を吸い、ビデオゲームをしました。」アタリの経営陣も「大麻を摂取することでも知られていました」。彼らは、自分たちが近所の人々から恐れられるヒッピーだと認識し、「長髪の人々から成る会社の考えは彼らにとって恐ろしい」と思われるだろうと、社員向けのニュースレターに書いたりもしています。[*8]

シリコンバレーの成長企業の正式な組織図は、販売、マーケティング、人事などが組織名として含まれており、一見したところは普通の企業の組織図と同じ体裁を持っていましたが、根本的な点で普通の企業とは異なっていました。

大企業のサラリーマン社長とは異なり、ヒューレットやパッカード、インテルのロバート・ノイス、ゴードン・ムーアとアンディ・グローブなど、シリコンバレーの創業者たちは、CEOや会長としてずっと舵を取り続けました。正式な組織図は近代的企業の真似をしてそれらしく作っていましたが、内実は一九世紀の個人事業主そのものでした。

東海岸では起きなかった「資本主義のオリンピック」

東海岸のボストンでは、「資本主義のオリンピック」は起きませんでした。

ボストンで盛んだったコンピューター産業の大部分が、ストックオプションではなく給与で報酬を支払う大企業で構成されおり、ボストンは、シリコンバレーのような若い百万長者たちが目指す地にはなれませんでした。

ボストンには、シリコンバレーに流れ込むベンチャーキャピタルの資金の半分もありませんでしたし、電子産業で自ら成り上がった若いベンチャーキャピタリストも存在しませんでした。企業の業績やサラリーの増加は、もっぱら国防予算の増額に依存していました。

ゴールドラッシュ

かつて一八四八年、借金で首が回らなくなったドイツ人は、妻子を国に残して新天地カルフォルニアに移住し、自分の所有地でコブシ大の金塊が転がっているのを発見しました。驚いてよく調べてみると、ほかにも黄金が地上に散乱していたのです。

当時のゴールドラッシュは、どんな食い詰めた人間にも同じようにチャンスがあり、早い者勝ち以外全く規制のない世界でした。

ゴールドラッシュの地は聖地となり、ヒーローや物語を生み、世界中から人を惹きつけます。

一九九〇年代に起こったインターネットのゴールドラッシュも同じく、誰でも始められ（ガレージでパソコンを組み立てて起業）、規制のない（インターネットには規制が基本的になかった）、早い者勝ちの世界となりました。[*9]

一獲千金の夢と冒険欲、さらには大企業やエスタブリッシュメントが支配する世界への反逆というマインドもあって、全米から人と金を呼び込み、一気にゴールドラッシュが起こったのです。

「フューチャー・ショック」

アルビン・トフラーはもともとマルクス主義者でしたが、転向し、資本主義の権化とも言える雑誌「フォーチュン」の副編集長に収まり、自らを未来学者と称して一時は一世を風靡した人物です。彼の著書『フューチャー・ショック』は全世界で五〇〇万部も売れました。[*10]

その本の中でトフラーは、電子的なコミュニケーションが大衆を細分化し、何千もの異なる専門チャンネルに分かれ、誰もが自分に合った特別なニュースを得ることができるようになると し、そして、情報の氾濫によって、誰もが発信し、いわゆる専門家の権威に対する懐疑心が高まると予言しています。

皆がユーチューブやSNSで自分好みの情報環境を作り上げ、昔ながらの一方通行の権威に対する信頼が失われている現代について、これほど明確に予言したのは、トフラーが最も早かったと思われます。

トフラーは次のように高らかに宣言しました。

「その重みで我々全員を圧し潰そうとしていた巨大官僚制のシステム自体がテクノロジーの生み出す変化に苦しんでいる」

そして最終的には、

「テクノロジーが巨大組織を解体し個人の自立性をその過程で取り戻してくれるだろう」[*11]

原爆開発のマンハッタン計画からアポロ計画まで、アメリカ人は技術を大規模な問題解決の道具として理解してきました。戦争、飢饉、貧困、教育、交通、通信などの問題を解決するためのものです。したがって、当時の大部分の学者たちには依然として、テクノロジーにおいては政府や大企業など大規模なものが優勢であるという暗黙の前提がありました。

しかし、『フューチャー・ショック』は、正反対の方向への転換を予言していました。技術は確かに世界の問題を解決し、個人の自己実現を達成する手段となるでしょう。しかし、道筋は「大きくなる」ことではなく、「小さくなる」ことだったのです。[*12]

アメリカの再創造

大組織のエリート管理職、東海岸のベスト・アンド・ブライテストの代わりに出現したシリコンバレーの起業家達は、若くて型破りで、驚くほど金持ちという、新しいタイプのリーダーを象徴する存在でした。

実際には、シリコンバレーの若い起業家は、ベトナム戦争に反対した六〇年代のカウンターカルチャーの申し子たちでした。ベトナム戦争に反対したヒッピーのマインドセットは、コンピューター革命における反ビッグビジネス、反ビッグガバメントの魂と一致したわけです。

左翼的な政治的志向を持つヒッピーは、ロナルド・レーガンの右翼的な保守主義とは真逆のものでしたが、レーガンが、「過度に規制された市場や国営化された産業は、起業家のイノベーションにとって大きな障害になる」と主張し、小さな政府を志向したことと奇しくも一致しました。これにより、環境や人権では左寄りだが、規制を嫌い、小さな政府を好む点では右寄り、というシリコンバレー独特の政治的ポジションが生まれました。

リーランド・スタンフォード・ジュニア大学

シリコンバレーの半導体産業自体は一九五〇年代に誕生しましたが、シリコンバレーの起源はそのかなり前、一八九一年にスタンフォード大学が開校したことに端を発しています。

一九世紀に東海岸から西海岸に行くには、パナマ運河を経由して船で行くしかありませんでした。アメリカ東海岸と西海岸を結ぶ大陸横断鉄道の建設は、シエラネバダ山脈を乗り越える必要があり、それは「人間には不可能」と考えられていました。

実際には大陸横断鉄道は一八六九年に完成し、ユタ州の田舎で完成式典を執り行いました。最後のレールを留めるための儀式のハンマーを打ち下ろしたのが元カルフォルニア州知事でセントラル・パシフィック鉄道社長のリーランド・スタンフォードその人でした。[*13]

スタンフォード大学の正式名称はリーランド・スタンフォード・ジュニア大学です。現在の貨幣価値で一兆円を超える資産を保有していた鉄道王リーランド・スタンフォードは、サンタクララバレーの八千エーカー（東京ドーム約七〇〇個分）の土地を寄贈し、その上に自分の一人息子の名前を冠した大学、リーランド・スタンフォード・ジュニア大学を建設しました。というのは、ヨーロッパに家族旅行をしていた時に、愛する一人息子が腸チフスにより一六歳の若さで亡くなったからです。子どもがいなくなったスタンフォード夫妻は深く悲しみ、学校を作ってアメリカの多くの子どもたちを育てようと決心したのです。

どんな学校を作るべきか、スタンフォード夫妻は、いろいろな大学の学長に話を聞きに行きました。ハーバードの学長から、授業料なしの大学をカリフォルニアに作るべきだというアドバイスをもらい、リーランド・スタンフォードは当時のハーバード大学の基金総額の四倍を超える金額を大学の基金として拠出しました。

普通の大学は拡張する土地探しに苦労するものですが、山手線の内側の半分ほどもある広さのキャンパスは現在でも世界最大級で、敷地が広く、周辺に拡張余地が大きいのがスタンフォード大学の特色の一つです。

当時サンフランシスコのベイエリアには、金鉱で大当たりした成金や、大陸横断鉄道で巨万の富を得た鉄道王、東アジアとの商品貿易で生まれた海運王、一攫千金狙いの起業家などが集結していました。

外から新しい資金、世界中からのさまざまなアイデアが流れこみ、サンフランシスコのベイエリアはアニマルスピリッツを持つ人が集まる独特の文化をすぐに作り上げました。

スタンフォード大学は、この精神の恩恵を受け、一九〇〇年代半ばまでに、この地域のイノベーションと起業家精神の中核拠点となったのです。

再現不可能な偶然の積み重ね

シリコンバレーは何十年もの間、半導体とコンピューターの新技術を生み出してきただけでなく、そこには、才能ある個人、研究大学、企業の研究所、ベンチャーキャピタルが集積し、多くの起業家達によって幾多の画期的な製品が商品化され、新しい産業が生み出されてきました。

シリコンバレーの人々によって生み出されたイノベーションは、覇権国家としてのアメリカの地位を高める上でも重要な役割を果たしてきましたが、シリコンバレーは政府や一部の人間がグランドデザインしたもの、意図をもって計画してできたものでは全くありません。

1　ゴールドラッシュの探鉱成金、海運王、鉄道王の組み合わせが、カリフォルニア州中部の静かな谷に集中したこと

2　一人息子を失ったばかりの億万長者が何もない畑の中に巨費を投じて大学を建設したこと

3　ターマンやショックレー(後述)などの一風変わった人たちがマイクロエレクトロニクスの聖地を作り上げるために活動したこと

4　軍需産業や連邦政府が主に購買面で巨額の資金を提供したこと

により、結果としてハイテクの聖地ができあがったのです。

起業家が大企業や政府のお世話に全くならずに徒手空拳で成功した、というイメージは一面しかとらえておらず、億万長者の寄付や国防予算による貢献も非常に大きかった、というのが公平な見方になるでしょう。

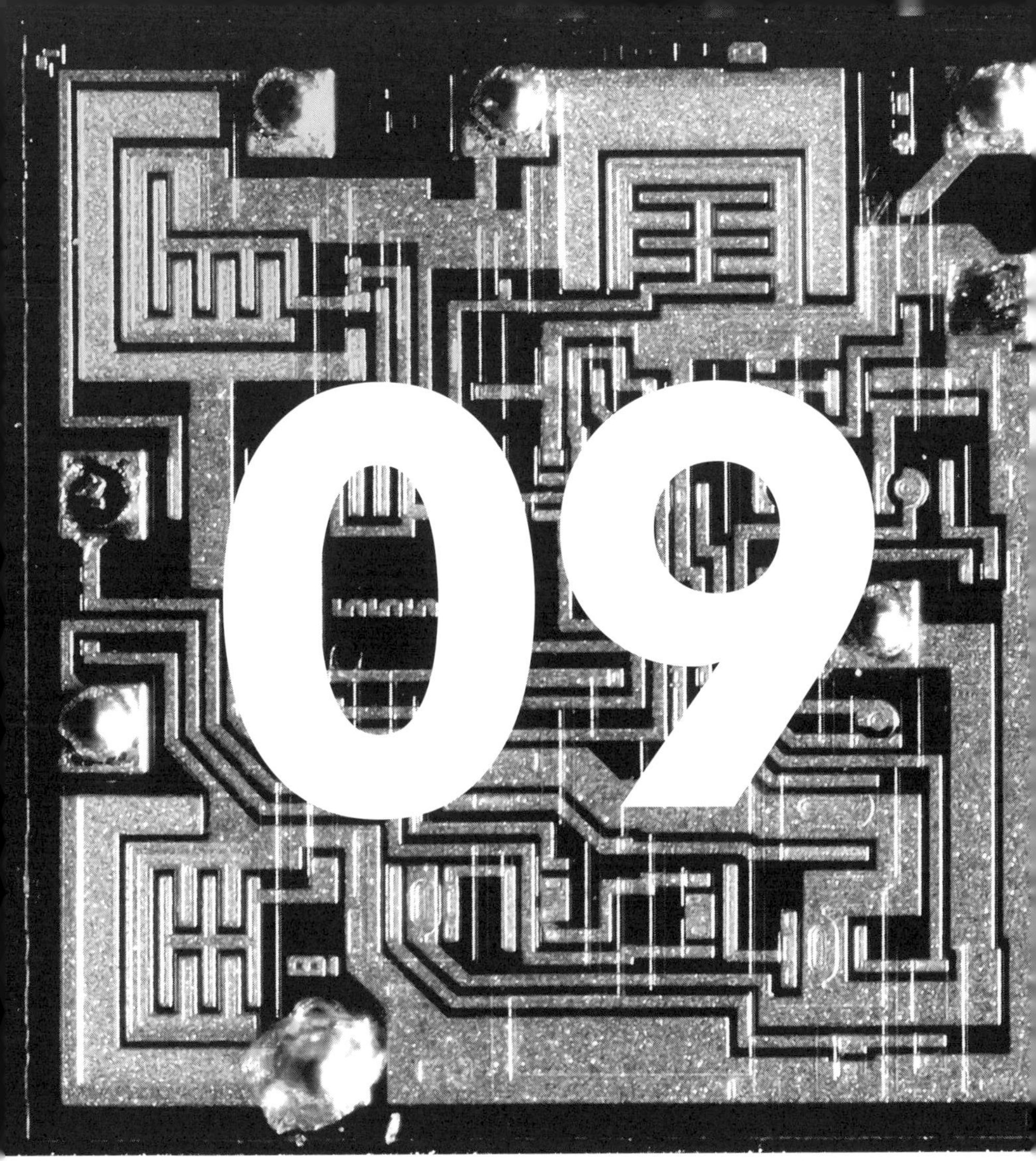

半導体の誕生

半導体

Faezdwbdrysp5129, via Wikimedia Commons
https://commons.wikimedia.org/wiki/File:National_Semiconductor_212_LM555CM.jpg

国防予算の恩恵によるスタンフォード大学のばく進

一九四六年、フレデリック・ターマン教授がスタンフォード大学の工学部長になりました。西海岸のエレクトロニクス産業の活性化を夢見て、ターマンは大学のエレクトロニクスおよびイノベーションプログラムの強化に取り組みました。第二次世界大戦が終結した時期で、他の国がまだぼろぼろの状態の時に始めたのです。

それにより、スティーブ・ブランクが『シリコンバレーの秘密の歴史』（2021）で書いているように、一九五〇年代初頭の朝鮮戦争で、大学は国防総省から多額の資金を受け取り始めました。

さらに、進行波管（TWT）アンプと高出力クライストロンの研究におけるスタンフォード大学の専門知識を利用するため、ゼネラル・エレクトリックなどの大企業が大学キャンパスの近くに研究所を設立し、スタンフォード大学の教員や卒業生を施設のスタッフとして採用し始めました。

一九六〇年までに、アメリカのTWTビジネスの約三分の一がスタンフォード大学のキャンパスの隣にあった空地に集積していました。

ターマンは一九五五年に引退しましたが、スタンフォード大学は、一九五〇年代に開始され冷戦の時代の間継続した、連邦政府による電子機器への多額の投資によって、前例のない成長を遂げていきます。

人材輩出企業フェアチャイルド

多くの専門家は、ターマン教授が、将来シリコンバレーになる場所に初期の半導体産業を誘致したことが、シリコンバレー成立のきっかけとなったと考えています。

ターマンは、最初のトランジスタ製造のパイオニアであるウィリアム・ショックレーに手紙を書き、スタンフォード大学の隣接地でのトランジスタ研究開発に招致しました。

電気信号を制御できる新しいデバイスであるトランジスタは、当時の信号処理技術に取って代わり始め、その発明者のうち三人がこの発明でノーベル物理学賞を受賞しました。

今日では、西海岸での半導体産業の台頭における重要な人物として、ショックレーの功績を認める人が多くなっています。

スタンフォード近くのトランジスタ研究開発の可能性に心を動かされたショックレーは、自分の会社を立ち上げるために、それまで働いていたベル研究所を辞め、大学の横の、畑以外に何もない農業地帯だった空き地で、ショックレー半導体研究所（セミコンダクター）を起業しました。

しかしショックレーは社長としては完全に失格で、社員八人全員が同日に辞職したことで、会社はすぐに解散になります。この辞職したエンジニアのグループの中には、後のインテル創業者ゴードン・ムーアがいました。彼は一九五七年にフェアチャイルドセミコンダクターを設立します。

フェアチャイルドセミコンダクターの初期の顧客は、国防総省やＮＡＳＡを含む政府機関で、政府からの買い上げによりビジネスは大成功しました。三年目の終わりまでに、年間収益は二千万ドルを超え、一九六〇年代半ばまでに年間九千万ドルに達しました。

フェアチャイルドセミコンダクターそれ自体が成功でしたが、その最大の貢献は、地域への人材の供給でした。エンジニアとマネージャーの多くは、半導体業界で新しいスタートアップを立ち上げるために会社を去りました。一九八〇年代だけでも、フェアチャイルドセミコンダクターはシリコンバレー全体で五〇以上の新しい会社を生み出したとされています。現在、ナスダックまたはニューヨーク証券取引所に上場している一三〇以上のベイエリア企業のうち、かなりの部分は、元フェアチャイルドの創業者や従業員（フェアチルドレン、Fairchildren）が創業したと言われています。[*14]

インテル「世界で最も重要な会社」

世界で初めて半導体集積回路の商業生産に成功したのがインテルです。マイケル・マローン（2015）がその著書[*15]のタイトル（『インテル―世界で最も重要な会社の産業史』）にしたように、インテルの果たした役割を詳しく見ると、「世界で最も重要な会社」と言っても誇張とは言えません。

一九六八年七月、フェアチャイルドセミコンダクターから独立したロバート・ノイスとゴードン・ムーアはベンチャーキャピタリストのアーサー・ロックの支援によってインテルを創業しました。ノイスとムーアがまとめたわずか一枚の事業企画書だけで二五〇万ドルの資金を調達したと言われています。

二人はカリフォルニア州のマウンテンビューにインテル コーポレーション（当時の社名はNM Electronics）を設立し、ロバート・ノイスが初代社長兼CEO（最高経営責任者）に就任しました。後のCEOアンドリュー・グローブも、設立後まもなく入社しています。

最初に出資したロックによると、ノイスは発想豊かな夢想家であり、ムーアは技術面の大家であり、グローブは技術畑出身の経営科学者だったといいます。[*16]

設立当初からインテルは、集積回路の研究、開発、製造、および販売を事業の主軸とします。当時主流であった磁気コアメモリーに代わる半導体メモリ製品を主要製品として開発していったのです。

半導体を発明したロバート・ノイス

ロバート・ノイス（1927 - 1990）は、初めてシリコン小片に回路を集積させる方法を開発し、ジャック・キルビーと並んで半導体の発明者とされている天才です。[*17]

ノイスは一九五九年七月にアメリカ合衆国特許第2,981,877号"Semiconductor Device and Lead Structure"という集積回路に関する特許を出願しました。その数カ月前にジャック・キルビーが出願した特許は「同様」「同等」とは言い難いものですが（そもそも本当に同様あるいは同等なら、どちらか片方は却下されていなければならないはずです）、この二人が集積回路の発明者とされ、アメリカの三人の大統領に表彰されています。[*18]

アイオワ州で育ったノイスは地元の学校に通い、高校時代に数学と理科に才能を見せ、一九四九年、物理学と数学の学士号を取得して地元のグリネル大学を卒業し、一九五三年にマサチューセッツ工科大学（ＭＩＴ）で物理学の博士号を取得しました。彼がベル研究所で開発されたばかりのトランジスタに初めて触れたのは、グリネル大学でのことでした。

インテルは一九七〇年に世界初のＤＲＡＭ（編集部注：揮発性の半導体メモリ）を開発、翌年には世界初のマイクロプロセッサ4004を発売するなど成功を収め、世界一の半導体企業の名声を揺るぎないものにしていきました。

ノイスは一九七〇年まで社長・会長職に就き、「シリコンバレーの主」と称されました。彼自身の手による半導体技術関連の特許も、一六を数えます。彼の事業の成功は、その後の世代の起業家（たとえばアップルを創業したスティーブ・ジョブズ）達の目標となりました。

ムーアの法則の誕生

インテルを設立したもう一人の天才がゴードン・ムーアです。一九六五年四月当時、まだフェアチャイルドセミコンダクターに在籍していたゴードン・ムーアが、その後のデジタル革命の進展を示す予測を行いました。ムーアは、当時、現れつつあった新しいトレンドを注意深く観察することにより、コンピューター性能の劇的な向上と関連コストの減少が急速に進むと予想しました。*19

この予測は、後に「ムーアの法則」として広く知られるようになります。彼の予測の通り、半導体の性能の向上とともに製造コストが指数関数的に低下し、より多くの強力な半導体製品が生活の中で利用されるようになりました。

しかしあとで見るように、五〇年以上たった現在でもまだこの法則が生き続けるとは本人も予期していなかったでしょう。

ムーアの先を見通す力は、オープンイノベーションについても発揮され、ビジネス界に大きな影響をもたらしました。

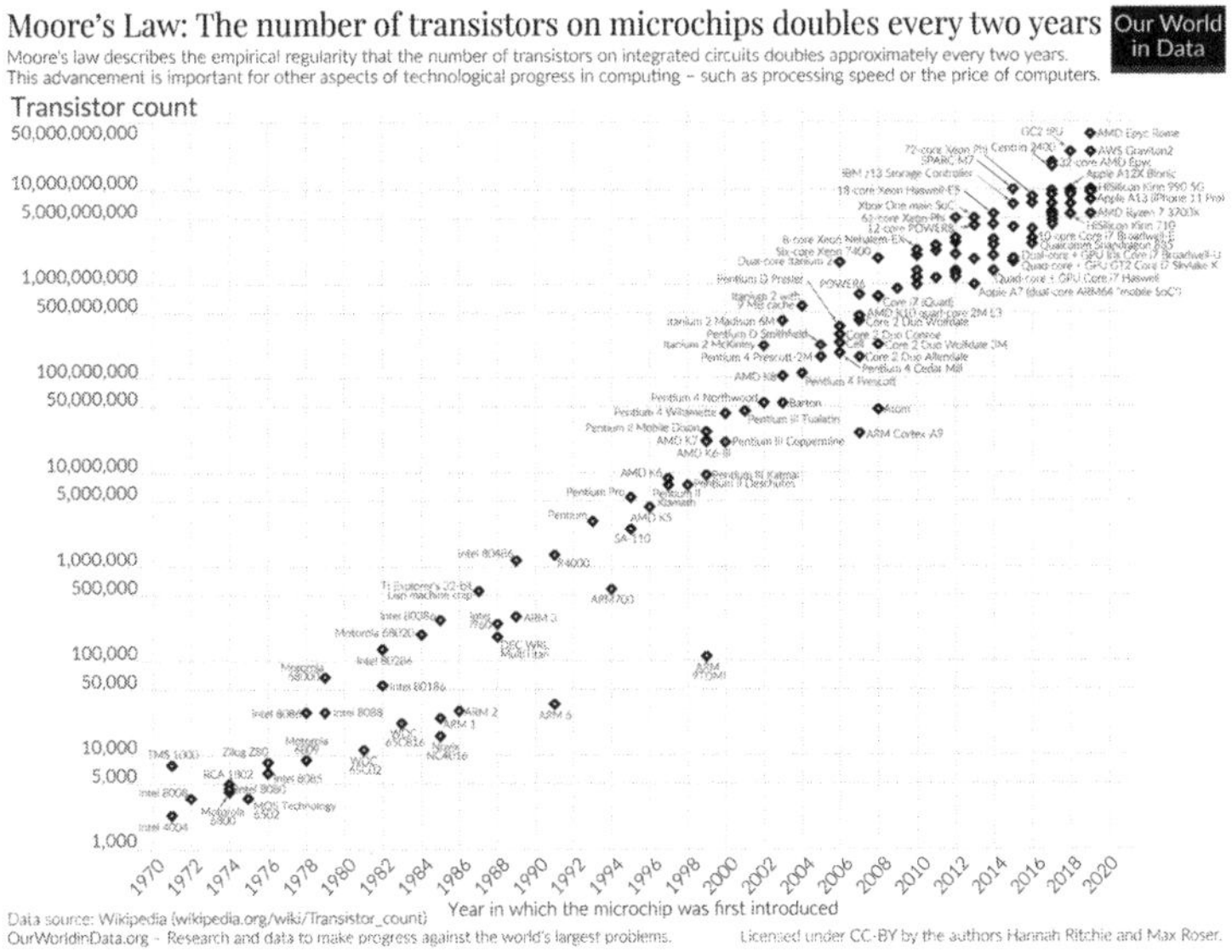

https://en.wikipedia.org/wiki/Transistor_count

世界最大の半導体メーカーのインテルは、当初研究所を持っていませんでした。創業者のロバート・ノイスとゴードン・ムーアは既述のように、ともにフェアチャイルドセミコンダクターで働いていましたが、フェアチャイルドの中の六〇〇人規模の大きな研究所は、実際には、研究成果を事業化することに成功しませんでした。

たとえば、MOSトランジスタを、社内の研究所では作れていたのに、会社としては生産することはできませんでした。しかし、フェアチャイルドの社員が会社を退職して起業したスピンアウト企業は、同じ技術なのに成功しています。

要するに、「社内の他部門への技術移転よりも、外部への技術移転のほうが簡単だ」ということです。このため、ロバート・ノイスとゴードン・ムーアの二人はフェアチャイルドを辞めて自分たちの会社を興すことに決めた際に、「自社内に中央研究所のようなものは持たない」ということを決めていました。

インテルは多くの博士号保持者を採用していますが、彼らは孤立した研究所ではなく、半導体を購入してくれる顧客との接点や、生産との接点で働きままました。こうして自社の中で研究とビジネスを分離することなく、研究成果が「必ず」ビジネスに技術移転できるような体制にしたわけです。

ハーバードビジネススクール教授のローゼンブルーム他による著書『中央研究所の時代の終焉

――研究開発の未来』[20]の中で、ゴードン・ムーアは、第七章「半導体産業における研究についての個人的見解」を執筆しています。

彼はそこで、「大企業の大きな中央研究所は、所属する企業よりも公共への貢献のほうが大きかったのではないか」と書いています。

有名な例ではゼロックスのパロアルト研究所では、LANやレーザープリンタなどを発明しましたが、ゼロックスの売り上げにはほとんど貢献しませんでした。

AT＆Tのベル研究所はトランジスタの発明やCCDイメージセンサの発明で、七人ものノーベル物理学賞受賞者を輩出しましたが、AT＆Tの業績に貢献したものは皆無です。

こうした例を受け、ゴードン・ムーアは、研究所を所有している大企業はほとんど研究の恩恵を受けられないのに、スピンオフ企業や他の会社は多くの収穫を得ることができるのはなぜかと自問し、以下のような考察を行います。

「研究所を持っている会社には本質的な不利がある。こういう会社は大きく、成功しており、老舗である。だからアイデアの活用には抵抗がある」（下線は筆者）

「活用と創造の区別は大事だと指摘したい。新しいものを創造するにはベンチャー企業のほうが向いているとよく言われる。そうではない。ベンチャー企業は新しいものを活用するのに向いているのである」（下線は筆者）

新技術の開発主体が必ずしもその活用には実は向いていない、ということです。開発と活用を一社で完結するのではなく、開発と活用を分離すること、そして、技術の活用には既存大企業よりもベンチャー企業が向いているということ、これがすなわちオープンイノベーションの最も根幹の考え方になります。

彼はオープンイノベーションという言葉を用いたわけではありませんが、ムーアの法則と並んで現在まで続く黄金律とも言え、驚くべき先を見通す能力のある天才です。ゴードン・ムーアは、インテルの第二代CEOとなり、一九九〇年には、ジョージ・ブッシュ大統領よりナショナル・メダル・オブ・テクノロジーを受賞しました。

経営者アンディ・グローブ

インテルは世界最初のマイクロプロセッサを発表した後、一九七九年には16ビットのマイクロプロセッサを発表、一九八一年にそれが、IBM PCおよびIBM互換機で採用されることにより、現在の事業の礎を築きます。マイクロプロセッサというのは、CPU（Central Processing Unit 中央処理装置）などのコンピュータの心臓部にあたる半導体チップで、演算・制御などの機能を一つの半導体チップに集積したものです。

パソコンブームが到来し、IBM PCとIBM互換機は、OS（オペレーティングシステム）として、ビル・ゲイツのマイクロソフトが開発したソフトウェアであるウインドウズを搭載し、需要が爆発します。

一九八五年にインテルは32ビットのマイクロプロセッサを発表します。処理能力は、世界最初のマイクロプロセッサの一〇〇倍になっていました。

しかしインテルは、DRAMの一種やマイクロプロセッサを世界で最初に開発したように、研究開発は優れていましたが、生産技術やコストの面は苦手で、七〇年代、八〇年代は日本企業の後塵を拝していました。

一九八五年十月インテルは、創業以来初めての戦略転換を行います。世界最初にDRAMを開発した会社であるにもかかわらず、DRAM事業からの撤退を決断するのです。

アンディ・グローブは後年、DRAM事業からの撤退を次のように回想しています。

「私は、CEOだったゴードン・ムーアとともに、『新しい経営陣だったらどのように判断するだろうか？』という視点でDRAM事業の将来を議論しました。結果、マイクロプロセッサ事業にフォーカスすると決定しました。私のこれまでのキャリアで、DRAM事業の撤退ほど奏功した経営判断はなく、インテルだけでなく、業界にとっても良い決断だったと確信しています。数あるメモリーメーカーの中の一社として事業を継続していたとしても、業界に貢献できることはほとんどなかったでしょう。マイクロプロセッサの開発と生産に躊躇なく経営資源を集中することで、パソコン業界の技術のけん引役を担うことができました」[*21]

インテルの第一号従業員だったアンディ・グローブは、こうした大胆な戦略転換だけでなく、組織能力にも優れ、一〇万ドル以内は決済の必要なし、という合理的な経費管理や、特許戦略などでも活躍しました。

一九八七年にインテルの第三代CEOに就任し、一九九七年には、「情報革命を最前線で推進する」「インテルをシリコンバレーの力の源泉に育て上げた」として、米タイム誌の“Man of the Year”に選出されました。

世界最初のマイクロプロセッサは日本企業のものだった

初期のマイクロプロセッサは電卓用などで、限られた機能しか持ちませんでした。しかし、従来の半導体を使った回路に比べとても安価で利用しやすかったため、ほどなくして大量に使われるようになります。CPUというコンピューターの機能を実現する最も主要な部品がワンチップ化されたことで、個人でも容易に購入できるPCが実現可能となりました。その後もムーアの法則どおり、CPUに集積される素子数は増加の一途をたどり、性能は目覚ましく向上し続けています。

（著者注：マイクロプロセッサの中でコンピューターの「頭脳」としての役割を果たすのがCPUですが、すべてのマイクロプロセッサがCPUであるわけではありません。たとえば、グラフィック処理を行うGPUはマイクロプロセッサの一種ですが、CPUとは異なる特定の機能に特化しています。）

今日ではマイクロプロセッサは、スマートフォン、小さなウェアラブル端末や家電に至るまで、さまざまな機器に搭載されています。最初のマイクロプロセッサは一九七一年に発表されたインテルの「4004」であり、テッド・ホフによる基本的なアイデアと、嶋正利による論理設計とフェデリコ・ファジンによる回路・マスク設計によるものでした。[*22]

嶋正利は、インテルの「4004」をはじめ、「8080」や「Z80」「Z8000」といった複数の重要なマイクロプロセッサの開発に携わりました。4004の開発では、ビジコン（後のビジネスコンピューター）の一員としてインテルと協力し、高級電卓用のチップとして取り組みました。

このプロジェクトにおいて、インテル側の関与が当初は少なく、嶋がほとんどの論理設計を担当しました。嶋は論理設計とパターン設計を進め、世界初のマイクロプロセッサである4004を完成させました。嶋はマイクロプロセッサの生みの親とされるくらい重要な人物です。

そして、マイクロプロセッサの権利も当初、日本企業が当初保有していました。嶋の所属したビジコン株式会社（Busicom）は日本の計算機メーカーで、高級電卓用の集積回路を設計するようインテルに依頼し、これが最初のマイクロプロセッサである4004の発明につながったわけです。

つまり、最初のマイクロプロセッサは日本企業が発注し、設計とその構成要素の独占的な権利を所有していたので、日本企業のものでした。しかし、経営不振に陥ったビジコンは、その権利を一九七一年に今では到底考えられないほどの安い値段でインテルに売却してしまいます。当時、「インテルがものすごいものを作った」とシリコンバレーで大騒ぎになったものは、実は日本企業が作ったものでした。

その数年後にビジコンは経営破綻します。

忘れられていますが、世界最初のマイクロプロセッサは日本企業のものであり、日本人が設計したことはもっと知られてよい事実です。

10

ベンチャーキャピタルの誕生

金融の中心は
今も昔もウォール街だが……

Alex Proimos from Sydney, Australia,
via Wikimedia Commons
https://commons.wikimedia.org/wiki/File:Wall_Street_Sign_(5899884048).jpg

ベンチャーキャピタルの起源

新奇アイデアを持つ若くて無名の天才が創業した会社を成長させるには、新奇性の高い事業に巨額の資金を供給することのできる、ハイリスク・ハイリターンの新しい種類の資金調達の手段が必要でした。

リスクの高い萌芽的段階の企業に本格的な投資を行うことで企業を成長させるというベンチャーキャピタルのもとになるアイデアは、第二次世界大戦前に存在していましたが、世界最初のベンチャーキャピタルは、戦後ジョージ・ドリオが一九四六年に東海岸で設立した、アメリカン・リサーチ・アンド・デベロップメント・コーポレーション（ARD）でした。

ベンチャーキャピタルはその後西海岸で急速に発展し、一九七八年には、二三のベンチャーファンドが合計五億ドルを運用していただけでしたが、わずか五年後の一九八三年には二三〇社が一一〇億ドルを運用するようになりました。[*23]

スペンサー・アンテ（Spencer E. Ante）による"Creative Capital: Georges Doriot and the Birth of Venture Capital"（著者注：邦訳はありませんが、訳すと「創造的資本：ジョージ・ドリオとベンチャーキャピタルの誕生」になります）は、ベンチャーキャピタルの父と呼ばれているジョージ・ドリオの生涯と、彼が生み出したベンチャーキャピタルの業界に焦点を当てています。

著者のスペンサー・アンテは、以下のように問いかけます。

「今日、多くの投資家や起業家たちは、ベンチャーキャピタルのビジネスは常に西海岸が支配していたと考えています。彼らは第二次世界大戦後の三〇年間にARDや他の数社の北東部の企業によってこの業界が先駆けとなったことを単純に認識していません。では、なぜシリコンバレーがリーダーシップをとるようになったのでしょうか？」[*24]

MITやハーバードがボストンにあり、ニューヨークが金融の中心であったため、東海岸は大きなリードを持っていました。しかし、温暖な気候、民族の多様性、そしてスタンフォードのターマンのビジョンが西海岸の特徴でした。

「ターマンは、彼のトップ学生のほとんどが東海岸に逃げるのを不快に思っていました。一九三四年、彼の最も優れた二人の学生、デイヴ・パッカードとビル・ヒューレットも同じ道をたどりました。ターマンは彼らを連れ戻しました」[*25]（この二人がヒューレット・パッカードの創業者です）

その後、フェアチャイルドに続いて、インテルをはじめ半導体メーカーがカリフォルニアで次々と登場しました。

「それに必要だったのは、安定したベンチャーキャピタルの供給だけでした」[*26]

ベンチャーキャピタルの父ジョージ・ドリオ

よほどベンチャー投資に詳しい人でない限りジョージ・ドリオのことを聞いたことがないと思います。スペンサー・アンテは以下のように書いています。

「一九二一年、ドリオはフランスから蒸気船でアメリカにやって来た。彼はアメリカに友人も家族もいない、大学も卒業していない、大学院も中退した外国人であるにもかかわらず、ハーバードビジネススクールの中で最も影響力のある、また人気のある教授となった。三世代にわたり、ドリオは数千の学生を教えた」[*27]

世界最初のベンチャーキャピタルの創業者であるドリオは、「イノベーション、リスクテイク、そして人間の潜在能力への揺るぎない信念」を持っていました。

彼は、ビジネスには二種類の人間が存在すると理解していました。

・資金を持つ組織とそれを運営する経験豊富なビジネスマンは、新奇な発明をする技術者や大胆な人間ではない。

・創造性に富む発明家は、独創性はあっても資金がなく苦労している。

ドリオの創立したＡＲＤは、これら二つの別々のコミュニティを繋げ、一つにまとめることを目指していました。

一九五七年、ドリオはパリでＩＮＳＥＡＤ（ヨーロッパ最古のビジネススクールの一つ）の設立にも取り組みました。

ドリオは彼の人生で三つのキャリアを持ちました。ハーバードビジネススクールの教授兼コンサルタント、陸軍の協力者、そして最終的にはベンチャーキャピタルの創始者です。実業界でのキャリアが持てた理由は、ドリオが初期の段階でコンサルタントとして実業界で活躍した経験を生かしたからと考えられています。

「ほとんど実業経験のない男が、どのようにして世界クラスの実業家となったのか？　その答えは、その年代の間に、多くの企業がこの教授を雇って、アメリカ経済に最も大きな打撃を与えた災厄を乗り越える手助けをしてもらったからである。その暗い一〇年間で、ドリオは役員、取締役、コンサルタントとしての終身の経験を積んだ」[*28]

ＤＥＣへの投資に成功

一九五七年の春、ＭＩＴにいたケン・オルセンは、友人のハーラン・アンダーソンと組んで、新しいアイデアを実行に移そうと考えていました。資金を求めて彼らは当時の大企業ゼネラルダイナミクス（General Dynamics）に接触しましたが、「ビジネスの経験がない」という理由で断られました。

次に彼らはドリオのARDに連絡をとりました。ARDにとって彼らは理想的な投資先でした。素晴らしいアイデアに、二人の素晴らしい若者が人生をかけて取り組んでいる。ARDは七〇%出資で七万ドル（約一千万円）を出資しました。一〇%は経験豊富なマネージャー（実際には見つからず、雇われることはなかった）のために確保され、残りの二〇%は二人の創業者（オルセンに一二%、アンダーソンに八%）のために確保されました。

今ではわずか一千万円で投資先の七割の株式を持つというのは考えられませんが、当時はベンチャー投資自体が珍しく、そのようなこともあり得る状況でした。

コンピューターは当時流行していなかったため、会社のプロジェクト名はデジタルコンピュータから、デジタル機器株式会社（DEC）に変更されました。[*29]

DECのIPOは大成功でした。

「DECのIPOは金融革命をもたらしました。非常に少ない投資額で、比較的短期間でIBMよりも価値のある会社の所有権を取得することができたというのは本当に驚くべきことでした」[*30]

IPOの時点で、ARDが投資した七万ドル（約一千万円）は二億ドル（約三〇〇億円）になりました。規模的には現代のベンチャーファンドよりもはるかに小規模な投資で、三千倍のリターンという、恐るべきシード投資の威力を示したのです。

ベンチャーキャピタルの精神

ジョージ・ドリオは、手っ取り早い利益のために会社を売却するのではなく、長期的に会社を築くことの価値を信じていました。収益は目的ではなく、懸命な労働の副産物でした。ドリオは収益を得る前に、しばしば一〇年以上もの間、投資先の会社と連携して働きました。それが、彼が自分の投資先を「子ども」と呼ぶ理由です。

「子どもが生まれたとき、あなたはどれくらいのリターンを期待できるかを尋ねません」と、一九六七年のフォーチュンの記事でドリオの発言が引用されています。

「もちろん、期待はあります。子どもがアメリカ合衆国の大統領になることを望んでいます。しかし、それはあまりあり得ない。私は彼らが自分たちの分野で卓越した結果を出すことを望んでいます。そして、彼らがそうすれば、報酬は得られるでしょう。しかし、もしある人が良い人で忠実でありながら、いわゆる良いリターンを達成しなかったとしても、私は彼と一緒にいるでしょう。中には、二四歳を過ぎてから天才になる人もいるのです。私が投機家であれば、リターンの問題が適用されるでしょう。しかし、私のその言葉の定義では、投機家を建設的だとは思いません。私は人々や会社を築いているのです」[*31]

ドリオは一九八七年に八七歳で亡くなりました。トム・ニコラスが『ベンチャーキャピタル全史』(2022) で書いているように、市場の飽和や投資戦略の変化など、VC業界は現代的な課題に直面しています。そうした中でも、彼の思想は単なるお題目としてではなく、今もベンチャーキャピタルの原点として受け継がれています。

ARDは最初のベンチャーキャピタルとして、制度の不備からいろいろな問題を抱えていましたが、その後、さまざまな制度的な工夫でベンチャーキャピタル業界は発展しました。ドリオは自分の後継を準備せず、従業員への報酬インセンティブも低かったと言われています。トム・パーキンスはARDへの参加を辞退し、自分自身の会社を設立しました。クライナー・パーキンスは後にシリコンバレーでトップ2のベンチャーキャピタルとなります (トップはセコイア・キャピタル)。

制度的な問題を解決するために、ARDを去ったエルファーズは、新しい組織形態であるリミテッド・パートナーシップ (LP) (編集部注:無限責任を負う最低一人のゼネラル・パートナー (GP) と、有限責任のリミテッド・パートナー (LP) とによって組織される形態。LPは有限責任である代わりに、経営に参加できないという制約がある) の利用に取り組みました。一九五九年、最初のLPがパロアルトで誕生しました (Draper, Gaither & Anderson)。

その後、一九六一年、ドリオの元生徒であるアーサー・ロックがDavis & Rockを設立し、事業を運営するゼネラルパートナー（GP）は、管理手数料だけでなく、キャピタルゲインの一部も受け取ることができるようになりました。

有限パートナーシップならば、公然とした開示の煩雑さを避けることができます。[*32] LPのメリットは何かを簡単に言うと、たとえばDraper, Gaither & AndersonのGPの一人は、LPの背後にある考えは「できるだけ少なく報告しつつ資金を獲得すること」だと強調しています。[33]

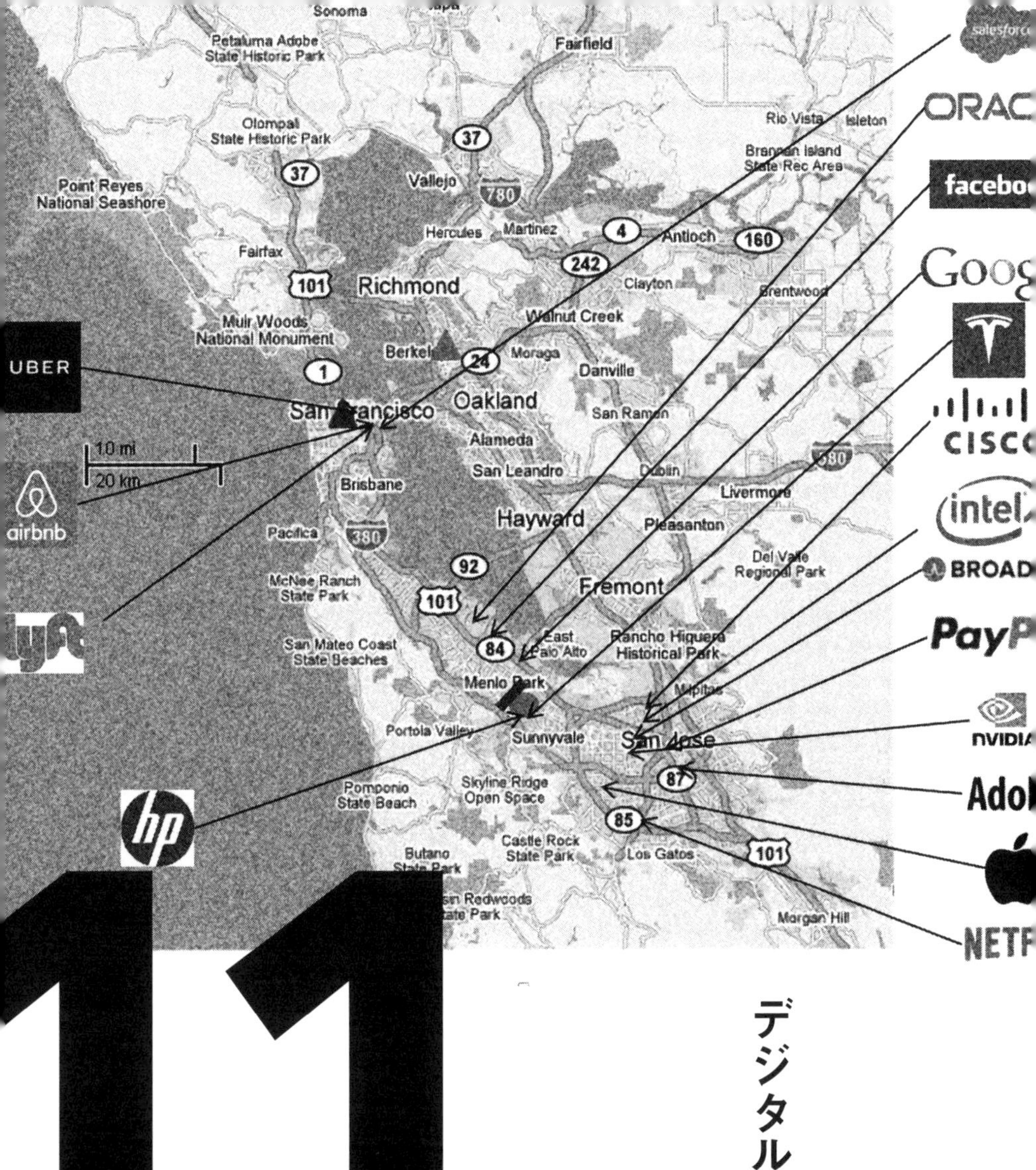

11

デジタル・ゴールドラッシュ

シリコンバレーに密集する
デジタル企業群
著者ら作成

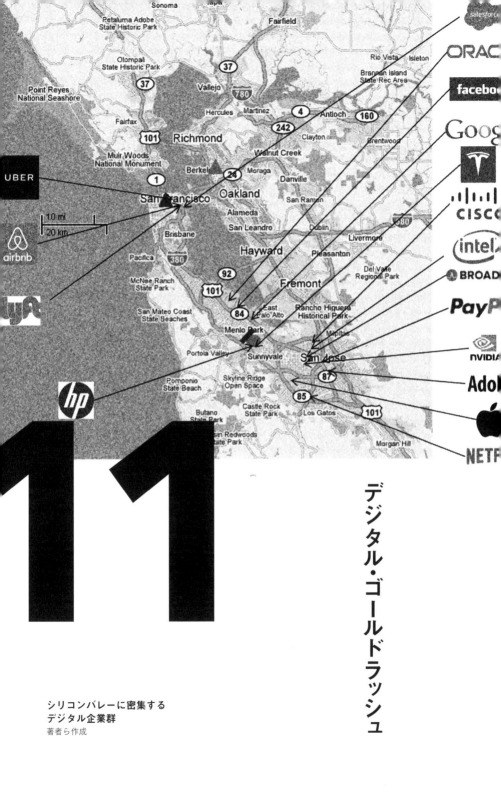

オープンイノベーションとエコシステム

一九六〇年年代の後半以降、連邦政府の研究予算の役割は低下していきました。NASAについても月面着陸の成功以降、大衆は興味を失い、むしろ連邦政府予算の支出を抑える方向へと世論が変化しました。同時に、大企業が社内で基礎研究から製品開発、販売までを行うリニアモデルは現実的ではないということがアメリカの産業界の一般認識となります。背景にあるのはイノベーションのリニアモデルからの脱却、クローズドなイノベーションからオープンなイノベーションへの変化です。

リニアモデルというのは基礎研究→応用研究→製品開発というように、上流から下流までのプロセスを、大企業が自前で全部持つ（クローズド・イノベーション）という考え方です。基礎研究への投資からは、会社はほとんど利益を回収できないことが明らかとなり、オイルショックがこれにとどめをさし、企業の中央研究所は衰退への道をたどります。

オープンなイノベーションという考え方では、開発と普及を担う主体は別々でよいとします。すると、お互いにつながる機会が多いほうがいいため、地理的な空間やコミュニティが必要となります。これをエコシステム（生態系）といい、シリコンバレーがそのモデルとなりました。イノベーションの主役は、政府や大企業から、スタートアップ、起業家、個人、大学の研究者、企業、資金の出し手を含む、エコシステムにシフトしていきます。

中央研究所は廃れても、基礎研究は社会のどこかで行われる必要があります。生産や開発に密着するだけだと、基礎的な研究はできないからです。そこで、企業は中央研究所への投資を減らす代わりに外部に投資するようになります。一九八〇年代には企業の研究開発投資は回復しましたが、大学への研究への企業の支出が目立って増加しました。

エクソンはMITに（1980）、デュポンはハーバード・メディカル・スクールに（1981）巨額の資金提供を行い始めます。インテルも初期には、ベル研究所など企業の研究所と協業していましたが、その後、基礎研究については大学に注目するようになります。

背景には、大学の化学工学科や電気工学科が産業界のニーズに応えられるようになったことがあります。産業界は、研究者が政府からの研究費支援を得るためのプロポーザルに上乗せする形で、大学の研究にテコ入れするようになりました。

産学共同センターが全米の一一〇〇以上の大学に設置され、そこでの大学予算は一八％以下、連邦予算が四六％、残りの三〜四割が民間企業からの出資となりました（1991, 1994のレポートによる）。[*34]

ヤフーの盛衰

ヤフーはスタンフォード大学の大学院生であるジェリー・ヤン（Jerry Yang）とディビッド・ファイロ（David Filo）によって創業されました。

ジェリー・ヤンは台湾の台北市生まれで、二歳で父を亡くし、一〇歳の時にカリフォルニア州サンノゼに移住しました。苦手だった英語をたった三年で熟練レベルにまでマスターし、高校では成績優秀な生徒のみが履修可能な大学レベルの英語のクラスに在籍することになり、スタンフォード大学に進学。電気工学を専攻し、理学士号（BS）と理学修士号（MS）を取得しています。

一九九五年、いまだ謎に包まれていたインターネットをいじり、ワールド・ワイド・ウェブ（WWW）の中を探検していたヤンは、ゴルフのスコア、漢字で書いた自分の名前、お気に入りのウェブサイトなどの情報をオンラインのリンク集のような形で自分のウェブサイトに投稿し始めました。

そのリンク集はどんどん大きくなり、リンクが階層的に整理され、検索を可能にした「Jerry and David's Guide to the World Wide Web（日本語に訳すとジェリーとデビッドのワールド・ワイド・ウェブ ガイド）」になりました。この検索サイトは注目を集め、情報がどんどん追加され大規模化し、ついに、ウェブ上の有用な関連サイトをすべて見つける場所になりました。

名前をよりシンプルに「ヤフー」に変えたあとから、ウェブサイトの人気は急上昇し、ウェブをいじり始めて一年もたたない一九九四年に、このウェブサイトは一日で一〇〇万アクセスを達成します。

これは巨大なビジネスチャンスだと認識したヤンとファイロは、有力ベンチャーキャピタルであるセコイア・キャピタルから二〇〇万ドルの投資を受けます。一九九六年には、ヤフーは四九人の従業員を雇用し株式を公開し、三三八〇万ドルを調達。一九九九年には、ヤンとファイロはそれぞれ八〇億ドル（約一兆円）を所有する大富豪なっていました。[*35]

二〇〇〇年、グーグルが、より性能が高くシンプルな検索エンジンを武器に参入し、ヤフーの新たな競争相手となります。二〇〇七年までに、グーグルはすべてのオンライン検索の五四％を占めていましたが、ヤフーは二二％にとどまり、マイクロソフト（ＭＳＮ）は一〇％しか占めていませんでした。

その後二〇〇八年、マイクロソフトはヤフーを買収するために四五〇億ドルを用意しましたが、ヤフーの取締役会の反対により買収は中止に。ヤンが取締役会から完全に離れたことで、取締役会には継続性がなく、グーグルやフェイスブックなどの新世代の巨人とのギャップはより大きくなりつつあります。

ドットコムバブル

ヤフーを先駆けとして、一九九〇年代前期から二〇〇〇年代初期にかけて、インターネット関連企業の株式が、実態を伴わない異常な高値になっていきました。これをdot-com bubble（ドットコムバブル）と言います。

一九九〇年代末期に、インターネットを用いた電子商取引の可能性が現実化し、既存のビジネスモデルを揺るがせたわけです。

一九九四年にはアマゾンが創業しています。波は日本にも及び、楽天の創業はアマゾンから三年遅れの一九九七年でした。

多くの会社がインターネット関連投資に走り、新しいサービスを提供するテック企業に巨額の資金が集中しました。一獲千金を若くして成し遂げる起業家が続出し、シリコンバレーに世界中から人材と投資資金が集中しました。

一九九九年から二〇〇〇年までの足掛け二年間にわたって株価が異常に上昇し、株価が利益の一〇〇倍を超える等の異常なPER（株価収益率）を示していました（通常は一〇～二〇倍程度）。当時のアメリカの経済学者は、このような現象を「ニューエコノミー」としてもてはやし、ナスダック株価指数が五〇〇〇を超えるまでに高騰しても「これまでとは異なる収益逓増のビジネスモデルであるので、今までのような尺度では株価は測れない。今の株価水準は正常である」など、不可解な理屈で正当化していました。

バブルのときには必ずといっていいほど、こうした新しい「経済理論」が発明され、これまでとは異なり、今回はバブルでないことを証明しようとします。今後も、異常な株価高騰の際には、一見もっともらしい理論が出てくるでしょうが、過去の例を見る限り疑ってかかったほうがよいでしょう。実際はＦＲＢの利上げを契機に、株価は急速に崩壊し、二〇〇一年九月一一日のアメリカ同時多発テロ事件もあって、二〇〇二年にはナスダックは一〇〇〇台まで下落し完全にバブルは弾けます。

バブルは弾けてもその過程で多くの億万長者を生み、ドットコムバブルの間に創業された企業の中で、グーグルやアマゾン、イーベイなどの一部の企業は生き残り、その後の爆発的な成長の種となりました。二〇〇七年のアイフォンの発売により、誰もが日常的にコンピューターを携帯することが当たり前になり、いったんしぼんだ成長は以前のピークをも超え、急速に復活していきました。

初代アイフォンはコピーペーストなどの基本機能もなく、高速の３Ｇインターネットも使えないにもかかわらず、爆発的な人気となりました。

日本で「資本主義のオリンピック」にならなかった理由

アメリカはドットコムバブルのゴールドラッシュにより、イノベーションとアントレプレナーシップが経済をけん引するという、「資本主義の原体験」に立ち返ることができました。日本でも、インターネットの新しいビジネスモデルが多数出現し、今もＡＩやＩｏＴの実用化はどんどん進んでいます。しかし、「資本主義のオリンピック」は起きませんでした。

初代アイフォンの発売日の行列と、行列の場所を5000ドルで売ろうとする人

https://gigazine.net/news/20070630_iphone_line/

一つの理由は容易に推測できることですが、ボストンで資本主義のオリンピックが起きなかったのと同じ構造的な理由です。

日本企業は、会社の所有者兼経営者、創業オーナーではなく、大企業の従業員が主体でアニマルスピリッツとは無縁の状態でした。主役となった人々が、ストックオプションで大富豪になることを夢見るヒッピーではなく、サラリーマンが主体であったということです。

第二次世界大戦後に大組織病が蔓延したのは世界的な現象であり、戦争遂行のための資源配分を最適化する目的で、国家による産業の統制や価格、賃金のコントロールが含まれていました。しかし日本の場合は特に強力な統制が行われ、その影響が戦後も長く続いたため、大企業病の時代がいつまでも続いているという見方ができます。

野口悠紀雄の著書『1940年体制』では、日本企業の株主権利制限や終身雇用などの雇用慣行の起源について詳述していますが、要点を要約すると以下のようになります。

- **株主権利の制限**　戦時中、政府は企業統制を強化し、戦争遂行に必要な資源を確保するために企業の経営に介入し、株主の権利は政府の方針に従属する形となり、戦後もこの傾向が継続されました。
- **終身雇用などの雇用慣行**　終身雇用は、戦時中の労働力不足に対応するための措置として始まりました。企業は安定した労働力を確保するために、従業員に対して長期の雇用を保証し、この慣行は戦後の高度経済成長期にも引き継がれ、日本独特の企業文化となりました。

この議論のポイントは、日本のそうした企業文化は戦時経済体制に淵源《えんげん》があるということで、明治時代は全く違った起業家経済だったのは、既述した通りです。戦時中に確立されたこれらの慣行は、戦後の日本企業経営にも影響を与え、株主の権利が限定されたことで、経営者は長期的な視点での経営戦略を立てることが可能となり、終身雇用制度は従業員のロイヤリティの向上を促す等、戦後の日本企業の発展に大きく貢献したとされています。

しかし、あまりに強固にそうした慣行が根付いてしまった結果、現代のグローバル経済環境の中では逆に足かせとなり、日本経済が起業家経済に回帰することを阻害しているのです。

なぜ日本でドットコムのゴールドラッシュが起きなかったのか、二つ目の理由はタイミング、運の問題です。ドットコムバブルの直前に日本で発生したバブル経済が大きく影響しています。日本人に起業家精神、アニマルスピリッツが不足しているわけではありません。八〇年代のバブルの時には、アニマルスピリッツが不動産ビジネスに向かってしまい、アニマルスピリッツがいわば無駄に消費されたからです。

ひと儲けしたい若者たちの多くが、検索エンジンや半導体やゲームの開発ではなく、不動産ビジネスに向かってしまったことは非常に残念なことでした。

厚生労働省「雇用保険事業年報」を用いて我が国の開業率および廃業率について見てみると、日本の開業率は、バブル時の一九八八年がピークであり、前後の数年間は七％を超える水準です。これがバブル後の九〇年代には四％台に低下してしまいました。[*36]

これに対し、アメリカの場合はどうでしょう。アメリカで入手可能なデータに日本と同じ取り方のものはありませんが、創業一年以内の企業数という時系列で入手可能な統計があります。それによると、創業一年以内の企業数は、一九九四年に五七万社であったものが、ドットコムバブルのピークの二〇〇〇年には六七万社に増加し、リーマンショックをはさみつつ、その後も着実に増加傾向が続き、二〇二一年では八四万社に達しています。[*37]

アメリカの資本主義の活力は、創業の数からも長期的に向上し続けていると言えます。

日本のバブル経済とアメリカのドットコムバブルを比較する

日本のバブル経済とアメリカのドットコムバブルを直接比較分析する研究は多くありません。時期、地域、業種、原因、結果などが大きく異なるため、直接比較することは難しいからです。しかし、それぞれのバブルについて個別の研究は多数あり、間接的に比較することは可能です。

バブルがどのように形成され、なぜ崩壊したのか、それが経済にどのような影響を及ぼしたのか、などの観点から、それぞれのバブルを比較して整理すると、以下のようになるでしょう。

まず、日本のバブル経済（一九八〇年代後半〜一九九〇年代初頭）は、円高をもたらしたプラザ合意後の金融緩和によって、株式市場と不動産市場に大量の資金が流入して起きたもので、金融的な起源があります。

バブル経済の中心は金融業と不動産業でしたが、株価上昇や土地価格上昇は、すべての業種の企業のバランスシートを膨張させて、製造業などの他の産業にも影響を与えました。

バブル崩壊後、不良債権問題を抱えた銀行は貸し出しを抑制し、企業や個人は投資や消費を控えるようになりました。これが長期的なデフレーションと低成長（失われた二十年）を引き起こしたと言われています。

これに対して、アメリカのドットコムバブル（一九九〇年代後半〜二〇〇〇年代初頭）は、インターネット技術の発展とその普及に伴い、それに関連した新興企業への過剰な期待から起きました。

それらの企業のほとんどは、まだ事業の収益化を果たしていませんでしたが、新しいビジネスモデルやインターネットの将来性に対する過度に楽観的な見通しにより、

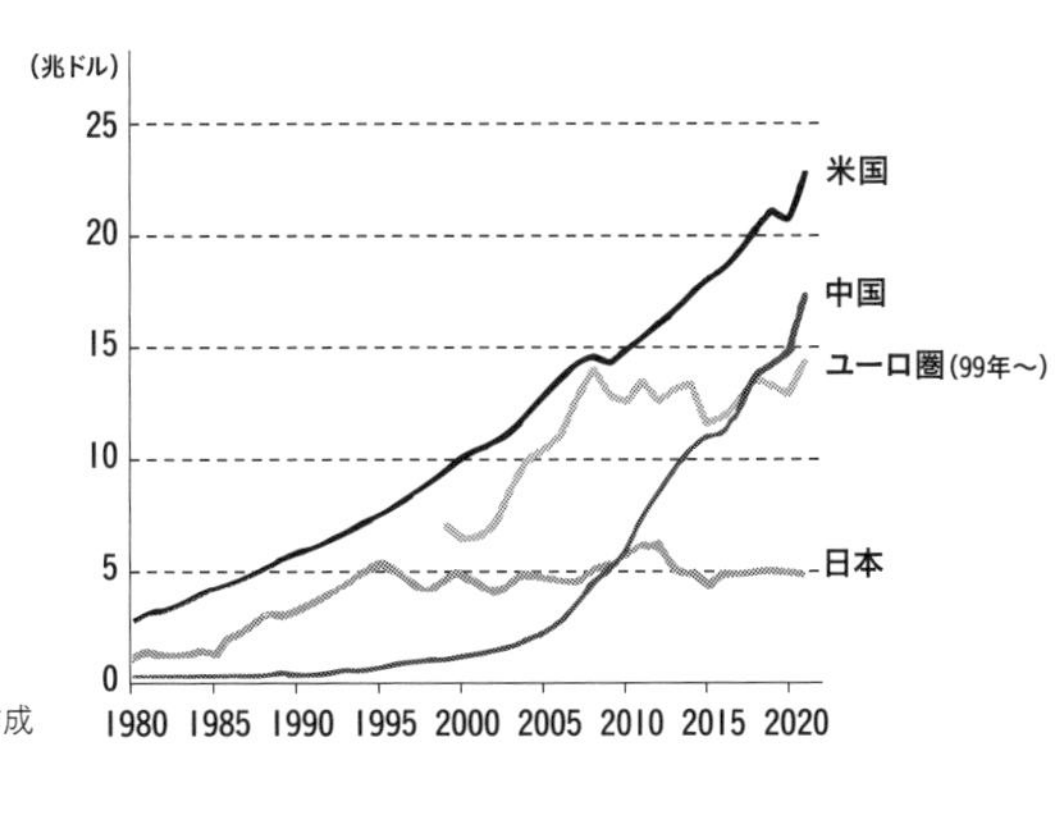

主要国の経済規模
(ドル建て名目GDP)
総理府資料より編集部作成

投資家は大量の資金を投じました。

最も影響があったのはテクノロジー業界と資金を供給したベンチャーキャピタルなどでした。多くのドットコム企業が株式公開（ＩＰＯ）を行い、株式市場は一時的に急騰しました。バブルが崩壊し、多くのドットコム企業が破綻し、多くの投資家が大きな損失を被りました。市場の暴落は二〇〇一年にアメリカ経済のリセッションを引き起こしています。

二つのバブルを比較すると、過度の楽観主義や投機的な行動、信用の拡大など、同じ側面も多いのですが、異なっているのは投資家の過剰な期待が向いた対象になります。

日本のバブル経済では土地の価格上昇に過剰な期待が生じたのに対し、ドットコムバブルではイノベーションの価値について過剰な期待が生じたことです。

後者の場合の過剰な期待はしかし、一時的なもので、当時は過剰な期待であったものが、のちには過剰ではなくなり、実際は時間をおいて実現したと言えます。

ムーアの法則どおり、その後も継続して続く技術の発展により、新たなビジネスモデルが生まれ、ＧＡＦＡＭのように巨大化したテック企業の成長が現在まで続いています。

シュンペーターが言ったように、技術革新のさまざまな段階は、伝統的に経済の循環的な動きと関連してきました。[*38]

イノベーションのS字カーブの前半には急速な技術成長があり、新興産業が提供する未来の可能性が、投資家の熱狂的な投機心を煽ることになります。[*39]

つまり、イノベーションの成果に対する期待は初期の段階で過剰であったとしても、その後は時間をかけて普及していき、イノベーションによる収益が上がり始め、後には高い株価が正当化されているのです。

二〇一三年にナスダック指数はドットコムバブル時の株価三九〇〇ドルを超え、現在は一万四千ドルを超える（二〇二三年十一月時点）まで上昇しています。

結果的に、ドットコムのゴールドラッシュに参加した人々は、社会全体のイノベーションを前進させました。

アメリカで価値のある活動にアニマルスピリッツが向かったのに対し、日本のバブル経済では、日本人の旺盛なアニマルスピリッツは投機に消費されてしまったと言えるでしょう。

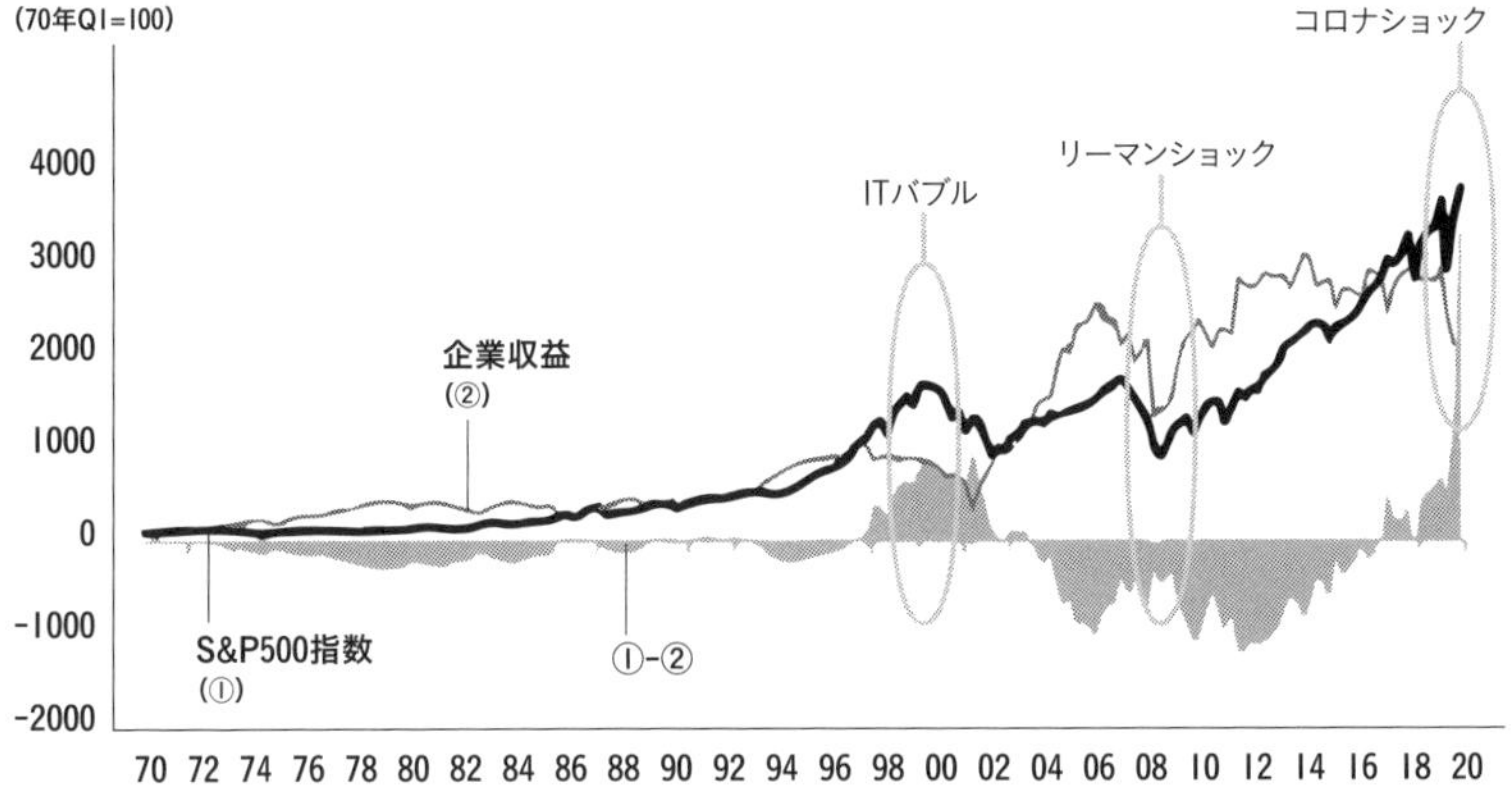

アメリカの企業収益と株価

Macrobond資料より著者作成

今、読むべきイノベーション本14冊

「資本主義のオリンピック」の時代のイノベーション論

イノベーション論では、国レベルの政策でイノベーションを考えるという意識が後退し、完全に企業を単位とするものになったということも大きな変化です。政策レベルの話から、企業が競争を勝ち抜くためのイノベーションという経営のレベルに重点が移行しました。

一九六〇〜一九九〇年代までのイノベーション研究は、主に経済学者、社会学者、国レベルのシンクタンクなど、主にアカデミックな人たちによって担われてきましたが、この時代では主に実業界に近いハーバードビジネススクールで教える著者や、ジェフリー・ムーアなどの経営コンサルタントが書いたものが世の中に影響を与えてきました。

ほかにも、Raynorのバリューチェーンイノベーション（2002）、ゲーリー・ハメルのビジネスストラテジー・イノベーションモデル（2000）、Allan Afuahの戦略イノベーションプロセスモデル（2000）などがありますが、ここでは、「オープンイノベーション」や「エコシステム」といった現在でも重要なコンセプトを提唱した、古典的な四冊を紹介します。

book 08

OPEN INNOVATION
―ハーバード流イノベーション戦略のすべて

ヘンリー・チェスブロウ

（大前恵一朗 訳　2004　産業能率大学出版部）

著者のヘンリー・チェスブロウ（Henry Chesbrough）は、ハーバード大学で教えていた二〇〇三年に、さまざまなケーススタディを行い、「自前主義で研究開発に最も投資した企業が必ず勝てるわけではない」ということを見出して、本書を書きました。これまでにイノベーションの第一人者として、数多くの論文や著書を発表し続けています。

本書『OPEN INNOVATION―ハーバード流イノベーション戦略のすべて』の原著名は"Open Innovation: The New Imperative for Creating and Profiting from Technology"で、企業が自身の技術を市場に投入し、経済的価値を生み出すためにオープンイノベーションという概念をどう活用すべきかを探求しています。

彼は半導体業界でIBMと競合するインテル、通信業界でルーセントと競合するシスコ、ゼロックスのPARC（パロアルト研究所）やライフサイエンス業界で競合するイーライリリーとジェネンティックなどの事例を研究し、業界に関係なく共通する「規則性」を見つけました。

研究開発をすべて自社内で行う企業は、製品の市場投入までに時間がかかる一方で、研究開発に多くの投資をせず、自社と外部の知識を組み合わせて活用できる企業は、製品をより早く市場投入でき、結果を出していました。

この時に発見した「規則性」を発表するにあたり、その概念を説明するための名称として考えたのが「オープンイノベーション」です。現在ではオープンイノベーションの概念は常識となっていますが、著者がクローズドからオープンへのパラダイム転換を最初に言い始めた意義は大きいと言えます。

チェスボロウは多くの産業において、企業内の中央研究所は時代遅れとなっているとしています。たとえば、ゼロックスのＰＡＲＣ（パロアルト研究所）では、素晴らしい技術が数多く生み出されましたが、親会社がコピー機やプリンターのメーカーだったため、社内では活用できませんでした。

そこで、ゼロックスではない他の企業が、これらの技術を製品化し市場に投入しました。たとえば、アイコンの技術はアップルのMacintoshで活用されましたし、アップルのポストスクリプトやイーサネットで使われている技術の一部もＰＡＲＣで開発されたものです。

それらの事例で共通するのは、素晴らしい研究成果が社内では開花せず、社外にスピンオフしてから大きな成果が出て、イノベーションを起こしているということです。技術シーズを生み出せることと事業として大きくできることは全く異なるということになります。革新的な研究は、その会社の風土と必ずしも適合しない場合があります。その時に、スピンアウトして事業を始め、小さなところから市場に適合させていく過程についても記述しています。シスコのイノベーション戦略が世界中のベンチャー企業を調査し、これに投資・吸収合併（M&A）する方式を取ったこと、インテル、マイクロソフト、アムジェン、ジェンザイムといった大企業は、非常にイノベーティブな会社ではあるが、自らはほとんど研究開発を行わず、他社のイノベーションを活用する戦略を取っていることについても、オープンイノベーションの概念を用いて分析しています。

オープンイノベーションとは、企業が自社だけのアイデアに依存することなく、外部のアイデアや市場への複数の経路をも活用することにより、イノベーションを進めるというパラダイムです。これは、企業が独自の技術を開発するだけでなく、他者が開発した技術も利用し、それらを商業化するプロセスに取り入れることを意味します。

著者のチェスブロウは、さまざまな企業がどのように閉鎖的なイノベーションモデルからオープンイノベーションモデルへと移行したかを示し、すべての産業における企業が、知識の商業化の方法を変革する必要があると主張しています。

この概念の特徴は、「企業の境界を越えてイノベーションに関連する知識が流通する」という点にあります。内部だけでなく外部からのアイデアや市場への複数の道を通じて、イノベーションを推進することが不可欠であるとします。

要するに、オープンイノベーションは、単一の市場進出経路にイノベーションを制限するのではなく、多様な進出経路を模索し、内部および外部のアイデアを組み合わせることにより、新しい価値創造と利益獲得を目指すべきであるという新しい命題を提示しています。

そして、このようなアプローチが今日の競争が激しいビジネス環境において企業にとって不可欠であると結論付けています。

本書で取り上げられているのはいずれも二〇年前のケーススタディですが、いまだに説得力があります。チェスブロウは最近インタビューに答える形で、日本企業のオープンイノベーション事例を多く分析した結果、シリコンバレーで見つけた技術が、日本に持ち帰って「死んだ」例が多いとし、原因として組織の問題を指摘しています。*40

日本企業は技術を深く掘り下げることに長けている一方、だからこそオープンイノベーションは日本企業にとっては、「不自然な取り組み」と言えると指摘しています。日本企業だけの問題ではないのかもしれませんが、なぜ会社によっては「不自然な取り組み」となるのか、考えてみる価値はあるでしょう。

book 09

アナリー・サクセニアン

現代の二都物語
――なぜシリコンバレーは復活し、ボストン・ルート128は沈んだか

（山形浩生 柏木亮二 訳　2009　日経BP）

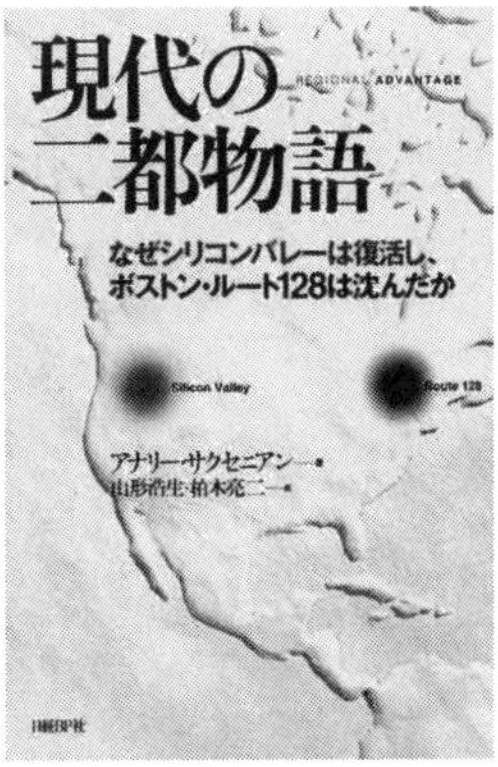

エコシステム――イノベーションはなぜ特定の地域に固まるのか

実は世界の中でごく一部の地域でしか、高成長のスタートアップが続々と生まれるような場所はありません。アメリカのシリコンバレー、ボストン、サンディエゴ、イスラエルのテルアビブなどが挙げられますが、その秘密は何か、ということで八〇年代から研究が進められてきました。

イノベーションを支えるのが地域全体の特性であるという考え方は、アナリー・サクセニアンの著書『現代の二都物語―なぜシリコンバレーは復活し、ボストン・ルート128は沈んだか』*41（1995）で示されています。彼女はハイテク産業地域の比較研究で高く評価されていて、著書には『最新・経済地理学』（日経BP）もあります。

この本では、シリコンバレーと、一九八〇年代から一九九〇年代初めまでライバル関係にあっ

たボストン・ルート128（Route 128）地域と対比させることで、シリコンバレーの強みを生き生きと描き出しています。

ルート128はアメリカのボストンを中心としたかなり広い範囲で、環状道路沿いに多数のハイテク企業が並ぶ地域に与えられた名称です。

周辺にはハーバードやMITをはじめとして数多くの大学や研究施設があり、現在でもさまざまな分野のスタートアップを生んできていますが、ここの最盛期は一九六〇年代から一九八〇年代でした。

当時のルート128周辺の企業の特徴は、垂直統合型の大企業が多かったことです。

一方、シリコンバレーの真価は、時に競合企業同士でも平気で協力する非公式ネットワークにありました。開放的、対等な関係による自律分散型の産業システムが形成され、相互に知恵を公開することで、オープンイノベーションが進行しました。

高い転職率、非公式な情報共有、提携企業との親密な関係により、企業の境界が曖昧になり、シリコンバレー全体があたかも一つの会社のように機能します。頻繁な転職や非公式のコミュニケーションで一企業での知識が一瞬で広まり、それをさらに進化させることを繰り返し、次々とイノベーションが起きていきます。

対して、ボストンのルート128地域は、DECに代表される大企業が立地し、それぞれ孤立して自前主義的なクローズドなイノベーションを採用していました。このため、たとえ地域的に集積していたとしてもそれによる相乗効果がほとんどなく、徐々に衰退していったのです。

サクセニアンの主張をまとめるとつまり、単に狭い地域に密集して企業が集積しているだけで、非公式のコミュニケーションや頻繁な転職による人間の移動などで「企業の境界を越えてイノベーションに関連する知識が流通する」ことがなければ、集積による効果が得られず、オープンイノベーションは起きない、ということになります。*42

インテルは設立時に中央研究所を持ちませんでした。その代わりとなるのは地域全体に存在する多様なリソースであり、インテルが所在するシリコンバレーのように、自社を含む地域全体を研究所とする、という考え方です。これをエコシステムといいます。

イノベーションを、「起業家のパーソナリティや能力」という個人的側面から説明しようとするのではなく、「地域特有な社会・経済・政治・文化的構造」という地域的側面からイノベーションを起こすメカニズムを探求しようとする潮流が起こったわけです。

サクセニアンによる本書は三〇年前の本ですが、著者の「イノベーションを支えるのは地域全体の特性である」というパラダイムは依然として有効で、エコシステムの概念は現在も進化を続けています。

ちなみに、現在では、そうしたイノベーション輩出を支える地域の構成要素の集合体は、Entrepreneurial Ecosystem（EE）という概念で説明されることがあります。社会―文化的資本、投資資金、人的なネットワーク、大学などの存在、経済政策などが構成要素です（Spigel,2017）[*43]。EEの階層を文化的特性、社会的特性、物質的特性の三つに分類し、文化的特性を基盤として、その上に社会的特性、物質的特性が築かれるという形で、下の階層が上の階層を支える一方、上の階層は下の階層を強化するという相互関係の仮説を提示しています。

各階層のそれぞれを簡単に説明すると[*44]、次のようになります。

文化的特性　起業活動やリスクテイク、イノベーションをポジティブに捉える文化

社会的特性　才能ある人材が多数いること、人的ネットワークで、起業家、投資家、先輩起業家、金融機関、従業員などがつながり、起業に必要な知識が流れること

物質的特性　政策や弁護士、社労士、弁理士、インキュベーター、アクセラレーターなどの専門家、オフィス、通信インフラ、交通インフラなどのインフラ、十分な規模のローカル市場があるか、グローバル市場へのアクセスがあるか

book 10

イノベーションの普及

エベレット・ロジャーズ

（三藤利雄 訳　2007　翔泳社）

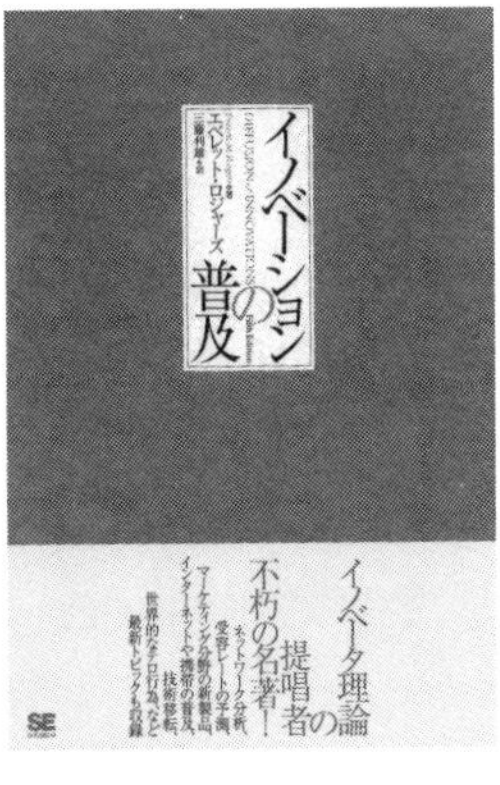

エベレット・M・ロジャーズの著書『イノベーションの普及』は、新しいアイデアや製品が社会内でどのように受け入れられ、普及するかを分析し、イノベーションの普及のプロセスを定式化しています。

エベレット・M・ロジャーズは特にコミュニケーション学と社会学の分野で活動した学者です。本書は改訂が繰り返され、現在邦訳されているものは第五版となります。[*45] 原題は"Diffusion of Innovations (Fifth Edition)" 初版本は一九六二年に刊行されました。

イノベーションの普及過程をさまざまな視点から捉え、そのプロセスに影響を与える要因を探究しイノベーションの普及に関する理論と研究における基礎的な文献となっています。

本書では、イノベーションが採用されるプロセスを次の五つのステージに分けています。

1 知識（イノベーションの存在と機能について知る段階）

2 説得（イノベーションに対する興味や評価を形成する段階）

3 決定（イノベーションを採用するか否かを決定する段階）
4 実装（イノベーションを使用し始める段階）
5 確認（イノベーションの採用を続けるか再評価する段階）

また、イノベーションを採用する個人や組織は、次の五つのカテゴリーに分類されます。

1 イノベーター（新しいアイデアを最初に試す人々）
2 早期採用者（イノベーションを早期に採用し、コミュニティ内でオピニオンリーダーとなる人々）
3 初期多数派（平均よりも早くイノベーションを採用するが慎重な人々）
4 後期多数派（平均より遅くイノベーションを採用するが懐疑的な人々）
5 遅滞採用者（新しいものを試すことに非常に慎重な人々）

さらにロジャーズは、イノベーションが広く採用されるためには、それが相対的利得、互換性、複雑さ、試行可能性、観察可能性の五つの特性を持つことが重要であると述べています。相対的利得はイノベーションが以前の状態と比較してどれだけ優れているか、互換性は既存の価値観や過去の経験との適合性、複雑さは理解しやすさ、試行可能性はリスクを伴わずに試すことができるか、観察可能性は他人がイノベーションを使用しているのを見ることができるか、といった要素を指します。

また、マーケティング、教育、公衆衛生、新薬、州政府の政策など、さまざまな分野におけるイノベーションの普及に関する実践的な応用も示してくれています。普及に重要な役割を果たすオピニオンリーダーの特性も詳しく分析しており、個々人のオピニオン・リーダーシップの度合いを計測するのに、個人ごとのネットワーク連結数を算出しオピニオンリーダーとフォロワーの特性を計測するといった、具体的な事例も取り上げられています。

たとえば、新薬の普及については、医師を、ネットワークのある医師（病院に所属している、病院職員との会合に出席している等）とネットワークのない医師に分類し、以下のように書いています。

「孤立した医師四六人の半数以上は、新薬が医師コミュニティに普及し始めてから一〇カ月経過したあとになっても採用していなかった。（中略）これと比較して、同じく一〇カ月経過した時点で、相互連結度から見て二つあるいはそれ以上のネットワークのある医師はほとんどすべてテトラサイクリンを採用していた」

アメリカ経済史におけるイノベーション、発明の研究は農機具の普及の研究から始まったと言われています。ロジャースも本書で、農機具の普及を例として用いていますが、この流れを引き継いだものかもしれません。

この本は、新しいアイデア、製品を世の中に普及させる戦略を立てる際の重要な指針をさまざまな観点から提供するものです。次に見る『キャズム』はロジャーズの顧客のカテゴリー分けを踏襲した派生形となります。

book

II

ジェフリー・ムーア

キャズム Ver.2 増補改訂版
新商品をブレイクさせる「超」マーケティング理論

（川又政治 訳　２０１４　翔泳社）

ジェフリー・ムーアの『キャズム Ver.2 増補改訂版 新商品をブレイクさせる「超」マーケティング理論』（２０１４）の初版本は２００２年で、これも長年読み続けられているハイテク・マーケティングで有用な本です。

著者のジェフリー・ムーアは実務家、コンサルタントであり、ロジャーズの顧客分類を踏襲しているのですが、ロジャーズの著書の難解さに比べると、非常にわかりやすく書かれています。ムーアによると顧客の分類は以下の通りです。

イノベーター　新しもの好きで、早めに買う。テクノロジー自体に関心があり、どのように役立つかは二の次。少数派だが非常に重要。

アーリーアダプター　イノベーターの次に早めに買う。メリットをじっくり検討し、買う買わないを決める。自分の意思で買い、他の人のことは気にしない。

アーリーマジョリティ　実用性重視。まず他社の動向をうかがう。先行例と手厚い保護が必要。

数が多いので大事。

レイトマジョリティ　アーリーマジョリティに似ているが、ハイテク製品の使用に抵抗がある。数が多いので大事。

ラガード　そもそも新しいハイテク製品に興味なし。ハイテクが製品に埋め込まれていて、目に見えないときに買うだけ。ラガードを追い求めても無意味。

ここで、ジェフリー・ムーアは、アーリーアダプターとアーリーマジョリティの間に深い溝（キャズム）があるとし、キャズムを超えることがハイテク製品をメインストリーム市場に普及させるために重要と主張しました。[*46]

キャズムの前が初期市場で、キャズムを超えるとメインストリーム市場になります。

キャズムが生じる理由は、アーリーアダプターとアーリーマジョリティは似ているようで性質が異なるからです。

アーリーアダプターは変革のための手段を求めているのに対して、アーリーマジョリティは生産性を改善する手段を求めています。

アーリーアダプターとアーリーマジョリティは一見似ているので、キャズムに気づきにくいのですが、アーリーマジョリティを顧客にするためには、有効な先行事例と強力なサポートが必要となります。

アーリーマジョリティを狙う際には、最初から全部を狙うのではなく、まず支配できそうなニッチ市場をターゲットとし、そこを抑えたあとでメインストリーム市場に打って出ることがキャズムを越える方法であるとします。

それをノルマンディー上陸作戦にたとえ、次のように書いています。


「連合軍がノルマンディーに上陸したDデーについて振り返ってみることにしよう。他にも最近の軍事行動の成功例は少なからずあると思うが、このDデーの例はこれから話をする内容と多くの類似点を持っている。類似点は明快である。

私たちの目標は、現在ライバル（枢軸国）が守りを固めているメインストリーム市場（西ヨーロッパ）に進出し、そこを支配下に置くことである。メインストリーム市場をライバルから奪い取るには、自社の製品だけでなく、他社（連合国）の応援も得て侵攻部隊を編成しなければならない。新市場に進出する時の最初の目標は、初期市場の顧客（イギリス）から、メインストリーム市場の戦略的マーケット・セグメント（ノルマン

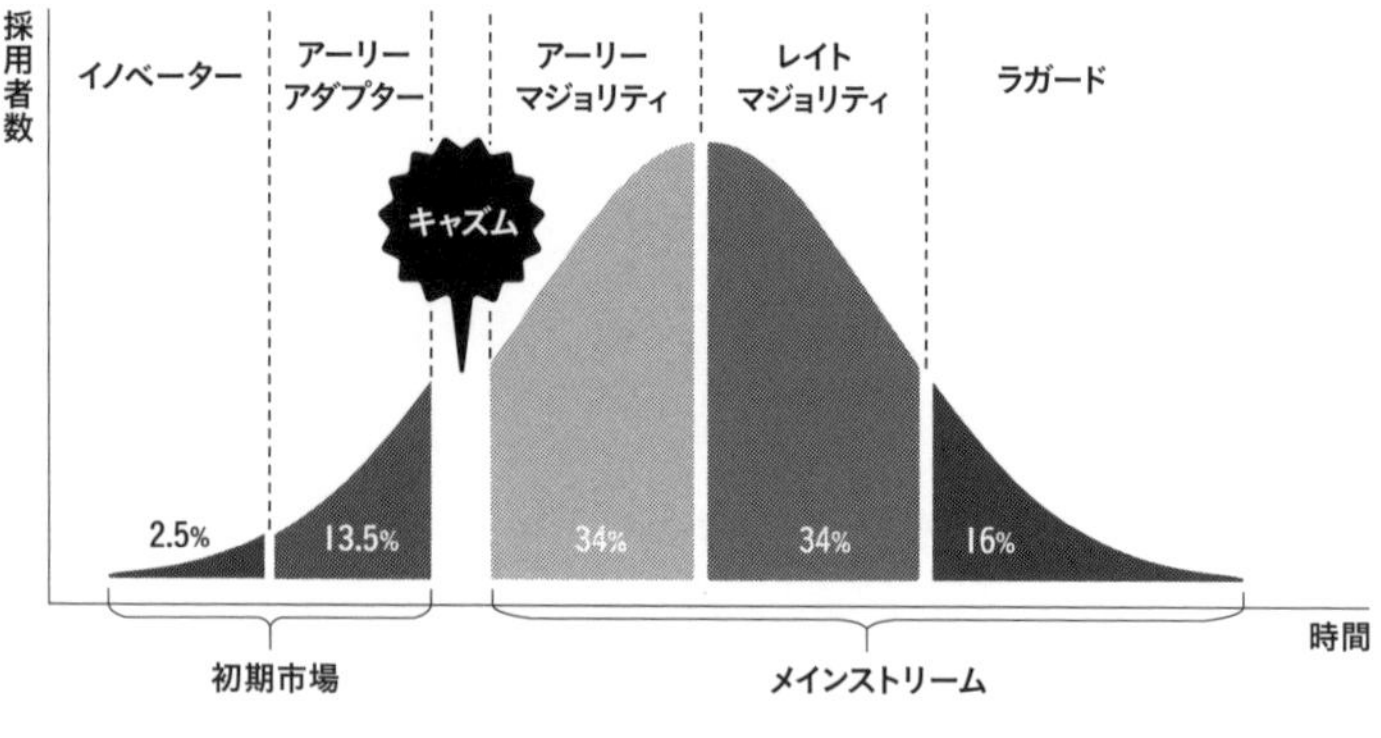

キャズム理論
キャズムを超えられるかどうか?

ディー海岸）に戦力を移すことである。

しかし、そこにはキャズム（イギリス海峡）が待ち構えている。侵攻部隊は、攻略の日（Dデー）に持てる勢力を総動員して、一気呵成にキャズムを越えなければならない。

そして、いったんターゲットとするニッチマーケットからライバルを追い払ったら（橋頭堡《きょうとうほ》としてのノルマンディーを占拠したら）、次なるマーケット・セグメントの支配（フランス各地区の解放）に向けてさらに侵攻し、全市場の支配（西ヨーロッパの解放）を目指すのである。作戦はただそれだけだ。このDデー作戦にならってメインストリーム市場への進出を図る。

つまり、まず支配できそうなニッチ市場をターゲットとし、そこからライバルを追い払い、そこを起点としてさらに戦線を拡大する――これがキャズムを越える方法だ」*47

本書は、ハイテク製品のマーケティングにおける課題とその克服の方法に焦点を当てた本です。キャズムを超えるためには、製品が「アーリーアダプター」の市場を超えて「アーリーマジョリティ」のニーズに対応するように進化する必要があり、この段階で成功するためには、製品の信頼性が高く、利用が容易で、既存の製品と明確に差別化されていなければなりません。また、特定のニーズを持つ特定の市場セグメントに焦点を当てることが重要です。

ムーアは、キャズムを越えるためには製品のポジショニングが鍵であるとも主張しています。ターゲット市場に対して製品のユニークな価値を明確に伝え、その市場のオピニオンリーダーを説得する必要があります。また、アーリーアダプターから得られるフィードバックを活用して製品を改良し、アーリーマジョリティのニーズに合わせることが不可欠です。

この本は、特にテクノロジー企業やスタートアップにとって重要な洞察を提供しており、新製品や新技術を市場に普及させるための具体的なアプローチを提案しています。キャズムの理論は、現在でも、市場に新しい製品を導入する際の障害と可能性を理解するための有力なフレームワークとなっており、後述のリーンスタートアップでも採用されています。

注釈

*1 O'Mara Margaret.（2019）.*The Code: Silicon Valley and the Remaking of America*. The Penguin Publishing Group.

*2 Gabrielle Athanasia（2022）.The Lessons of Silicon Valley: A World-Renowned Technology Hub. CSIS Blog Post.

*3 Ibid. O'Mara Margaret.

*4 Ibid. O'Mara Margaret.

*5 Ibid. O'Mara Margaret.

*6 Ibid. O'Mara Margaret. による原文では the Olympics of capitalism となっています。

*7 Wikipedia. https://ja.wikipedia.org/wiki/%E3%82%A2%E3%82%BF%E3%83%AA_（%E4%BC%81%E6%A5%AD. Retrieved 23 July 2023.

*8 Ibid. O'Mara Margaret

*9 野口悠紀雄．（2005）．『ゴールドラッシュの「超」ビジネスモデル』．新潮社．

*10 Ibid. O'Mara Margaret

*11 アルビン・トフラー．（1982）．『未来の衝撃』．中公文庫．
原著は Alvin Toffler（1970）.Future Shock. Random House.

*12 Ibid. O'Mara Margaret

*13 前掲書．野口悠紀雄

*14 Spinoff: Fairchild and the Family Tree of Silicon Valley. Computer History Museum. https://computerhistory.org/stories/spinoff-fairchild/. Retrieved in August 2023.

*15 マイケル・マローン．（2015）．『インテル 世界で最も重要な会社の産業史』．文芸春秋．

*16 Tedlow, Richard S.（2003）. Giants of enterprise: seven business innovators and the empires they built. Publisher Harper Collins. p. 405.

*17 Wikipedia.（2023/07/12 04:38 UTC 版）.

*18 Wikipedia..（2023/07/12 04:38 UTC 版）.

*19 インテル．「インテルの歩み　１９６８年〜２０１４年」.history-intel-japan-2015ver1.PDF.（www.intel.co.jp）.

*20 ゴードン・ムーア．（1998）．「半導体開発における研究についての個人的見解」．『中央研究所の時代の終焉―研究開発の未来―』．第七章．日経ＢＰ．

*21 インテル．「インテルの歩み　１９６８年〜２０１４年」.history-intel-japan-2015ver1.PDF.（www.intel.co.jp）.

*22 Wikipedia.「マイクロプロセッサ」．２０２３年11月５日参照．

*23 Spencer E. Ante.（2008）. Creative Capital: Georges Doriot and the Birth of Venture Capital. Harvard Business Review Press.p.250.

*24 Spencer E. Ante. 前掲書 .p.227.

*25 Spencer E. Ante. 前掲書 .p.229.

*26 Spencer E. Ante. 前掲書 .p.229.

*27 Spencer E. Ante. 前掲書 .xiv.

*28 Spencer E. Ante. 前掲書 .p.64.

*29 Spencer E. Ante. 前掲書 .pp.148-150.

*30 Spencer E. Ante. 前掲書 .p.109.

*31 Spencer E. Ante. 前掲書 .xvii.

*32 Spencer E. Ante. 前掲書 .p.190.

*33 Paul “Pete” Bancroft, a general partner in Draper, Gaither & Anderson　による言葉。

*34 ディビィッド・ハウンシェル．(1998)．「企業における研究活動の発展史」．『中央研究所の時代の終焉－研究開発の未来－』．第一章．日経ＢＰ．

*35 Yahoo: The Rise and Fall of a Tech Giant. Northwestern Business Review, Feb 24, 2012. (Web)

*36 雇用保険事業年報をもとにした開廃業率は、たとえば事業主一人での開業の実態は把握できないという欠点があるものの、毎年実施されており、二〇一六年に閣議決定された「日本再興戦略２０１６」でも、開廃業率のＫＰＩとして用いられているため、本分析では当該指標を用います（出所：中小企業白書２０１７年　第一部）

*37 Number of businesses less than 1 year old, U.S. 1994-2021. Published by Statista Research Department, Sep 30, 2022.

*38 Schumpeter. (1934).

*39 Wheale & Amin. (2003). *Bursting the dot.com "Bubble': A Case Study in Investor Behaviour.* Published online: 25 Aug 2010.

*40 TECHBLITZ 編集部．(2020)．『【オープンイノベーションの提唱者】世界的な経営学者が語る、日本のオープンイノベーション』．https://techblitz.com/ucberkeley_henry_chesbrough/. ２０２３年11月24日参照．

*41 原著は Saxenian, A. (1996). *Inside-out: regional networks and industrial adaptation in Silicon Valley and Route 128*. Cityscape.

*42 その他、以下を参照．

Porter, M. E. (1998). Clusters and the new economics of competition.

Harvard Business Review. 76 (6). pp.77-90.

Porter, M. E. (2000). Location, competition, and economic development: Local clusters in a global economy. *Economic Development Quarterly*. 14 (1). pp.15-34.

*43 Spigel, B. (2017). The relational organization of entrepreneurial ecosystems. Entrepreneurship Theory and Practice. 41 (1). pp.49-72.

*44 芦澤美智、渡邉万里子．(2019)．「Entrepreneurial Ecosystem (EE) 研究の潮流と今後の方向性―東京ＥＥを対象とした事例研究の可能性―」．『横浜市立大学論叢社会科学系列』．Vol.71 No.3.

*45 エベレット・ロジャーズ．(2007)．『イノベーションの普及』．翔泳社．

*46 ジェフリー・ムーア．(2014)．『キャズムＶｅｒ．２増補改訂版 新商品をブレイクさせる「超」マーケティング理論』．翔泳社．

*47 前掲書．pp.107-108. 翔泳社．Kindle 版

第5部

ソフトウェアが世界を食い尽くす

ムーアの法則の爆発的威力

進化するＡＩのイメージ

by geralt, via pixabay
https://pixabay.com/es/illustrations/inteligencia-artificial-cerebro-3382507/

五〇年後も生き続けるムーアの法則

デジタル化のインパクトが非常に大きな理由は、それが蒸気機関と同じく、さまざまな産業で応用できる「汎用技術」であることに加えて、性能向上のスピードがこれまでのどの技術よりも速く、かつ長い年月にわたって継続していることです。

ムーアの法則とは既述の通り、インテルの創業者であるゴードン・ムーアが唱えた、集積回路（IC）（編集部注：さまざまな種類の半導体素子を、一つのシリコン半導体基板の上に集めパッケージングした部品。正確には、半導体は物質で集積回路は部品だが、一口に半導体と呼ばれることも多い）における長期傾向についての経験則です。

彼は一九六五年に、あと一〇年くらいは、一集積回路当たりのトランジスタ数が毎年二倍になると予測したわけですが、一九七五年には、次の一〇年を見据えて、二年ごとにコンピューターの性能が二倍になるという予測に修正しました。

驚くべきことに、彼のこの予測「二年で性能二倍」は、現在まで続いています。一九八五年くらいまで続くことしか想定されていなかったにもかかわらず、もう六〇年近くの間、ほぼ一八カ月に二倍のペースで、コンピューターの性能は進化し続けているのです。

集積度のアップは、半導体の製造におけるプロセス技術、特に微細加工技術の発展によるものです。これは、指数関数的な（エクスポネンシャルな）成長であり、二〇二三年時点で一九六五年当時のコンピューターの性能の何億倍もの性能になっているということになります。これほどの劇的な性能の進化のある分野はほかにはないと言っていいでしょう（たとえば、自動車や飛行機のスピードは一九六五年から一〇倍も速くはなっていない）。

これがいつまで続くのかについては諸説あります。微細化には分子の大きさという限界があるはずだからです。

発明家のカーツワイルは、なんらかの新しい技術が現在の集積回路技術を置き換え、ムーアの法則は二〇二〇年以降もずっと長く維持されるのではないか、と推測しています。なおカーツワイルは、技術的特異点（シンギュラリティ）が来ると主張していることで有名です。彼は、著書『シンギュラリティは近い』の中で、技術的成長が指数関数的に続くと、近い将来ＡＩが「人間の知能を大幅に凌駕する」としています。

半導体産業の主役は誰だったのか？

アンディ・グローブの経営判断により、インテルがマイクロプロセッサで勝負して半導体の王者となったのは前に書いた通りです。

しかし、その後はAMDの挑戦によって苦戦することになります。

AMDはロバート・ノイスの元部下だったジェリー・サンダースが創業し、もともとはインテルのセカンドソース品を作っていたメーカーです。

セカンドソース品とは、インテル互換チップのことで、具体的にどう作るのかというと、インテルのチップが発売されるとそれを販売店から購入し、半導体回路の写真をとってそれをそのままコピーするというものでした。[*1]

このため、最近まで二流品、二番煎じ、安物のイメージがAMDのチップにつきまとっていたのです。

AMD躍進の背後には、二人の立役者がいます。高性能プロセッサRyzenのアーキテクチャ「Zen」を開発した天才設計者のジム・ケラーと、卓越した経営手腕を発揮しているCEOのリサ・スーです。

ジム・ケラーはかつてDECやAMDに在籍したことがあり、初代アイフォンの根幹ともいうべきアプリケーションプロセッサの「A4」および二代目の「A5」を開発しました。

二〇一二年にAMDに復帰しZenを開発したあと、イーロン・マスクのテスラに移籍し、テスラ独自の自動運転用AI半導体の責任者となりました。[*2]

それでは一体、天才といわれる設計者はどのような仕事をしているのでしょうか？ それについてインタビューに答えた記事があります。

「基本的にはロードマップに沿って構築していくわけですから、私はチップに関わるごとに、五年間何をしていくかを考えました。アップルで最初にＡ４チップを作った時も、最初に大きな骨組みを作りました。コンピューターを高速化する場合には、『基本的な構想を大きくする』と『機能を追加・調整していく』という二つの方法があります。Ｚｅｎでは、数世代後では当たり前のことを可能にするため、最初から大きなロードマップを描いていました。ＡＭＤはそれを一貫してやってきたわけです」[*3]

つまり、ジム・ケラーは、半導体の開発とは、五年がかりで達成する大きなロードマップを描き、それを実現していくということであると言っています。そして、ケラーはその大きなロードマップを、アップルでも、ＡＭＤでも行ってきたということになります。

さらにインテルに二年だけ在籍しますが、それについて聞かれて次のように答えています。

インタビュワー

「まだ退職したばかりで話せないことも多いとは思いますが、インテルで何をしたかについて、詳しく教えてください」

ケラー氏

「もちろんあまり多くは語れません。私は半導体エンジニアリング部門のシニア・ヴァイス・プレジデントを担当しており、チーム人員数は一万人でした。いろんなことをやっていて、とにかくすごいのです。一度に六〇個だか七〇個だかのＳｏＣを、文字通り設計から試作、デバッグ、生産まで一貫して行っていました。メンバーは多種多様で、スタッフにはヴァイス・プレジデントや上級研究員もいて、かなり大所帯となっていました。

私はてっきり新しい技術を開発するために呼ばれたのだと思っていました。私はインテルでのほとんどの時間を、新しいＣＡＤツールや新しい方法論、チップの新しい開発手法など、組織や方法論の変革に費やしてきました」

技術開発するためにインテルに呼ばれたと思っていたのですが、入社してみると実際は大組織のマネジメントをやらされ不満であったことが読み取れます。

それでは開発における天才というのは具体的には何をする人なのでしょうか？

彼の業績はいくつもありますが、そのうちの一つがＡＭＤにおけるＣＰＵの基本設計Ｚｅｎの開発で、それにより彼は高性能かつ安価な半導体を開発することで、インテルを超えることができました。

従来インテルの作っていた高性能な半導体チップは大きく、高価でした。これは、チップ外の通信速度は遅いので、なるべく一つのチップ内にあらゆる機能や性能を詰め込んで高性能化しようという考えに基づきます。

これをジム・ケラーは、通信速度が低下しない工夫をして、小さくて安いCPUをたくさんつなぐ、という発想に転換しました。小さいコア（編集部注：CPUに内蔵しているプロセッサー（命令を処理する装置））を配線でつなげているだけなので、Ryzenはなんと「64コア」というとんでもないコア数になっています。

こうした発想は、大人数で努力すればできるものでもなく、最適化問題を解くようなものでもありません。ですので、半導体の開発には天才が必要と言われているのです。

設計者と経営者の力量がすべて

インテルではロバート・ノリスとゴードン・ムーアが開発したチップを、アンディ・グローブが優れた経営力で育て、王者の地位を築きました。

同様に、天才ジム・ケラーが開発したZenアーキテクチャを大きく育て、ビジネスとして開花させているのが、リサ・スーです。

リサ・スーは、MITで博士号を取得した後、テキサス・インスツルメンツで半導体デバイスおよびプロセスを研究開発し、その後、IBMに転じて半導体研究開発センターの副社長などを務めました。その後、AMDへ上級副社長兼ゼネラルマネジャーとして転籍しますが、当時

ＡＭＤは一〇億ドルを超える赤字を計上し、瀕死の状態でした。[*4]

リサ・スーは、ＩＢＭ時代に、ソニーのゲーム機用プロセッサの開発に関わっていたことから、そのつながりを利用して、ソニーのＰＳ４やマイクロソフトのＸｂｏｘに、ＣＰＵとＧＰＵを融合させたＡＰＵ（Accelerated Processing Unit）を売り込み、ＡＭＤの窮地を救ったのです。[*5]

さらに彼女は、ＡＭＤを退職した技術者を次々と引き戻す「カムバックプラン」を実施しました。ジム・ケラーがＡＭＤに復帰したのも、このプランによるものであるようです。リサ・スー本人が一流の技術者であるため、技術開発のマネジメントが卓越しているものと考えられます。

リサ・スーはＣＥＯに就任して二年後の二〇一七年にはＡＭＤの黒字化に成功し、その後は、業績を上昇させ続けています。

二〇一八年にはＴＳＭＣ（台湾セミコンダクター・マニュファクチャリング）に最先端プロセスでのプロセッサの生産委託を行います。ＡＭＤはファブレス化し、膨大な投資が必要な製造とプロセス開発はＴＳＭＣに任せることで、経営資源のすべてを設計に集中させることができるようになりました。

インテルが設計から製造技術まで、垂直統合した形で全方位的に研究開発を行わなくてはならないのと比べると、得意なところに集中できる点、プロセス開発のパートナーとして世界最先端のＴＳＭＣに任せることのできる点で、優れているのです。

こうしてプロセッサのシェアを、インテルを食う形で拡大させたわけです。

インテルはかつて「ドル札を刷るよりも儲かる」とまで言われた驚異的な利益率を誇っていましたが、今では利益率が高いハイエンドＰＣなどのセグメントでＡＭＤにシェアを大きく奪われたことが明らかになっています。[*6]

そしてインテルはＡＭＤから追撃されているだけではありません。

モバイル領域では今やインテルの競合はＡＭＤだけではなく、スマートフォンのＣＰＵを支配するクアルコムや、アームなどが強力な競合となっています。

こうした半導体専業の会社だけではなく、アップル、グーグル、アマゾンなど、かつてはインテルの顧客であった企業が、自前の半導体を設計する時代になっています。[*7]これらはすべて、製造をＴＳＭＣに委託していることで可能となったのでした。

なぜTSMCはうまくいったのか

モリス・チャンは、世界初で世界最大の半導体製造ファンドリーであるＴＳＭＣの創業者であり、元会長兼ＣＥＯとして、台湾の半導体産業の創始者として知られています。

モリス・チャンは一九三一年に中国の浙江省に生まれました。

第二次世界大戦で中国が戦場となり、戦後に一家は香港に引っ越しました。一八歳の時、一念発起して渡米し、ハーバード大学に入学、二年生でＭＩＴに編入し、機械工学を専攻し学士号、修士号を取得し、一九六四年にはスタンフォード大学で博士号を取得します。

しかしモリス・チャンは就職の際、一流大学を卒業しても、アメリカでは中国人には職がないことを知り愕然としました。その時の心境を、モリス・チャンは、次のように自伝に書き残しています。

「中国人のアメリカでの道が教師か研究者しかないなら、私が先鞭をつけ、もう一つの道を切り開いてやろうではないか」[*8]

モリス・チャンはテキサス・インスツルメンツ（TI）で働き、IBMの下請けとして製造をしていましたが、試行錯誤を繰り返し、見事に良品の製造に成功します。

IBMの幹部が訪ねてきて「大変驚いています。一体どうやったのですか？」と質問したところ、モリス・チャンが「朝から晩までトランジスタのことを考えて試行錯誤を繰り返しました。だからできたのです」と答えると、IBMの幹部は「我々大手では、こんなリスクの高い製品について製造ラインを組むことはできません。助かりました」と言ったということです。[*9]

このとき以降、IBMの態度が一変し、「下請けでもその技術を極めれば大手企業と対等の立場に立てる」ことに気づいたことが、その後ファンドリーを立ち上げる基本思想になったと言われています。[*10]

ＴＩでは二五年働き、世界の半導体事業を統括するポストまで昇進しましたが、一九八五年、五四歳のときに台湾政府から世界一の半導体企業を作ってほしいと依頼されます。モリス・チャンは快諾し、台湾工業技術研究院の院長に就任したものの、何もないに等しい状態で、一体どうすればいいのか悩みました。

当時は、日立、富士通、東芝などの日本企業が半導体業界で世界を席巻していた時代で、台湾には町工場しかなかったからです。

台湾当局は、日本のような垂直統合型の半導体メーカーの立ち上げを期待していたようですが、台湾には設計技術がないことから、モリス・チャンの考えは、製造だけを請け負うファンドリーに収束して行きました。背景には、ＴＩ時代にＩＢＭ用の製造を請け負って成功した経験がありました。

しかし、当時は半導体の製造だけに特化するファンドリーという概念がなく、別の会社の半導体の製造を請け負うだけのビジネスなど、世界中の誰も考えていないような状態でした。半導体工場の建設には多額の資金が必要ですが、いろいろな会社に出資を頼んでも、興味を示したところすらありませんでした。

ＴＳＭＣの創業後、数年間はほとんど売り上げがなかったそうです。半導体技術者でジャーナリストの湯之上隆氏も次のように当時のＴＳＭＣの印象について書いています。

「TSMCの存在を知ったのは、一九九五年にDRAM工場に異動した頃だったと思う。そして、台湾の技術を下の下に見て、そんな技術で製造請負のファンドリーが成功するはずがないと思った。これは私個人だけでなく、日立全体、日本半導体全体がそのように見下していた」[*11]

しかし実際は、シリコンバレーでは先に見たAMDのように、半導体設計だけに特化し製造は外部に委託する「ファブレス」が誕生し、製造を担当するファンドリーのTSMCとファブレスが分業するようになりつつありました。

製造設備やプロセス技術に投資する必要がなくなり、身軽になって創業のハードルが一気に下がりました。その結果、シリコンバレーで半導体スタートアップが次々に誕生し、台湾TSMCを利用した正のスパイラルが始まります。

モリス・チャンは「半導体業界を根本から変えてしまった」のです。

TSMCのおかげでスタートアップが続々と誕生

現在、世界でファブレスの半導体メーカーは一千社を超えています。設計だけに注力し、巨額の設備投資が必要な製造はTSMCのような専門業者に任すことができるからです。もしモリス・チャンがファンドリーを始めなかったら、このような数多くの半導体開発企業の誕生はなかったでしょう。

その中の一つがエヌビディア（ＮＶＩＤＩＡ）です。ＧＰＵ（編集部注：Graphics Processing Unit の略称で、映像の処理を専門に行うプロセッサを指す）の設計に特化し企画設計と販売を行い、製造はファンドリーに外部委託するファブレスメーカーです。シリコンバレーで働いていたジェンスン・ファン（社長兼ＣＥＯ）が設立しました。

ジェンスン・ファンは一九六三年生まれの台湾系アメリカ人で、台湾の台南市に生まれ、アメリカに移住してオレゴン州立大学で電気工学の学士号、スタンフォード大学で電気工学の修士号を取得します。

大学卒業後はＡＭＤのマイクロプロセッサの設計者などを経て、一九九三年三〇歳の誕生日にエヌビディアを設立し、現在に至るまでＣＥＯ兼社長を務めています。

ちなみにＡＭＤのリサ・スーは、エヌビディアのジェンスン・ファンＣＥＯと親戚で、台湾人の活躍には恐るべきものがあります。

エヌビディアはグラフィックスを得意とし、二〇〇一年にはマイクロソフトと共同開発したＸｂｏｘを発売、二〇〇四年には、ソニーとＰＳ３のＧＰＵを共同開発したことで実力をつけ、二〇一七年にも任天堂とニンテンドースイッチ

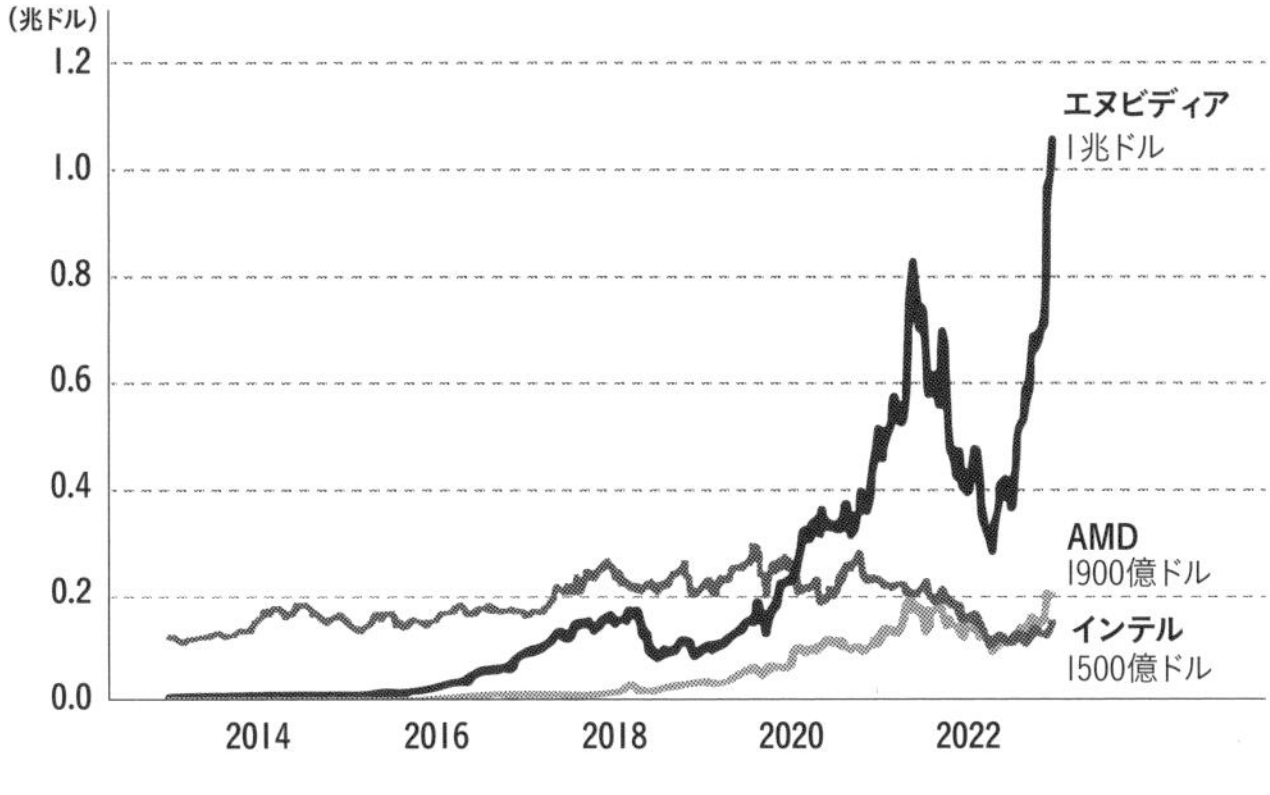

アメリカの企業収益と株価

Macrobond資料より著者作成

を共同開発しています。

顧客の高度なニーズに応える形で実際の開発に従事し、その過程で実力を蓄えていったということがポイントです。その後はAI向けに注力し、現在もAI向けのプロセッサを発表し続けています。

現時点（二〇二四年三月七日終値）でのエヌビディアの時価総額は実に二・二二兆ドルに達しています（一ドル一五〇円として三三〇兆円）。

フラッシュメモリを発明した日本人

一握りの天才たちが半導体産業を作り変えている中で、日本人はどうしていたのでしょうか？実は日本にも天才は存在しました。既述のようにインテルの世界最初のプロセッサは日本人の設計によるものでしたが、フラッシュメモリの発明も舛岡富士雄という日本人でした。

舛岡氏は、東芝に入社後、高性能なメモリを開発したものの全く売れなかったため、営業職を志願し、アメリカのコンピューター会社を回りました。結局全然売ることができませんでしたが、この時に何度も営業先に言われた「性能は最低限でいい。もっと安い製品はないのか」という言葉から、性能の向上ばかり考えず、需要に見合った機能を持つ製品を低コストで作るべきだと悟ります。[*12] 性能を落としてコストを四分の一以下にする方法を思いつき、フラッシュメモリを発明しました。

その後、東芝は舛岡を地位は高いが研究費も部下も付かない技監に昇進させようとし、研究を続けたかった舛岡は退社しました。直後に舛岡の開発したフラッシュメモリは爆発的に売れ出し、一時は東芝の利益の大部分を稼ぎ出す主力事業となりました。

フラッシュメモリは、半導体分野における最も重要な技術革新の一つです。その発明者である舛岡は、巨万の富を得ているはずだと思うかもしれません。しかし、日本ではその常識は通用しません。[*13]世界が大組織の時代から個人の時代へ移行したのに、日本ではまだまだ大組織が主人公で、個人はそこに埋もれる存在でした。フラッシュメモリを発明した舛岡に対して、雇用主である東芝が支払った報奨金はわずか数万円でした。

その後、舛岡は自身が発明したフラッシュメモリの特許で、東芝が得た少なくとも二〇〇億円の利益のうち、発明者の貢献度に応じて受け取るべき相当の対価を四〇億円とし、その一部一〇億円の支払いを求めて二〇〇四年三月二日に東芝を相手取り、東京地裁に訴えを起こします。二〇〇六年に東芝との和解が成立、東芝側は舛岡に対し「八七〇〇万円」を支払うこととなりました。[*14]

一億円近い金額ではありますが、もし彼がシリコンバレーでフラッシュメモリの会社を仲間と設立し、首尾よくインテルに会社を売却していたらどうなっていたでしょうか？
何百倍、何千倍も利益を得られたであろうことは疑う余地がありません。

東芝が発明したフラッシュメモリは結局ライバルのインテルに市場シェアを奪われましたが、舛岡のフラッシュメモリの発明について、フォーブス誌が東芝にインタビューしたところ、非常に奇妙な返答が返ってきます。

「広報担当者は本誌に対し、フラッシュメモリを発明したのはインテルであると、繰り返し主張した。一方インテルは東芝がフラッシュメモリを発明したと主張しているのだ」[*15]

しかしニューヨークの米国電気電子学会（IEEE）は東芝在籍中のフラッシュメモリ発明の業績をたたえ、舛岡にモーリス・N・リーブマン賞を贈与しています。

フォーブス誌がその点を東芝に改めて問いただすと、フラッシュメモリを発明したのは東芝であることをようやく認めたそうです。せっかくの日本人の発明を、日本人がインテルの発明とするなど、考えられないことです。

日本で業績を正しく評価されないことに不満に感じている研究者は、舛岡氏だけではありません。青色LEDを発明した中村修二は、二〇〇一年、勤務していた日亜化学工業を相手に訴訟を起こし、中村氏は現在、アメリカで暮らしています。おそらく数多くの表に出ていない例がほかにもあるはずです。

舛岡氏や中村氏の例のように、発明者が正当な利益を得られないのは、必ずしも企業側の責任だけとは言えません。初めに何も権利を主張せずに、後になって利益の一部を還元してもらうのは、かなり困難だからです。発明の正当な対価を得ようとするなら、社外に目を向け、市場の力を借りることも一つの考え方として大事になります。

たとえば、発明者自身が株式の一部を保有する形で、所属する会社と共同で会社を設立するのです。製品化がうまくいき、売れた場合は利益の一部を配当で受け取れますし、もし上場や売却ができれば、巨額のキャピタルゲインが可能になります。

オープンイノベーションの時代には、発明者は、会社だけに頼らない方法も、自分を守るための基礎知識として学ぶ必要があるのです。

13

AI・IoTのインテリジェント・ソリューション

医療用ロボット（2015）
Hospitalhoms, via Wikimedia Commons
https://commons.wikimedia.org/wiki/File:Quirófano_robótico.jpg

二〇二二年ごろからAIが盛り上がる

半導体の性能が指数関数的に向上し続けたことで、その計算能力次第でパフォーマンスが向上するデジタル産業はさらに上のステージに向かいました。

二〇一〇年代からDX（デジタル・トランスフォーメーション）という言葉が頻繁に目につくようになってきましたが、このDXというのは日本国内だけで通用する略語で海外では使えません。IoT（インターネット・オブ・シングス）はよく使われます。

現在進行中のAI・IoTによる変化で特徴的なのは、センサーから情報サービスまで統合されたインテリジェント・ソリューションが、医療、製造業、自動車、リテール、農業、通信などの伝統的な非デジタル分野を侵食しているということです。

"software is eating the world"（ソフトウェアが世界を食い尽くす）とまで表現されるに至っていますが、これはウォールストリートジャーナルの二〇一一年八月二〇日号に掲載された、マーク・アンドリーセンによる寄稿"Why Software is Eating The World?"（なぜソフトウェアが世界を食い尽くすのか？）に由来します。[*16]

マーク・アンドリーセンは、一九九〇年代のシリコンバレーのゴールドラッシュを体現する人物の一人です。

一九九三年、イリノイ大学の研究機関でプログラミングのバイトをしていた時に仲間と作った「モザイク」が公開され、数カ月で一〇〇万ダウンロードされました。このすさまじい勢いを見た大学当局が、これはビジネスになると踏んで管理しようとしたため、これを嫌ったアンドリーセンは、卒業後にシリコンバレーに引っ越してそこで就職。元スタンフォード大学の研究者であったジム・クラークと組むことになり、かつてのイリノイ大学の仲間をヘッドハンティングして開発に邁進、モザイクより大幅に強化されたネットスケープ・ナビゲーションを公開しました。

一九九四年十月に公開されてすぐに、ダウンロード利用者は三八〇〇万人を超え、翌年に会社は株式公開（ＩＰＯ）を果たしました。アンドリーセンはこの時まだ二三歳でした。一夜にしてアメリカを代表する富豪となったあと、ベンチャーキャピタルのアンドリーセン・ホロウィッツを共同で設立しています。

現在進行中のデジタル革命の背景には、もちろん計算速度の爆発的向上というムーアの法則に加え、スマートフォンの個人ポータル化、クラウドサービスの普及、ネットワークの進化・無料化、半導体や基幹部品の低コスト化といったさまざまな前提条件の変化があります。その上で、二〇一二年前後にＡＩの領域でいくつかの大きなブレークスルーが立て続けに起きました。

まず、人間に勝利して話題になったアルファ碁（2015）は、これまでのように定石を暗記させたのではなく、囲碁のルールしかインプットしていないのに、コンピューターが自己対戦を繰り返して勝手に強くなったのです。

世界一位の中国人棋士柯潔《かけつ》は、数年前に世界一位だった韓国の棋士に勝利したアルファ碁に勝てると踏んで、アルファ碁との決戦に臨みました。しかし、アルファ碁は前よりも格段に強くなっており、あえなく三連敗しました。アルファ碁は韓国人棋士に勝った当時のバージョンから自己対戦を繰り返し、さらに強くなっていたのです[*17]。

これまでのＡＩというのは、基本的に教わったことしかできないエキスパートシステムだったわけですが、「自己学習により勝手に進化して賢くなるＡＩ」という新たな可能性が現実化してきたということになります。

さらに二〇一二年にはImageNetという外観認識ソフトのプロジェクトのlarge scale visual recognition challenge（大規模視覚認識チャレンジ）というコンテストで、コンピューターが物体の種類を判別する正答率を競った結果、ニューラルネットワークであるAlexNetが八五％という驚異的な正答率をディープラーニング（深層学習）により達成できました[*18]。

これは、トレーニングにグラフィックス処理ユニット（ＧＰＵ）を使用したことによって実現され、ＧＰＵが深層学習、ＡＩにおいて不可欠な要素となりました。

さらに、グーグルとスタンフォード大学が、コンピューターにランダム抽出されたユーチュー

柯潔九段、囲碁「人類対機械の大戦」第3局でアルファ碁に敗れる

jp.xinhuanet.com | 発表時間 2017-05-28 09:51:13 | 新華網 | 編集: 陳辰人類代表対コンピューター

ブのビデオを大量に見せ続けた結果、猫の特徴などは一切教えていないにもかかわらず、コンピューターが猫を判別できるようになったのも、二〇一二年のことでした。
この研究を率いたグーグルのフェロー、ジェフ・ディーンはニューヨークタイムズに語っています。

「訓練中に『これが猫だ』とは一度も伝えませんでした」

スタンフォード大学のコンピューター科学者、アンドリュー・ンはこのことについて次のように説明しています。[*19]

「コンピューターが基本的には、猫という概念を発明したのです。」

「アイデアとしては、研究者チームがどのようにエッジを見つけるかを調査するのではなく、大量のデータをアルゴリズムに投げて、データが話すのを聞き、ソフトウェアがデータから自動的に学ぶようにするというものです」

こうした自ら学習して進化するというＡＩの変化は画期的なことであり、二〇一二年ごろを境に、ＡＩの専門家だけでなく、ビジネス界でもディープラーニングの応用に関心が持たれるようになりました。

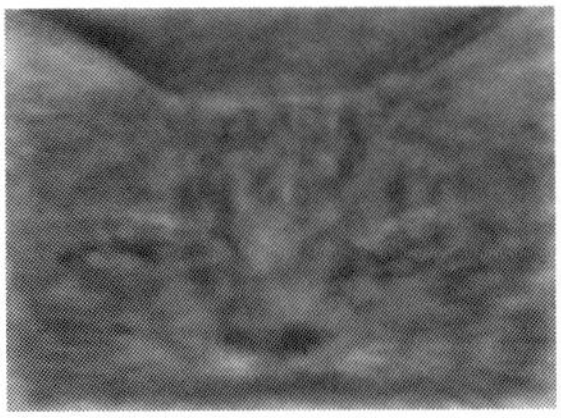

グーグルによって学習された猫の特徴

https://blog.google/technology/ai/using-large-scale-brain-simulations-for/

雑誌エコノミストは当時、「突然、ＡＩコミュニティだけでなく、テクノロジー産業全体でも注目が集まり始めた」[*20]と書いています。

ディープラーニングを活用して多くの起業家が用途開発に挑戦した結果、数多くのスタートアップが生まれてきました。主な領域としては、カンバーセイショナルＡＩ／ＢＯＴＳ（Siri、Alexaなどの会話するＡＩ）、ビジョン（ＶＲやＡＲ）、オートパイロット（自動運転）、ロボット、サイバーセキュリティ、ビジネス情報、セールス、ヘルスケア、自然言語解析、フィンテック等々、あらゆる分野でＡＩ・ＩｏＴの新興企業がひしめく状況となりました。

ヘルスケアの未来

たとえばヘルスケアの分野では、利便性を求める声の高まり、オーダーメイド医療の開発、慢性疾患治療にかかるコスト急増など、さまざまな要因が医療の急速なデジタル化を後押ししています。これまでのシックケア（病気を治す）から、ヘルスケア（病気にならないように健康を管理する）への流れです。

多岐にわたるデジタル・ソリューションが医療業界に変革を起こしつつあり、具体的には遠隔医療、デジタルセラピューティクス（DTx）、遺伝子検査サービス、ウェアラブルデバイス、クラウドコンピューティング、ブロックチェーンなどの活用も進んでいます。

また、ゲノム解析のスピードが一気に高速化しているため、数多くの病が一掃される未来も語られるようになっています。

米国で最も高い報酬を得ている女性CEOは性転換により女性となることを選んだ元男性で、マーティン・ロスブラットさんです。彼女は、息子が患った難病である原発性肺高血圧症（PPH）の解決案を見出すため、製薬会社United Therapeuticsを設立しました。ロスブラットさんは、著書『Virtually Human: The Promise--and the Peril-of Digital Immortality』（邦訳はありませんが、日本語では「バーチャル人間・デジタル不死の約束と危険」となり、大変魅力的な書名となります）の中で、延命技術の進歩（ペニシリンから臓器移植まで）が、最終的には人間に不死をもたらすだろうと述べています。

製薬において九〇％の臨床試験は失敗に終わるため、製薬会社の開発コストの負担は非常に大きくなっていますが、新薬開発に失敗した新薬の権利を製薬企業から譲り受け、膨大な公開データベースからAIを用いて、希少疾患などに安全性・有効性のある応用方法を見いだすことで、通常の約五〇分の一の費用で新薬を作り出すことに成功した会社もあります。[*21]

さらには対話型AI、ChatGPTの進化の利用も考えられています。米国医師免許試験は非常に難関であることが知られていますが、ChatGPTに問題を解かせたところ、インターネットに接続されていない状態で、合格水準に達せられることが判明したのです。回答は、インターネット検索を行い引っ張って来たものではなく、すべてChatGPTのニューラルネットに刻まれた単語同士の関係に基づいて、その場で新たに生成されたものです。つまりネット検索からのカンニングではなくすべての回答を自らの「頭脳」を頼りに行ったということです。[*22]

こうしたことから、AIが医師の臨床業務の一部を担うことも現実性を帯びてきているのです。AI医師は、人間とは見分けがつかないかもしれません。コンピューターによって生成された人物であるディープフェイクは本物と見分けがつかなくなっています。

人気ハリウッドスターのブルース・ウィールスは認知症になってしまいましたが、彼の出演料は高いままです。なぜかというと、ディープフェイク技術により人物の動画を生成し、あたかも彼自身が主演しているような映画を製作することが可能だと考えられているからです。コンピューターが架空の美人を生成することもできます。そうしてできた架空の女優を出演させれば、出演料は非常に安くすむでしょう。

クラウドからライドシェアへ

基本的には計算速度の爆発的な進化が可能とし、スマートフォンの個人ポータル化、クラウドサービス、通信衛星地図データ、自動翻訳技術、本人認証と決済技術の進化など、さまざまな技術進化がコンバージェンス（融合）したIoTで、「ソフトウェアが世界を食い尽くしている」代表的な事例として、ライドシェアがあります。

ウーバーは、カラニックともう一人の創業者であるギャレット・キャンプによって、二〇〇九年に設立されました。きっかけは、サンフランシスコであまりにもタクシーがつかまらない、「今、この場で乗りたいのに、どんなに手を上げてもタクシーは止まってくれない」という二人の実体験に基づいています。[*23]

車両を所有しないのはクラウドサービスがコンピューターをシェアするのと同じ発想です。クラウドの利点は、アプリ開発やサービス運用にハードウェアの調達を必要とせず、リソースへの初期投資をゼロに抑えられる点ですが、ウーバーも車両は保有せずにアプリ開発とその機能向上に全力投入することができました。

現在、我々が海外に旅行し、現地の空港についてまずやることは、グーグルマップなどの地図アプリを開き、目的地をクリックし、地図の中に現れるライドシェアサービスから一社を選び、クリックし、値段や車種を確認し、クリックすることです。そうすると待ち合わせ場所、車種とナンバーがわかるので、数分後には乗車できます。

道中はリアルタイムで目的地までの経路上の今どこを走っているのかが表示されるため、これまでのように変に遠回りされる心配もありません。ドライバーとの会話も不要で、すべてがアプリ上の日本語だけで完結します。価格は従来のタクシーよりはるかに安く、代金は最初に引き落とされており、両替して現地通貨を用意する必要も、あとになって支払いでもめることも、ぼったくりの心配もありません。従来は空港にたむろしていた怪しい客引きもなくなりました。昔に比べて圧倒的にスムーズに、目的地への移動だけに最適化したサービスを購入することができるのです。

日本ではウーバー設立から一〇年以上たった今（二〇二三年）までウーバー（Uber, Didi, Lift, Boltなどを含むライドシャア全体）が事実上禁止されてきました。タクシー会社の配車アプリに矮小化された結果、従来電話でタクシーを呼んでいたものをアプリに代えただけのことで、何が本当に新しいのか、ライドシェアの核心が理解されません。ライドシェアにより世界に起きている革命的な変化を理解するためには、次の二つを理解する必要があります。

ウーバー革命の核心その１：働き方改革

ウーバーが可能にしたものとは、働き方の自由です。好きな時に好きな場所で好きな時間だけ働く、ということが可能になったのです。

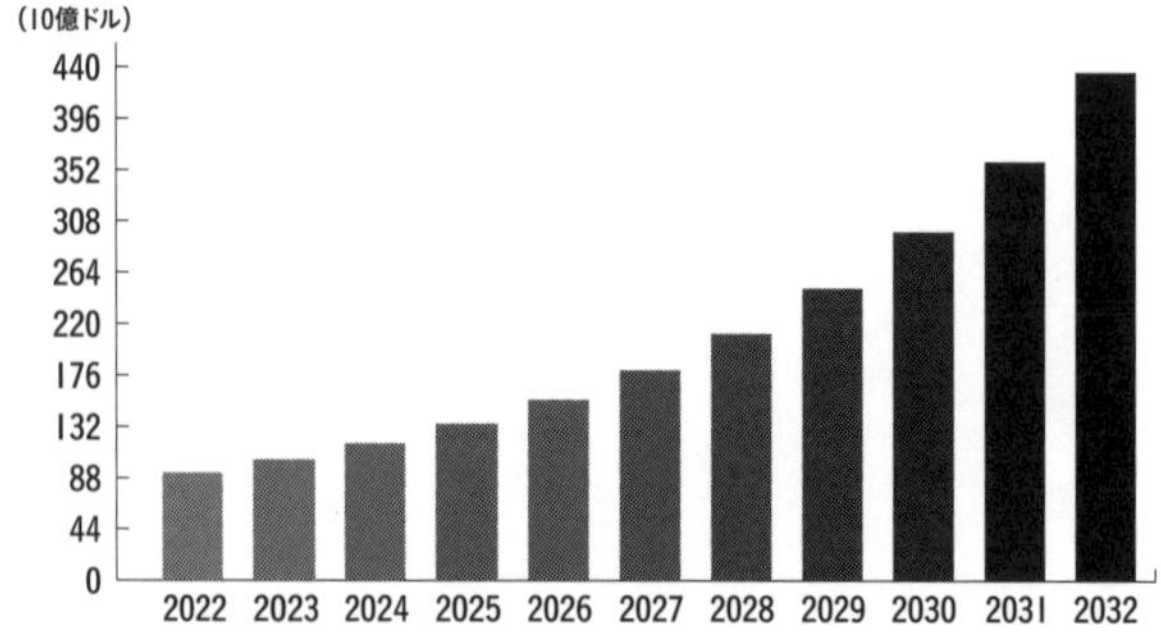

ライドシェアの市場規模予測

RIDE SHARING MARKET SIZE, 2022 TO 2032
Source: www.precedenceresearch.com

採用慣行や一定の場所への定時出勤の有無、固定勤務時間制にとらわれず報酬を提供することができる、という方向へ社会への変革を後押しするもので、この革命的な変化は「ウーバリゼーション」と呼ばれています。[*24]

これはつまり、社会構造の変化であり、未来の雇用形態への進化ということになります。ウーバリゼーションは新しい雇用形態を創出することで社会構造の進化をもたらすものです。これによる社会へのインパクトは不可逆的・永続的なものになるでしょう。働き方の自由をより身近な例で言うなら、たとえばニセコのようなスキーリゾートで、外国人客が殺到し価格が高くなる冬の時期だけライドシャアの運転をし、普段は農業を行うというようなライフスタイルが可能となります。そのようなフレキシブルな働き方を許容することで、今、日本中の観光地で起こっているピーク時の人手不足は解決するでしょう。

ウーバー革命の核心その２：所有の傍流化

ウーバーの社会的なインパクトの持つもう一つの側面は、それがモノを所有することが不要となる方向での革命ということです。

アメリカではウーバリゼーションにより車自体のcollateral（傍流）化が起こっていると言われています。傍流化とはどういうことかというと、たとえば一九八〇年代の日本で、男性が女性にモテるためには、格好のいい車を所有している必要がありました。昔は車を所有すること自体が重要だったのです。

車自体のcollateral（傍流）化ということは、車はそうした所有の対象としての価値を失い、移動という「便益」を得るためには、車を所有する必要がなくなるということです。車の所有が経済的価値や収入源として再評価されるようになった、ということにもなります。将来、自動運転が一般化すると、車が車庫で眠っている時間はなくなり、二四時間、価値を生み出し続ける収入源となるかもしれません。

このように「車が傍流化した」事実を眺めると、車の所有やその利用の背後にある意味や社会の価値観すべてが変わっていることが理解できます。モノの価値やその役割が変化し、多岐にわたるようになったことを示しています。言い換えると主役は「モノ自体」ではなくなったということであり、モノのもたらす多様な「便益」が分解され、それぞれが経済的価値を生むようになったということです。

ウーバリゼーションが進行し、消費者は自動車というモノを所有するのではなく、モビリティというサービスを、必要な場所で、必要なときに、必要な時間だけ調達できるようになりつつあります。

サービスとしてのモビリティが普及すれば、車を所有し自分で運転する必要もなくなります。車の所有は、地球環境に大きな影響をもたらしており、ライドシェアはそれに対抗するための切り札と目されています。車一台増えるごとに、各家庭は駐車場を作り、役所や企業はより多くの駐車場を整備する必要が生じます。そうすることで本来なら公園などに使われるはずの貴重で価値のある都市部の土地を食いつぶしてしまいます。世界で最も車依存度が高い国の一つであるアメリカでは、現在、車一台に対して利用可能な駐車場が八カ所あります。[*25] 渋滞緩和のために道路や関連インフラの拡大の必要が生じ、多くの税金が投入されています。

車の所有率の高さが、炭素排出を増加させていることは明らかです。

この革命はまだ始まったばかりであり、長い時間をかけて自動車会社は、車の製造販売からMaaS（Mobility as a Service）のプロバイダーに変身していくでしょう。トヨタが従来のトヨタ店、トヨペット店、カローラ店、ネッツ店の四販社をトヨタモビリティに一本化しましたが、トヨタはこの未来の変革を見据えているのかもしれません。

ライドシェアが長い間禁止されたことの意外な副産物として、日本ではシェアリングエコノミーの発想が生まれにくく、シェアリングエコノミーの観点からの魅力的なスタートアップがほとんど生まれなくなったと言われています。シェアリングエコノミーはモノの数を減らし共有化することで無駄を減らし、サステイナビリティと極めて親和性が高いのにもかかわらず、です。しかし長い目で見ると、急速に進化する各種の技術のコンバージェンスによりもたらされるさまざまなシェアリングエコノミーの効率は圧倒的であり、そのうち世界の動きに飲み込まれるでしょう。

人材の平均レベルの高い日本はシェアリングエコノミーに向いている可能性があり、日本でも「エミュレーション」と「ディフュージョン」の波が訪れ、多くの事業者の競争で数々の新たなサービスが生まれ、世界に逆進出するようになるかもしれません。

14

日本の勝ち筋

バーチャル美術館
The Metaverse Museum
Mirabella, via Wikimedia Commons
https://commons.wikimedia.org/wiki/File:New_building_of_the_Metavers_Museum.png

圧倒的な経済規模

現在シリコンバレーのもたらす経済規模は膨大なものです。世界における時価総額トップ五〇社のランキングを見ると、米国企業が約六割の三〇社を占めます（二〇二三年一月末時点）。時価総額は、株価×株式数で算出され、企業の価値を表します。その企業の収益力、将来の成長性、ブランド力などをすべて織り込んで市場が評価する会社の価値となるので、企業の実力を測る上でとても有用な情報です。

アメリカの次に多いのが中国ですが、四社しかありません。日本企業はトヨタ一社だけ（四四位）。しかし、シリコンバレーからは八社も入っています（時価総額順位、会社名）。

1	Apple Inc.
4	Alphabet Inc.
7	Tesla Inc.
8	NVIDIA Corporation
17	Meta Platforms Inc.
34	Broadcom
37	Oracle Corporation
48	Cisco

近隣の西海岸の都市に本社を置くマイクロソフトやアマゾン等を入れると、その経済規模は圧倒的なものです。

3 Microsoft Corporation
5 Amazon.com, Inc.

ランク外ながらその他のトップ五〇の常連企業として、以下のような有力企業もあります。

Paypal Holdings Inc.
Adobe Inc.
Salesforce Inc.
Netflix
Intel Corporation

注目すべきは、トヨタ自動車とアップルでは、ここ数年、アップルの利益はトヨタの二～三倍でしかないのに、時価総額では、二兆ドルを超え、トヨタの一〇倍以上となっていることです。二兆ドルというと、二五〇兆円くらいであり、日本の国家予算（二〇二三年度予算案は一一四兆円）の倍にあたります。日本の国家予算全部を使ってアップル株を買収しようとしても、半分も買えないという計算となります。

時価総額が高いということは、アップルの未来の成長についての期待が大きいということです。そのため、企業価値の倍率に大きな差が生じていることを示しているのです。

現代では、イノベーションが国家安全保障にとっても重要であることは広く認識されています。民生用と軍事用の技術の根っこは同じで、どの国でも国家主導でシリコンバレーを再現しようとしてきましたが、いずれも成功していません。シリコンバレーは世界中の多くの人々が真似をしようとして失敗してきた場所でもあり、シリコンバレーに行けば特別の成功の秘訣が学べる、ある種の聖地巡礼の場所にもなっています。[*26]

しかしそもそもシリコンバレーの成立自体が意図的な政策によるものではなく、偶然の連鎖によって長い年月をかけて発達してきたことは、これまで見た通りです。同じようなエコシステムを人為的に作るのは、長い年月を要すると考えられます。

日本の場合、具体的にできることがもし何かあるとすると、大学の改革になるでしょう。

アメリカの強さの秘密は大学にある

アメリカの真の強さ、国力の源泉は何かを考えると、その一つは間違いなく「大学」にあります。アメリカの大学のレベルは世界一であり、工学、医学、農学、法学、経済学等、あらゆる分野で圧倒的に強い。大学の世界ランキングでは、上位一〇〇位のうち六〇以上がアメリカの大学で、ランキングによっては、日本は東大でも上位に入っていないことがあります。

こういうことを言うと、アメリカ人の能力はそれほど高くない、ランキングは英語圏に偏っている、といった批判が返ってきますが、そうした批判は的外れです。アメリカの大学のレベルが高いのは、アメリカ人の知能レベルが高いからではありません。優秀な学生が世界中から集まってくるからです。

たとえばＭＩＴの大学院では、外国人が六〇％を占めています。大学同士の競争は熾烈であり、シビアな競争原理で株式会社のように経営されているため、世界中から優秀な学生を集めることができるのです。

私の元上司でマッキンゼーの日本支社長だった大前研一氏は、彼の母校であるＭＩＴの理事を五年間勤めましたが、彼はシビアな大学運営の実態に驚いていました。ＭＩＴでは化学、機械、電気など、それぞれの分野ごとに三年に一回、各学部の業績をチェックし、もしランキングで一位から二位に落ちた分野があれば、そこの学部長を数人の理事からなる強化委員が、「なぜ二位に落ちたのか」「教授の質に問題があるのではないか」と追及し、一位を奪還するための方策を一年以内に提出することを要求する、というのです。[27]

このように各大学が切磋琢磨しレベルアップしていった結果、アメリカは、大学に集

順位	大学名	国
1位	オックスフォード大学	イギリス
2位	スタンフォード大学	アメリカ
3位	マサチューセッツ工科大学	アメリカ
4位	ハーバード大学	アメリカ
5位	ケンブリッジ大学	イギリス
6位	プリンストン大学	アメリカ
7位	カリフォルニア工科大学	アメリカ
8位	インペリアル・カレッジ・ロンドン	イギリス
9位	カリフォルニア大学バークレー校	アメリカ
10位	イェール大学	アメリカ

THE 世界大学ランキング2024

THE World University Rankings 2024
by Times Highre Education より

まってきた外国の人材を自国のために取り込んで活用するという、世界で稀有な仕掛けを持つようになりました。

日本をはじめ他の国々では基本的に自国の人材だけしか使えないのに対して、アメリカは大学の強さを武器として、世界中の優秀な人材を使うことができます。アメリカに優秀な人材が多いのではなく、アメリカが取り込んだ外国人に優秀な人材が豊富なのです。

シリコンバレーでスタートアップを起業する人の半分以上は外国人であり、本書でも取り上げたヤフーのジェリー・ヤンやAMDのリサ・スーなどの台湾人や華僑、インド人、ベトナム人、東欧、ロシア、韓国などからの人材は、アメリカの主要大学に学び、その後、起業するというのが典型的なパターンとなっています。

スタートアップで巨額の利益を上げる米国大学

イノベーションを生むエコシステムの中での大学の機能が重要なことは、数々の研究や著作によって明らかになっています。

シリコンバレーのエコシステムでスタンフォード大学と並んで大きな役割を有する、U・C・バークレーでは、アクセラレーションプログラムが二〇一二年に設立され[*28]、スタートアップを量産し[*29]、インキュベーターとしての設備、メンタリング・コーチング、プロトタイピング用ラボなどの機能を持っています[*30]。

アントレプレナーシップ専門の教育組織は二〇〇五年に設立され、バークレーメソッドという国際的に認知されている教育アプローチを開発、学部生から社会人までを対象にアントレプレナーシップを教育する一八のコースを有しています。[*31]

イノベーション・エコシステムの中核機能を大学が果たすようになったため、アメリカの大学の財務基盤はここ一〇年ほどで極めて強固なものになりました。研究費の総額は増え続けており、二〇二〇年度は八三〇億ドル＝約一二兆円。大学発スタートアップも研究費の伸びに歩調を合わせて増加し続けています。


なぜ大学の研究とスタートアップの数が大きく関係するかというと、アメリカで研究成果を大学の所有物とするバイドール法が成立し（1980）、研究成果をライセンス販売することで、大学が大きな利益を得るようになったからです。

遺伝子組み換えのジェネンティック社の場合、スタンフォード大学だけで二三〇億円のライセンス収入がありました。

グーグルは創業時資金がなく、ライセンス費用を一部株式で大学に対して支払ったため、株式上場時にスタンフォード大学は四〇〇億円の利益を得ています。

大学の知財のライセンスは、ほとんどベンチャー企業や中小企業向けに供与されています。

二〇二〇年のＡＵＴＭ[*32]のサーベイでは、ライセンス提供先の六割がベンチャー企業を含む小企業や中小企業であり、大企業の割合は二割にすぎません。[*33] 大企業にライセンスを安値で販売している日本の大学と大きな差があります。

ハーバード大学の基金の運用を見てみると、年間リターンは三三・六％（二〇二一年六月期）あり、期末の基金の残高は五三二億ドル（約七兆円）となっています。ハーバード大学は、トヨタを除くほとんどの日本企業を余裕で買収できるだけの財務力を持っているのです。

そして、大学の研究を支えるため基金から毎年二〇億ドル以上（約三〇〇〇億円）がハーバード大学の運営経費として配分され、それは大学の年間収入全体の三分の一以上を占めています。学生全員を授業料タダにしても余裕で経営できる金額です。

投資・運用実績は、標準的な株価指数であるS&P500をはるかに超えています。投資先はオルタナティブ資産が中心（約七割）であり、最大の投資先は未上場株式、つまりスタートアップ企業の株式となっています。

これはハーバード大学だけではありません。ほとんどの有力大学は市場平均を超える高い投資リターンで基金を運用しており、そうした優れた運用パフォーマンスは主にスタートアップに投資することにより達成しているのです。

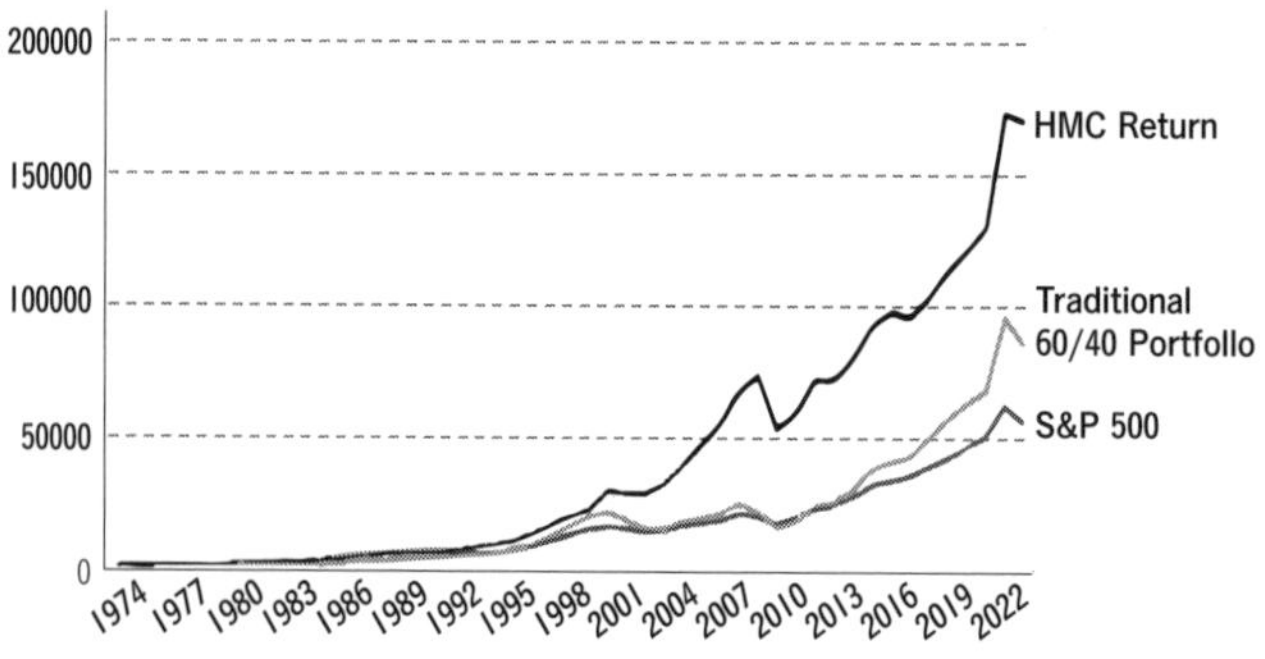

基金1000ドルを1974年に投資した場合、2022年までに170倍に増加。市場（S&P500）を大きく上回る運用パフォーマンス
Source: Source: Harvard Management Company 2022 annual report https://www.hmc.harvard.edu/

理系大学院を強化する方法

多くの人材が理系大学院で博士号を取りたいと思うようになるためには、博士課程が魅力的なキャリアを築ける場にする必要があります。すでにアメリカでは研究開発型スタートアップが基礎研究の一部を担うようになっており、資本市場との連結が可能とする莫大な研究開発資金の獲得のために、スタートアップの役割は日々拡大しています。

そうしたテクノロジー主導型の会社、ディープテック研究開発型企業の創業者、経営陣、投資家には専門的なバックグラウンドが特に求められており、アメリカではPh.D.が専門的な資質の証明となっています。大学院進学により、自ら会社を興したり、スタートアップへ就職したりといったキャリアの選択肢の幅が広がることが、大学院の魅力の一つになっています。


このように、アメリカの理系大学院は、多くの人が目指す魅力あるキャリアパスへの入り口となっていますが、残念ながら日本ではそうではありません。

アメリカの大学院の授業料は非常に高いのですが、ほとんどの院生は給付型の奨学金を受けるか授業料を免除されており、かつ給料をもらって生活しています。給料といっても日本企業の新卒の初任給と同程度で、額は少ないのですが、少なくとも親に依存しないで自立することが可能です。奨学金も授業料免除も、成績が悪いと即停止されるため、極めてシビアな実力主義の競争社会ですが、「経済的に自立できる」ことは大きな魅力です。

日本の国立大学は授業料が格段に安いのですが、給料がないため自立することができません。生活のためには親から借金をするしかない場合が多いのが現状です。

経済的な自立の問題に加えて、大学で研究を続けることがキャリアの選択肢の拡大につながる、という考えがないため、優秀な学生が博士課程を志望しない傾向にあります。

たとえば情報系であれば、博士課程に行かずにグーグルに就職したほうが好きな仕事ができ、経済的に自立できる上に、ダイバーシティのある国際的でエキサイティングな環境に身を置くことができる、となります。

「大学院で研究を続けることがキャリアの選択肢の拡大につながる」という認識が一般化されることが大事であり、それを可能にするのがスタートアップです。アメリカの大学院はシビアな競争社会ですが、関連するスタートアップ企業が数多くあるため、安全弁として機能しています。つまり、いざというときには研究室のメンバーが参加するスタートアップや、教授がアドバイザーを務める外部のスタートアップに就職する、などの選択肢があることが重要です。

大金持ちになった研究者

アメリカにおいて大学は誰にでも門戸が開かれ、かつ、「お金も稼げる魅力的な場所」です。日本で大学の研究者というと、清く正しく美しく、貧乏とまではいかないものの決して豊かではないというイメージが定着しています。しかしアメリカでは、大金持ちの研究者というのは存在し、それが成功例として積極的に公報されています。

最近話題になった事例では、ハーバード大学医学部のスプリンガー教授が、コロナのワクチンで有名になったモデルナ（ハーバード大学発のスタートアップ企業）の創業期に投資して、モデルナの上場で四億ドル（約五六〇億円）を得たというニュースがありました。[*34] 彼の総資産は驚きの一九億ドル（Forbesによる推定、[*35] 日本円で約二六〇〇億円）となっています。

また、モデルナのプロジェクトリーダーのハーバード大学の研究者Dr. Kizzmekia Corbettは若い黒人女性であることも公報されています。

つまり、「研究者でも大金持ちなれるチャンスがある」こと、「能力さえあれば人種や性別や年齢に関係なく責任ある立場で研究できる」こと、その二点をハーバード大学は積極的に発信しています。それにより、最優秀の人材を世界中から集めることができると考えるからです。

日本人男性がほぼ一〇〇％で人種差別、性差別に甘いイメージがあり、お金儲けは悪という価値観すらある日本の大学では、海外から優秀な研究者は来ません。

現状はそのように残念な状態ですが、しかし裏を返せば、これまで何も努力もしていないということは、ちゃんと経営努力をすれば将来の伸びしろが大きいということでもあります。これから成功パターンのロールモデルを作っていくことが、世界中から優秀な人材を惹きつけることになるはずです。

勝つための正しい発想とは

産業を振興するために、日本では、政府が音頭を取って、有力企業何社かに出資させコンソーシアムを作り、先端的な技術開発を狙う、といったプロジェクトがよくあります。オールジャパン、とか、日の丸プロジェクト、と呼ばれるもので、日本のお家芸であると言えます。日本人としてはぜひうまくいってほしいのですが、

1 大企業が少額ずつ出す寄り合い所帯で

2 具体的用途や顧客が不明な投資をする

ということでは限界があります。

半導体業界を例に、具体的に説明しましょう。

1 なぜ「寄り合い所帯」では勝てないのか?

インテルやAMDでも見たように、現在世界をリードする半導体企業は一握りの突出した個人が作り上げたものです。

インテルでは、ロバート・ノイスとゴードン・ムーアが製品を開発し、アンディ・グローブが優れた経営力で育てました。AMDでは天才設計者ジム・ケラーがチップを開発し、経営者のリサ・スーがそのポテンシャルを開花させています。

また、M1チップの開発などアップルの開発全体を率いてきたのは、ジョニー・スロウジ(Johny

Srouji）という人物です。ジョニー・スロウジはイスラエルのハイファに生まれ、テクニオン工科大学を首席で卒業した天才で、二〇一九年にはインテルが次のCEO候補として検討したことが報じられたりもしています。スティーブ・ジョブズは、アップルで自前の半導体を開発するために、ジョニー・スロウジを自分の給料の四倍を払ってヘッドハントしたのです。

そして、世界最大の半導体製造企業であるTSMCは、モリス・チャンという個人の頭脳から生まれたことは既述の通りです。モリス・チャンは創業時点で五六歳になっていました。還暦に近い年齢で創業した会社が世界一になる、そのような奇跡がなぜ起こったのか？

台湾政府は、モリス・チャンに、「世界に通じる半導体産業を台湾につくり出してほしい」と要請しました。つまり、知りうる限り最も優れた一人の人物に、台湾の半導体産業の未来を託したのです。半導体回路の設計も、新しいビジネスモデルを発想するのも、大人数の協業で可能となるものだけではなく、天才のひらめきが必要です。台湾政府が賢かったのは、成功するには一人の天才にすべてを任せるしかない、というビジネスにおける成功のカギを知っていたことです。

有名大企業をいくら集めてきても、サラリーマンが数多く関わり調整が必要となることで、突出したアイデアは回避され革新的な価値は生まれなくなります。寄り合い所帯で、企業や大学の研究者が束になったら勝てるのではないか、という発想自体が実情とかけ離れているのです。

それでは正しい発想とは何でしょうか？

正しい発想とは、台湾がやったように、「一人の突出した天才にすべてを委ね、あとはイチかバチか、うまくいくようにお祈りするだけ」という発想です。

アップルがなぜ次から次へと魅力的な製品を開発し世界をリードし続けているのか、それはジョニー・スロウジが完全に開発を任されて、一人で統括しているからです。

ＴＳＭＣがなぜ世界一になれたのか、それはモリス・チャンが完全にすべてを一人で決めていたからです。

人がいないわけではありません。フラッシュメモリを発明した舛岡富士雄のような人は日本にも存在しています。

一握りの天才が率いる企業に何十年もの間、負け続けていることが明らかなのに、いまだに寄り合い所帯でジョニー・スロウジやモリス・チャンに勝てると考えているのはなぜでしょうか？

過去の成功体験がまだ記憶に残っているからかもしれません。かつては政府が音頭を取った大企業間の協調が成功モデルであったことは確かです。

たとえば、小宮隆太朗らによる『日本の産業政策』(1984)によると、「今日ではアメリカおよびヨーロッパの先進諸国、中国を含む東アジア諸国をはじめとする多くの開発途上国が、自国の産業発展のためになんらかの教訓を得ようとして、第二次大戦直後から今日に至るまでの日本の産業政策に強い関心を寄せている」[36]とあります。

しかし、今ではそのように日本から学ぼうとしている国は皆無です。

このような国内と海外との認識の差は、日本だけがいまだに政府・大企業中心の発想から離れることができていないことから生じているのかもしれません。

2 なぜ「具体的用途や顧客が不明な投資」をしていては勝てないのか?

日本の国策プロジェクトのもう一つの不可解な点は、多くの場合、「スペック」を開発目標にしており、具体的用途も顧客も明確ではないことです。

世界最初のマイクロプロセッサは日本企業が高級電卓に使うために、インテルに発注したものでした。インテルは、ウインドウズを搭載したＩＢＭ互換ＰＣを動かすためのマイクロプロセッサの開発に注力することで世界一の半導体企業となりました。天才設計者ジム・ケラーが天才と呼ばれるようになったのは、アップルのためにＡ４、Ａ５チップを開発したからです。

このように、半導体の開発とはすべて特定のニーズを満たすために、顧客との接点で開発されたものです。単に高スペック化すればいいというものではありません。

モバイル端末のプロセッサで世界最大のＡＲＭはケンブリッジ大学発のベンチャー企業でしたが、彼らが最初に開発に成功した省電力型のチップはアップルのスティーブ・ジョブズが開発しようとしていたアップル・ニュートン向けに開発されたものでした。

アップル・ニュートンとはアイフォンの原型であり、想定していた機能もほぼ今のアイフォンのようなものでしたが、通信速度や処理速度が今とは比べ物にならないくらいに遅かったため、コンセプトだけが先行して使い物にならず、全く売れず、大失敗となりました。副産物としてARMを生んだということになります。


現在最も勢いのある半導体企業エヌビディアは、既述のようにソニーのプレイステーションなどのGPUを開発したことで実力をつけ、今のGPUの王者の地位を築きました。

フラッシュメモリの開発も、性能を高くするより値段を安くしてほしい、との顧客の要望に応えようとした舛岡の発想から生まれたものです。

TSMCもあくまで特定の顧客の特定のチップの製造を委託され、顧客ニーズに応えるためプロセス開発に邁進することを通じて、現在のファブレスを支えるファンドリーのビジネスを確立したのです。現在でも、アップルの最先端チップの製造を受託し、資金は世界一の金持ち企業のアップル持ちで技術力を向上させ続けています。

私の知る限り、用途を考えずに、ただ単に高スペック化しようとしてスタートし、成功した企業は一つもありません。いくら高スペックなものを開発しても誰も使わなければ、経済的な価値は生まれないからです。

スペック追求は組織病理の表れ

「常に製品の高スペック化を目指し続ける」というのは大組織の病理の一種と考えられます。クリステンセンが指摘したように、世の中にある商品の多くが無駄なスペック競争に陥っているのは、企業が「競合に勝つためにスペックを高め続ける」という選択をしているからです。よく考えると顧客は誰もそのようなスペックを求めていないのに、企業は、スペック追求をやめて別の発想で異なるビジネスをする、というリスクのある判断をしたくない。なので、ほとんどの企業が漫然と高スペックを追求するのです。

顧客の要望を満たしながら、顧客の差別化につながる真に価値ある技術開発をするのには、天才が必要となりますが、天才がいなくても、誰でもできるのがスペック追求です。

サラリーマンの組織でも目標がスペック向上なら社内で異論が出にくく、エンジニアにとって開発目標も明確になり、官僚を説得して予算をもらうにもスペックだと誰でもわかるので明快で、いいことばかりです。

つまり、開発目標としてスペックを設定するのは最も簡単な意思決定であるということです。そうした意思決定でただ一つ問題があるとすれば、そのように開発しても、「誰も買わない」ということです。

今、読むべきイノベーション本14冊

「ソフトウェアが世界を食い尽くす」時代を読む

book

12

エリック・リース

リーンスタートアップ
――ムダのない起業プロセスでイノベーションを生みだす

（井口耕二訳　2012　日経BP）

リーンスタートアップ

スリーステップのフィードバックループを回転させることで新事業を生み出す手法で、エリック・リースにより提唱されました。[37] トヨタ生産方式（英語ではリーン・マニュファクチャリング）が発想のもととなっています。

低コスト・短期間で作成した最低限の機能・サービス・製品で、顧客の反応を見ながら開発し、イノベーションを起こして短期間で大きな成長を遂げていくマネジメント手法です。

エリック・リースは、エンジニア出身で連続起業家としての経験があり、スタートアップで得た失敗と成功の経験をもとにしてまとめたのが「リーンスタートアップ」です。

「世の中の多くのスタートアップは失敗している。原因の多くは、本来しなくてもいい無駄なことをたくさんしているためだ。無駄なことをせず、成功の確率を高めよう」というのが、基本の考え方です。

必要最小限の機能（MVP＝Minimum Viable Product）でリリースすること、リリースサイクルを極端に短くしていくこと、ユーザーや顧客の反応からフィードバックを受けて、意思決定を科学的に判断すること、といったポイントがあります。

「製品やサービスを作り出す」には、それを開発するだけでは不十分です。サービスを買う「顧客」と「マーケット」を開拓していくことのほうが重要になってきます。

スタートアップにおけるエンジニアは「正しい仕様」の通りに開発することを目指すだけでは足りません。目指すビジネスにおいて、そもそもその仕様が正しいのかどうか、まできちんと考える必要が出てきます。間違ったものをどれだけ正しく作っても、無駄なことだからです。不確実性の中から目指す正解を見つけ出そうとする作業は、実験のようなもので、仮説と実験による検証を繰り返すことが必要となります。

多くのスタートアップが、アイデアだけで「Just do it!!（やってみよう！）」の精神でチャレンジし多くの失敗を生み出しています。大事なのはアイデア自体ではなく、「アイデアを仮説として成功するまで検証し続ける」ことです。

スタートアップが成功するまで仮説検証を繰り返すためには、その情熱や資金を無駄使いするわけにはいきません。無駄なく、素早く、何度も仮説検証を繰り返していくための、従来とは異なるアプローチからのマネジメントが必要であり、それがリーンスタートアップです。

リーンスタートアップは、構築→計測→学習というもので、次の通りです。

1　構築する　まずアイデアを練り、それがうまくいくかどうかを確かめるために必要不可欠で、実際に使って確かめることができる最低限の機能を持った試作品、すなわちMVP（Minimum Viable Product）を短期間で作ります。

2　計測する　MVPがリリースされたら、顧客が製品をどのように使用し、どのように反応しているかに関するデータを収集します。

3　学ぶ　観察結果やデータを分析し、製品、サービスが市場に受け入れられるか否かを判断します。そして、MVPを改善します。ただ、仮説そのものが誤りだと判断された場合には、仮説を見直して、アイデアを練り直すことや撤退も含めて大きく方向転換すること、すなわち「ピボット」も考慮します。

スタートアップが成功するには「順応性が高い組織」(adaptive organization) になる必要性があります。「順応性が高い組織」とは、状況の変化に合わせてパフォーマンスを調整する組織です。問題が発生すればスローダウンし、再発防止を講じる。対策ができれば、再びスピードアップし、また新たな問題が生じる、というループが回っていきます。

問題解決の手法としては「五回のなぜ」が有効です。なぜを五回繰り返して、本当のところ何が起きていたか真因を明らかにします。

これはトヨタ生産方式の父である大野耐一氏が開発した体系的な問題解決方法であり、根っこにある大きな問題を解決することを目的としています。

たとえば、技術的な問題に見えても、その根底には人的な問題が隠れていて、なぜ、と五回問うことで、その人的な問題を発掘できる可能性があります。

スタートアップは質を犠牲にしてでもスピードを上げようとして失敗しますが、五回のなぜによって、質を伴ったほどよいペースが実現できる、としています。

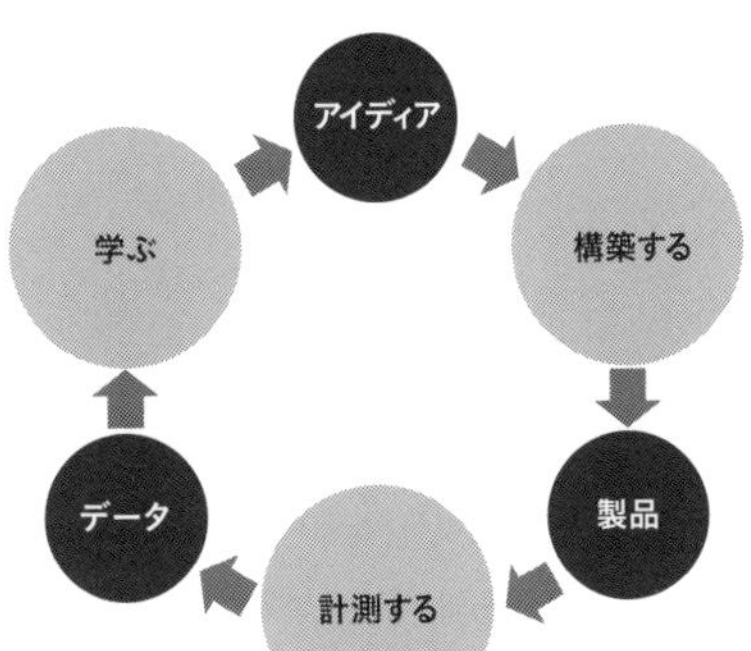

フィードバックループ
一周するサイクルをいかに短くするか?

リースは、大企業で働くイノベーターのキャリアパスとして「アントレプレナー」という選択肢があってしかるべきであると言います。リーンスタートアップ方式でチームをリードできるマネージャーが、会社を去らなければスキルを発揮できないのはおかしい、とします。

いくら計測しても、必要に応じてピボット＝方向転換ができることが重要で、当初の戦略的仮説は正しいと信じられるか？　それとも何か根本的に変えなければならないのか？　という厳しい問いかけを自らに行う必要があります。

失敗を認め、士気が下がることをアントレプレナーは恐れることがありますが、正しく失敗を認めないと、変えなければという認識自体がなくなり、大きな問題につながります。このため、ピボットには現実を直視する勇気が必要となります。

この手法は大企業でも取り入れられ、イメルトCEOの時代にはゼネラル・エレクトリックで採用され、社内での新規事業育成のための手法となったことで有名となりましたが、実際には成果は上がらなかったようです。

イメルト氏は、GEキャピタルやNBCを売却、アプライアンスや電球のようなレガシービジネスからも撤退し、シリコンバレー方式を導入し、低迷が続くゼネラル・エレクトリックをハイテク路線に舵を切って改革していったわけですが、なかなか成果は上がらず、株価も低迷し、ついに二〇一七年に交代となりました。

book 13

ロン・アドナー

エコシステム・ディスラプション
― 業界なき時代の競争戦略

（中川功一 監訳　蓑輪美帆 訳　2022　東京経済新報社）

著者のアドナーは、ダートマス大学タックビジネススクールの経営戦略の教授で、1998年ペンシルバニア大学ウォートンスクールにてPh.D.を取得し、戦略コンサルティング会社ストラテジー・インサイト・グループを設立した創業者兼CEOでもあります。

イノベーションは企業の成功のカギですが、単に新しいアイデアや技術を取り入れるだけでは十分ではありません。ロン・アドナーはこの著書（原題は『Winning the Right Game』）で、イノベーションを成功させるための戦略的アプローチに焦点を当てています。

アドナーは、イノベーションを成功させるためには「正しいゲームを選び」、「それを勝利に導く戦略を採用する」ことが重要と説きます。

イノベーションについては、多くの企業がそれを単に新しい製品やサービスを市場に投入することとみなしていますが、アドナーはそれが誤解であると指摘します。真のイノベーションは、顧客のニーズを満たし、競争を勝ち抜き持続的な成果を出すことであり、そのためにはイノベーションを取り巻く「エコシステムの理解」が重要です。

その製品やサービスが存在するエコシステム全体には、サプライヤーや配送業者、顧客、競合他社など、多くのステークホルダーが関与しています。

それらとのパートナーシップの価値を理解することが重要です。独力でのイノベーションは困難であり、他の組織や企業との協力やパートナーシップが成功の鍵となる場合が多いからです。正しいパートナーを選び、共同で価値を創出する方法を模索する必要があります。

本書で最も多く取り上げられている事例はコダックの事例ですが、訳者の中川功一氏は、冒頭の解説の中で、コダックのケースについて非常にわかりやすい説明をしています。


「それでもコダックは倒産する。その理由は、コダックがまさしく誤ったゲームを戦っていたからにほかならない。デジタル化は、顧客の「写真を楽しむ」体験を本質的に変化させたのだ。写真を巡る顧客体験は、撮影することに始まり、それをストックし、編集し、鑑賞し、共有することまでが含まれる。スマートフォンはそれを、企業間連合として総合提案した。カメラモジュール生産者、クラウド保存サービス、編集アプリ開発者、ディスプレイや映像出力ドライバーの生産者、SNSなどの共有アプリなどとの連携の下に、一台の端末で、その顧客体験のすべてを完結させている。そんな総合的な価値提案の前に、単独のカメラがいかに高性能であっても、とてもではないが太刀打ちできなかったのである」*38

つまり、イノベーションでは顧客体験の変革が重要であり、そのためにはＳＮＳやクラウド保存サービスといった他業界を含むエコシステム全体を味方につける必要があるということです。真のイノベーションでは、新しい技術や製品だけでなく、それが顧客体験の変化をもたらし価値を生み出すことが求められます。アップルのアイフォンは、単なる電話やメールの機能だけでなく、アップルストアを通じた多数のアプリケーションと連携し、ユーザーに多様な価値を提供しています。イノベーションが成功するためには、製品やサービスが存在するエコシステム全体を理解し、エコシステム全体として顧客体験を革新する必要があるのです。

失敗した事例としては、３Ｄテレビがあります。二〇〇〇年代初頭に多くの企業が３Ｄテレビを開発して販売しましたが、顧客には受け入れられず、莫大な損失を計上しました。単品の製品でのイノベーションが必ずしも成功をもたらすわけではないことを示す典型的な例です。

アドナーは、アイデアや戦略は重要ですが、それを現実に変える実行力が最終的な成功を決める鍵となるとも説きます。

本書は、イノベーションの成功には正しい戦略の選択、エコシステムの理解、適切なパートナーシップ、そして実行力が不可欠であることを教えてくれます。

これらの要素をうまく組み合わせることで、企業は時代の変化に適応し、持続的な成功を追求することができるのです。

book 14

エフェクチュエーション

サラス・サラスバシー

（加護野忠男 監訳　高瀬進・吉田満梨 訳　2015　碩学舎）

バージニア大学ビジネススクールの経営学者サラス・サラスバシー氏は著書『エフェクチュエーション』の中で、優れた起業家に共通する意思決定プロセスや思考（考え方）を体系化した市場創造の理論を提唱しています。[*39] 氏によると、優れた起業家の八九％が「エフェクチュエーション」の理論を実践していると言います。

サラスバシーは多くの起業家に対してインタビューを行い、これらの起業家たちの体験や彼らが直面した実際の問題をもとにエフェクチュエーションの概念を体系化し、起業家が不確実性の高い環境でどのように有効な意思決定を行っているかについて、五つの原則にまとめています。インタビューと一言で言いましたが、正確にはサラスパシーはかなり手の込んだやり方でデータを収集しています。成功したアントレプレナーが架空の起業ストーリーを読みながら、「自分ならどのように意思決定するか」に関する思考プロセスを声に出し、その記録の発話プロトコールの分析を行うという発話想起分析が主な手法です。

エフェクチュエーションの五つの原則

1 鳥の手の原則（Bird in Hand）

起業家は、目標を設定する前に、自分が持っているリソース（誰を知っているか、何を知っているか、誰が自分を知っているか）を探ります。そして、これらのリソースから始めることで、可能性を探ります。

この原則は、目標やプランによって手段を選択する目標設定型のアプローチとは異なり、企業や組織がすでに保有している、人材のスキルや技術力、ノウハウ、人脈などのリソースから出発することを指します。既存の手段を用いて、新しい何かを生み出すことがポイントです。優れた起業家は、わずかな可能性にすぎなかったものからでも、ビジネスチャンスを生み出すことができる、ということになります。

2 許容可能な損失の原則（Affordable Loss）

起業家は、収益の最大化よりも損失をどれだけ許容できるかに注目し、その範囲内で行動を選択します。

仮に損失が生じても致命的にはならないコストをあらかじめ設定することが重要です。将来期待できる利益をもとにして戦略を練るのではなく、どこまでの損失であれば許容できるのかを決めておき、それを上回らないように行動するということです。

優れた投資家は、初めから巨額の投資を行うのではなく、少額の投資から始め、小さな失敗を重ねて学習し次のプロセスへと進んでいきますが、それと同じです。

3 クレイジーキルトの原則（Crazy Quilt Principle）

この原則は、形や柄の違う布を縫いつけて一枚の布を作るクレイジーキルトのように、顧客や競合他社、協力会社、従業員などのさまざまなつながりをパートナーと捉えて、一体となってゴールを目指していくことを指します。

優れた起業家は、競合でさえもアライアンス可能なパートナーとみなします。競争よりも協業に重点を置き、多様なステークホルダーとのパートナーシップを通じて新しい市場や機会を創出します。

4 レモネードの原則（Lemonade）

アメリカの格言に“When life gives you lemons, make lemonade.”というものがあります。直訳すると「人生がレモンを与えたときには、レモネードを作りなさい」になりますが、レモンはその酸っぱさから望ましくない状況を象徴し、レモネードはレモンから作られる甘くて爽やかな飲み物です。ネガティブな状況や困難な出来事が起こったときに、なんとか創意工夫し、有益な結果を生み出そうとする前向きな態度を示す表現です。

ぱっと見は失敗作に思えても、視点を変え、ポジティブな捉え方をすることによって、新しい製品のアイデアにつなげることができます。不意の出来事や予期せぬ事態を機会と捉え、それをビジネスの機会に変える能力が起業家にとって大事です。

5 飛行機のパイロットの原則（Pilot in the Plane）

先述の四つの原則を網羅した原則でもあり、主体的に、状況に応じて臨機応変な行動をすることを指します。

パイロットのように、不測の事態に備え、外部環境の変化に対して柔軟に行動することが重要です。操縦席に座るとは、将来は自分たちで変えることができるという世界観を意味しており、未来は与えられるものではなく、ビジネスの実践者自らの戦略によって築き上げられていく、という姿勢を示しています。

起業家は未来を予測するよりも、未来を創造することに力を注ぎます。自分の行動が結果を形作るという信念の下、能動的に行動します。

理論の特徴

サラスバシーによって提唱されたエフェクチュエーションの理論はいくつかの点でこれまでの考え方と異なっていますが似ている点もあります。

異なっている点としては、以下の四つです。

1　起業を考慮する際の出発点

伝統的なアプローチ（カジュアル・ロジック、つまり因果的思考）では、目標を設定し、その目標を達成するための手段や計画を練ります。エフェクチュエーション（エフェクチュアル・ロジック）は、利用可能な手段やリソースから始め、これらのリソースをどのように組み合わせて新しい機会や価値を生み出すかを考えます。

2　対応する不確実性

カジュアル・ロジックは、市場調査や予測をもとにリスクを評価・最小化します。対してエフェクチュエーションでは、高い不確実性の中で、失敗を前提とした小さな実験を行い、学びを取り入れながら進めるアプローチをとります。

3　リスクと失敗の取り扱い

伝統的なアプローチはリスクを避け、予測に基づいて事前にリスクを最小化しようとします。エフェクチュエーションは、不確実性を受け入れ、小さな失敗を繰り返しながら、それを学びの機会として利用します。

4　利害関係者との関係

カジュアル・ロジックでは、事前に計画されたビジネスプランに基づき、投資家やパートナーを探します。エフェクチュエーションは、利害関係者との共同作業や協力を重視し、彼らとともに新しい価値や機会を探求します。

一方、類似の考え方もあり、たとえば経営戦略にはリソース・ベースド・ビュー（RBV）という理論[*40]があります。企業が保有している資源から出発して経営戦略を考えるという意味ではエフェクチュエーションと似ているように見えますが、エフェクチュエーションは「手元にあるリソースで何ができるか？」という起業家の行動と意思決定に関する理論であるのに対し、RBVは「企業が持っているリソースや能力がどのように競争優位を生み出すか？」という企業の競争戦略や資源管理に関する理論ということになるでしょう。

また、エフェクチュエーションは、試行錯誤を重視するという点で、リースの「リーンスタートアップ」と似ています。リーンスタートアップでは、初めから完璧を狙わず、最小限の商品（MVP）を作成し、それを市場に出してフィードバックを得る。そのフィードバックに基づいて製品を改良し、そのループを繰り返し、市場に合わせて調整していくことが重視されています。

また、アドナーの「エコシステム・ディスラプション」の考え方も、競合を含むさまざまな相手と協業し、エコシステム全体として顧客に価値を提供する、という点で似ているでしょう。

いずれにせよ、エフェクチュエーションは、不確実性が高く、リソースの制約がある状況でも、手元にあるものを最大限に活用して試行錯誤していく中で、新しい機会やビジネスを探求する考え方として有用です。ただし「エフェクチュエーションが、実践を伴うことで初めて深く理解できる思考様式であること」[*41]は留意しておく必要があります。

本書は難解ですが、入門書としては『エフェクチュエーション　優れた起業家が実践する「五つの原則」』（2023 ダイヤモンド社）があります。

注釈

*1 『半導体の王者 Intel は「オワコン」なのか？　多角的に Intel の「将来」を紐解きます』．ものづくり太郎チャンネル．Youtube.

*2 WIRED.jp.（2017）．「テスラ、自動運転用の独自のＡＩチップを開発へ―イーロン・マスクが語った構想の思惑」．https://wired.jp/2017/12/12/tesla-own-chip-for-autopilot/. ２０２３年11月４日閲覧．

*3 Gigazine.（2021）．「Apple・AMD・テスラ・Intel を渡り歩いた天才エンジニアのジム・ケラー氏へのインタビューが公開中、Intel で一体何をしていたのか?-」．https://gigazine.net/news/20210621-jim-keller-interview/. ２０２３年11月４日閲覧．

*4 湯之上隆．(2020).「プロセッサ市場の下剋上なるか？　Intel を追う AMD を躍進させた２人の立役者」.EE Times Japan. https://eetimes.itmedia.co.jp/ee/articles/2005/15/news035.html. ２０２３年11月４日閲覧．

*5 湯之上隆．前掲ウェブサイト．

*6 吉川明日論．（2021）．「AMD と Intel、今年の両雄の動きに注目」．Tech ＋ plus. https://news.mynavi.jp/techplus/article/semicon-174/. ２０２３年11月４日閲覧．

*7 吉川明日論．前掲ウェブサイト．

*8 湯之上隆．(2013)．「台湾 TSMC を創業したモリス・チャンの驚きの物語」．朝日新聞 WEBRONZA. https://yunogami.net/asahiwebronza/130621.html. ２０２３年11月５日閲覧．

*9 湯之上隆．前掲ウェブサイト．

*10 湯之上隆．前掲ウェブサイト．

*11 湯之上隆．前掲ウェブサイト．

*12 ＩＴ人材像 @ Wikipedia. https://w.atwiki.jp/itjinzaizou/pages/418.html. ２０２３年11月21日閲覧．

*13 週刊現代．(2019)．「世紀の発明『フラッシュメモリーを作った日本人』の無念と栄光　こうして彼は会社を追われた」．https://gendai.media/articles/-/59572? ２０２３年11月22日閲覧．

*14 Wikipedia「舛岡富士雄」．https://ja.wikipedia.org/wiki/%E8%88%9B%E5%B2%A1%E5%AF%8C%E5%A3%AB%E9%9B%84. 2023 年11月22日閲覧．

*15 Forbes JAPAN 編集部．(2015)．「日本の『忘れ去られた英雄』　フラッシュメモリを開発した男、舛岡富士雄」．https://forbesjapan.com/articles/detail/8112. ２０２３年11月22日閲覧．

*16 Marc Andreessen.（2011）. Why Software is Eating The World. *The Wall Street Journal.* https://www.wsj.com/articles/SB10001424053111903480904576512250915629460 . Retrieved 23 July 2023.

*17 WIRED.jp.（2017）．「最強棋士・柯潔、囲碁 AI『AlphaGo』に敗れる。だが開発者は『人間の勝利である』と言う：初戦現地レポート」．https://wired.jp/2017/05/23/future-of-go-summit-day1-gallery-1/. ２０２３年10月24日閲覧．

*18 https://en.wikipedia.org/wiki/ImageNet

*19 Google's Artificial Brain Learns to Find Cat Videos. WIRED. June 26, 2012. https://www.wired.com/2012/06/google-x-neural-network/ . Retrieved 23 July 2023.

＊20 From not working to neural networking. The Economist. 25 June 2016. Retrieved 3 February 2018.

＊21 Roviant Sciences 社が代表的

＊22 研究内容の詳細は２０２３年２月９日に PLOS DIGITAL HEALTH にて公開されています。

＊23 五味明子．(2015)．「Uber 創業者が語る『破壊』の先にあるゴール」．事業構想．https://www.projectdesign.jp/201511/wpd/002507.php#．２０２３年11月15日閲覧．

＊24 Denis Pennel. (2015). The 'uberisation of the workplace is a new revolution. EURACTIV. https://www.euractiv.com/section/social-europe-jobs/opinion/the-uberisation-of-the-workplace-is-a-new-revolution/. Retrieved in August 2023.

＊25 Kersten Heineke, Nicholas Laverty, Timo Möller, and Felix Ziegler. (2023) .The future of mobility. McKinsey Quarterly.

＊26 たとえば、「日本のイノベーション人材を育成するため」に「革新的なビジネスを生み出すスタートアップ企業が集積するシリコンバレーに今後５年間で１０００人規模の日本の起業家を派遣し、競争力の強化につなげる」という方針を経済産業省は表明しています。（https://www3.nhk.or.jp/news/html/20220728/k10013739151000.html NHK ２０２２年７月22日）

＊27 大前研一．(2009)．『さらばアメリカ』．小学館．

＊28 https://skydeck.berkeley.edu/

＊29 https://citrisfoundry.org/

＊30 https://citrisfoundry.org/incubator/

＊31 UC Berkeley Sutardja Center for Entrepreneurship & Technology. https://scet.berkeley.edu/.

＊32 Association of University Technology Managers の略

＊33 AUTM 2020 Licensing Activity Survey. https://autm.net/surveys-and-tools/surveys/licensing-survey/2020-licensing-survey.

＊34 A Harvard Professor Made $400 Million in Moderna's Biotech IPO. Bloomberg. 2018/12/13. https://www.bloomberg.com/news/articles/2018-12-12/a-harvard-professor-made-400-million-in-moderna-s-biotech-ipo?in_source=embedded-checkout-banner. Retrieved in August 2023.

＊35 Billionaire Professor Tim Springer Donates $210 Million To Biomedical Research Nonprofit. Forbes. 2023/5/24.

＊36 小宮隆太郎他．(1984)．『日本の産業政策』．東京大学出版会．

＊37 エリック・リース．(2012)．『リーンスタートアップ』．日経ＢＰ．

＊38 ロン・アドナー、中川功一訳．(2022)．『エコシステム・ディスラプション―業界なき時代の競争戦略』．東洋経済新報社．Kindle 版．p.9.

＊39 サラス・サラスバシー、加護野 忠男 監訳、高瀬 進 訳、吉田 満梨訳．(2015)．『エフェクチュエーション』．碩学舎．

＊40 Jay Barney. (1991). Firm Resources and Sustained Competitive Advantage. Journal of Management. Volume 17, Issue 1

＊41 吉田 満梨、中村 龍太．(2023)『エフェクチュエーション　優れた起業家が実践する「五つの原則」』．ダイヤモンド社．

第6部

「超」イノベーションの未来

15

今も続く「超」イノベーションの恩恵

北海道十勝の小麦畑
by Sachi Yama via photo AC

スリランカの国家破綻からわかること

イノベーション黄金時代における化学肥料の開発は「超」イノベーションの一つであり、科学、技術、産業などの多様な分野で活動する多くの人々による努力の結実でした。化学肥料は、空気中に無尽蔵に存在する窒素を固定化することで作られた窒素肥料など、植物の成長に不可欠な栄養素を供給するために開発されました。これらの肥料は大量生産が可能で、世界の農業生産性の向上に寄与しました。

つい最近、この化学肥料の重要性を再認識させてくれる出来事がありました。

二〇二二年四月、スリランカがデフォルトしました。国家財政が破綻し借金が返せなくなったのです。

大統領は群衆に袋叩きになるのを避け、軍用機で国外に脱出しました。群衆は大統領公邸になだれ込み、コニャックやキューバ産葉巻といった贅沢品を好き放題に満喫し、子ども連れが庭ではしゃぎまわり、若者は庭で音楽を大音量でかけて踊りまくるなど、異様な光景を繰り広げました。

警察はなすすべもなく傍観しており、ユーチューブ上の動画を見ると、まさに破綻国家へ一直線といった様子です。[*1]

貧困にあえいでいた群衆が、驚愕するほどの贅沢な生活を目の当たりにしてさらに怒りを掻き

スリランカで2022年7月9日、暴徒が大統領府に突入し、大統領は海外に逃亡

https://commons.wikimedia.org/wiki/File:Anti-government_protest_in_Sri_Lanka_2022.jpg

立てられ、ますます狼藉がエスカレートする、という図式となっています。

スリランカが国家破綻に至った理由は、中国からの多額の借金、新型コロナで外貨収入の主力の観光業がストップしてサービス業が打撃を受けたこと、ロシアのウクライナ侵攻でエネルギー価格が上昇したことなどと一般的には解説されていました。しかしそうしたわかりやすい理由はいずれも表面的なものであり、最も基本的なレベルで国民生活を破壊したのは、数年間かけて進行し、国民生活を蝕んでいた食糧生産の危機でした。[*2]

スリランカは農業国なのになぜ食糧危機が起こったのでしょうか？

強制オーガニック農業

スリランカのラージャパクサ大統領は、二〇一九年の選挙で、「一〇年間でスリランカの農業を完全にオーガニックにする」ことを公約として当選しました。

大統領に当選したあとすぐに農業大臣を含め、内閣の主要ポストに国内のオーガニック農業関連の人物や代替農業の提唱者を配置し、国内に少ないながら存在していたまともな訓練を受けた農業の専門家は排除されました。新政権は国の法律で、化学肥料と農薬の輸入と使用を禁止し、二〇〇万人の農民に全員有機農法を強制したのです。

その結果は悲惨なもので、最初の半年でコメの生産は二割も減少し、長年コメを自給できていたスリランカは四億五千万ドルもコメの輸入代金を払う羽目になりました。

その結果、主食であるコメの国内価格は五〇％も値上がりして国民生活を破壊しました。輸出の主力であるセイロンティで有名な紅茶茶葉の生産も強制オーガニック政策で破綻し、茶葉生産の減少は四億ドルに及んだとされています。

食料輸入の増大、茶葉の輸出の減少、さらにコロナによる観光収入の減少により外貨収入は激減して、スリランカの通貨は暴落しました。通貨が暴落してエネルギーの輸入などにも窮するようになり、国民生活が一挙に窮乏化することになってしまったのです。

国のオーガニック農業政策という、政策の誤りによる国家破綻ということになります。一見時流に沿った、「サステイナブルな」「地球にやさしい」政策のどこが間違っていたのでしょうか？

化学肥料イノベーションの巨大な恩恵

スリランカが化学肥料を奨励し補助していた時代には、主食の食料自給を達成し、茶葉とゴムの輸出産業も確立しました。農地の生産性が爆発的に上昇し、労働力が農村から解放された結果、都市化が進展しました。

都市化のおかげで製造業やサービス業などの賃金経済セクターも成長し、一時期は国際的収入のランクでは中進国の仲間入りができたのです。

農業を極めて単純化すると、カロリーの形での出力は、栄養素とエネルギーの入力によって決まります。人類の歴史のほとんどの期間で、農業生産を増加させる主な方法は、土地を追加することでした。これにより、入力する太陽光と土壌栄養素の量が拡大しました。つまり、昔の農業の拡大は、森林と草原を、農地と牧草地に開墾するプロセスの結果と言えます。

工業化以前の農業が自然と調和して存在していたというのは大ウソで、全世界の森林破壊の四分の三は産業革命以前に発生した農地の開墾が原因です。産業革命以前は、人口分の食料を生産するために事実上ほとんどの人間の労働を食料生産に振り向ける必要がありました。

二〇〇年前までは、世界人口の九〇%以上が農業に従事していましたが、一九世紀以降の世界貿易の拡大でグアノなどの肥料の輸入が可能になり、農業の生産性が一気に向上したのは先に見た通りです。

ほかにも一連の技術革新（より良い機械、灌漑、種子）により、収量と労働生産性が向上しましたが、最も革命的だったのは一九〇〇年代初頭にドイツの科学者が開発したハーバー・ボッシュ法です。

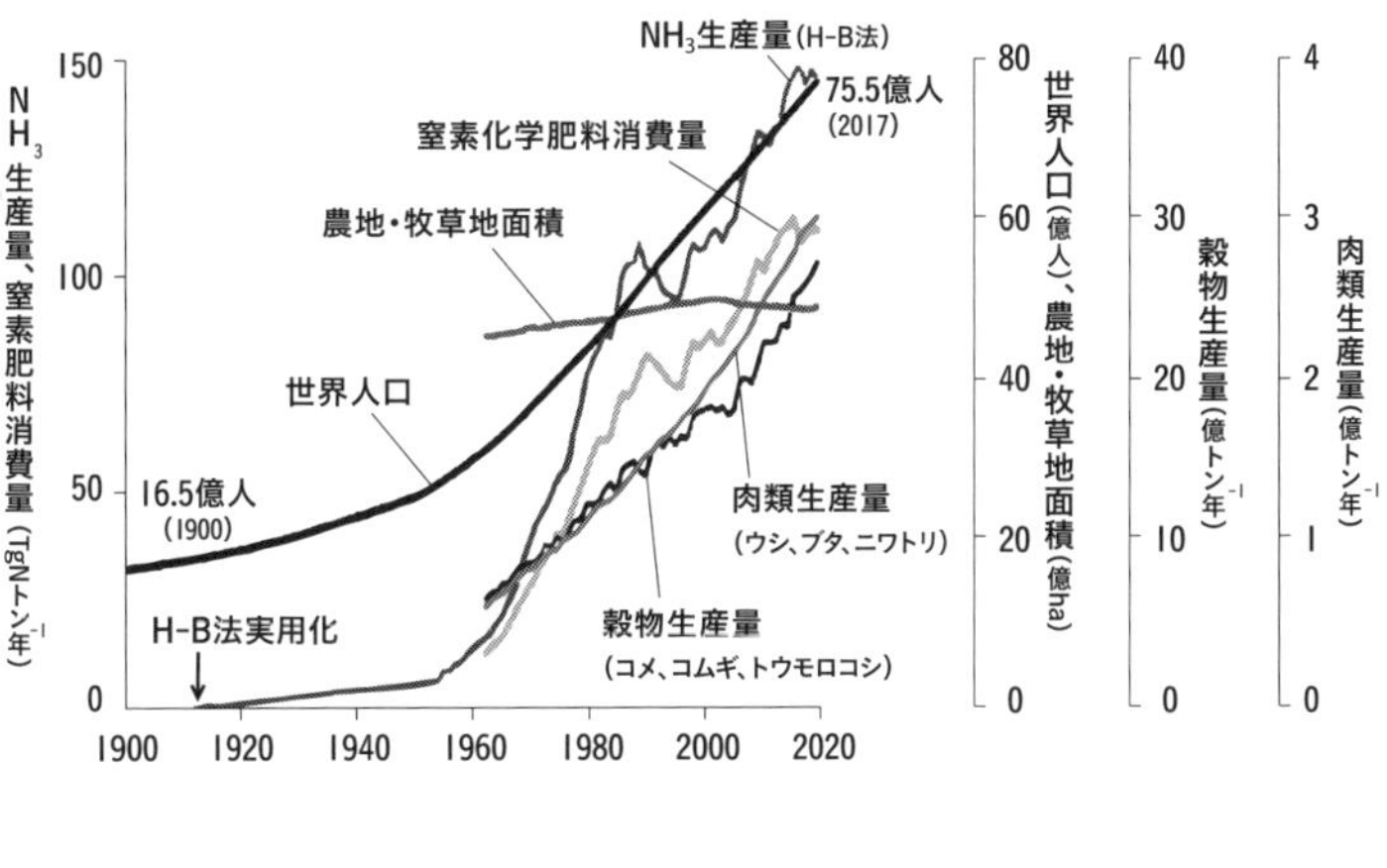

ハーバーボッシュ後の世界

国立環境研究所公開フォーラム2020年11月18日「世界の一酸化二窒素収支2020年版と食料システム」林健太郎氏講演より

ハーバー・ボッシュ法は、空気中に無尽蔵に存在する窒素を人工的にアンモニアとして固定するものです。アンモニアが合成肥料の原料となります。

この技術が世界に普及したのはドイツが第一次世界大戦に負けてからなので一九二〇年代からです。

Erisman（2008）の試算によると、現在、世界の農業は約八〇億人を養うことができ、そのうち約四〇億人の生存は、合成肥料が可能にした農業の生産量の増加に依存しているということです。つまり、今でも世界人口の半分は化学肥料のおかげで生きているということです。化学肥料が世界中で普及し、近代的な植物育種や大規模な灌漑プロジェクトなどの他の技術革新と組み合わされた結果、第二次世界大戦後には、わずか三〇％の農地の増加で農業生産量が三倍になりました。

もし化学肥料がなければ、世界人口のほとんどは今でも土地に縛り付けられたまま生活していたでしょう。大規模な「都市化」も「工業化」もグローバルな「労働者階級」や「中間層」も存在できなかったでしょう。化学肥料によって、労働のほとんどを自分達自身を養うのに必要な食料を生産することに捧げる人生から解放されたのです。

有機栽培で国全体を養うことはできるのか

現在の有機農業生産は、世界の所得分布スペクトルの両極端にある二個のグループに対してのものです。一方の端には、極度の貧困の中で生活している世界の約七億人の人々がいます。人糞や焼き畑を栄養素とする昔ながらの自給自足農業で、世界で最も貧しい人々が生き残りをかけて実践している有機農業です。

これは自ら選んだ有機農業ではなく、生産物の余剰を売り現金収入を得る余裕がない、ただ生存を維持するためだけの農業、という「貧困の罠」に陥っているからです。化学肥料を買う現金がないのです。

スペクトルのもう一方の端にいるのは、世界で最も裕福な人々です。この市場をターゲットとした有機農業はニッチな市場であり、高い価格がつけられ、魅力的な市場ですが、世界の農業生産の一%ほどにすぎません。アメリカやヨーロッパ、日本といった富裕国では有機栽培の農産物を愛好している顧客が存在しています。

有機栽培のいい点は、栄養があることです。カロリー摂取量の増加なしにポリフェノール類などの抗酸化物質の摂取量を二〇～四〇%増加（場合によっては六〇%超）をもたらすとされています。[*3] しかし、別の研究によると、その健康効果はそれほど大きくありません。Brandt ら（2011）によると、有機農産物により寿命は一七日しか延びないとされています。[*4]

この有機農業はプレミアム価格を支払うことのできるハイエンド顧客を対象とした、魅力的なビジネスです。

スリランカの間違いは、有機農業で一つの国全体の人口を養おうとしたことにあります。試算によると、すべてを有機農業化すると、国内で供給可能な量の五倍から七倍の動物の糞尿が必要になります。畜産の拡大が必要になり、牧草地への転換により環境ダメージが伴うでしょう。「超」イノベーションの恩恵は巨大であり、普段我々は意識していなくとも、もはやそれなしには人類は生存できないものもある、ということです。

ちなみにスリランカの外務省の人は、「自分たちが政権をとれたのは前政権の強制有機農法政策のおかげ」と言っていました。

愚かな政策で国民は窮乏化し、得をしたのはライバル政治家だけです。

実は都市化が世界を救う

有機農法が実際は大量の農地の開拓や、家畜の糞の生産のために環境を破壊するということは明らかです。

かつて行われた八郎潟や有明湾の干拓など、大規模な自然破壊は実は必要ではありませんでした。計画された時点の机上の計算では農地の拡大が必要だったのですが、実際の農業の生産性の上昇が予想よりも急激で、そもそも農地を新しく開拓する必要が無くなってしまったからです。

それでは真に環境に良い農業とはどのようなものか考えてみましょう。それは、農業の徹底的な効率化と集約化、都市化になるでしょう。

二〇〇八年に人類の歴史上初めて、世界人口の過半数が都市に居住するようになりました。都市の人口は人類の五〇%を占めていますが、地球上の土地のわずか〇・五%しか占有していません。このような都市化した世界でどのような手段が地球にやさしいのか考える必要があります。たとえば、アフリカなどの人糞肥料や焼畑農業による貧しい地域で化学肥料の使用量を大幅に増やしたり、全世界で遺伝子組み換え植物を積極的に採用することで農薬を減らして収量を増やす努力をしたり、関税障壁を減らし貿易を盛んにしてそれぞれの地域で得意な作物の栽培に集中する、ということで効率を上げることができるでしょう。

このような手段をとれば、現在の世界人口八〇億人に対する食糧供給は、今よりも少ない農地で可能となるはずです。

さらに未来に目を向けると、バイオスティムラント（生物刺激剤）の研究も進んでいます。バイオスティムラントとは、植物の成長や発達を自然に刺激し、農作物の生産性と耐性を向上させるために使用される自然由来の物質や微生物で、化学肥料や農薬に代わる持続可能な代替手段として注目を集めています。環境ストレス（乾燥、塩害、低温など）に対する植物の耐性を高め、植物の自然な防御機構を強化し、病害虫の被害を減少させることや、土壌の微生物活動を促進し、土壌の健康と肥沃性を向上させることができるだろうと考えられています。これは、長期的な農地の生産性を高めるのに役立ちます。

さらに、都市において農業を高層ビルで何層にも積み重ねれば、必要な土地の面積は少なくてすみます。垂直農業と呼ばれるこうした構想では、直接各家庭に宅配しても運搬コストは小さく、新鮮度は損なわれなくてすむでしょう。

そうした手段を組み合わせることで、広大な土地が自然保護のために開放され、森林、沼地、草原に戻り、豊かな生物多様性も維持されるでしょう。

つまり、我々の未来は、昔に回帰して自給自足の有機農業に引きこもることではなく、イノベーションを徹底活用することの中にあるのです。

リニューアル期を迎える超高層ビルを職農近接ビルとする「みらいの農場」構想（大成建設）

https://www.taisei-techsolu.jp/tech_center/topics/2030/farm.html

16

「超」イノベーション番付

ストックトン・アンド・
ダーリントン鉄道
by J.R. Brown (1850-1918), via Wikimedia Commons
https://commons.wikimedia.org/wiki/File:Stockton_%26_Darlington_Railway_(Brown_via_Getty_Images).jpg

現在をつくってきたイノベーション

「イノベーションとは何か」で書いたように、イノベーションとは新しい発見や発明が、世の中に普及して人々の生活を変え、経済的な価値を生み出すことです。そのため、そのイノベーションの定義に沿ってイノベーションの「すごさ」を語るには、

イノベーション度　＝　発明・発見自体の新しさ　×　社会へのインパクトの大きさ

と考えることができます。

イノベーション度が高い「超」イノベーションとは、偶然の発見かどうかにかかわらず、新しさのレベルがこれまでになく画期的であり、かつ、世の中に与える影響が永続的かつ巨大である、ということになります。

「超」イノベーション
＝　発明・発見が画期的に新しい　×　社会へのインパクトが巨大で永続的

これからの超イノベーションの可能性を語る前に、今まで超イノベーションにあてはまるも

のは何があったのか、実例を挙げて考えていきたいと思います。

「超」イノベーション番付

それではどのようなイノベーションが超イノベーションと言えるのか、独断と偏見で「特別な世紀」を中心に「超」イノベーションの中でも「超超」イノベーションとも言えるイノベーションを選ぶと、次のようになります。一〇の「超」イノベーションを時系列でまとめてみました。

1 蒸気機関

蒸気機関の最初の実用化は一六九八年に遡り、トーマス・セイヴァリ（Thomas Savery）によるもので、その特許が「火力によって揚水する装置」と広いものであったため、のちにニューコメンがより進んだ蒸気機関を開発した時もセイヴァリの特許を使用しなければなりませんでした。ニューコメンの蒸気機関を改良したジェームズ・ワットによって蒸気機関が完成し、万能エンジンとして、産業革命の時代に、人類史上最も重要な技術的飛躍となりました。

一八〇〇年代を通して蒸気機関は、輸送、農業、製造業の飛躍的な改善を可能にし、イギリスやアメリカのような超大国の台頭に力を与え、さらに熱エネルギーを運動に変換するという蒸気機関の基本原理が、二〇世紀の自動車や航空機など、その後の技術革新の土台となりました。

2 電池

ボルタが世界で初めて電池を発明したのは一八〇〇年でした。ボルタの作った電池は、当時としては驚異的なほど大量の電流を持続的に取り出せるものでした。この発明によって電気の研究は飛躍的に進み、電動機・電灯・電信機・ラジオ・乾電池などの発明へとつながっていきます。この功績からボルタは電気学の始祖と呼ばれ、電圧の単位も「ボルト」と呼ばれるようになりました。

一八五九年にフランスの物理学者ガストン・プランテが最初の充電式電池を発明しました。鉛蓄電池であり、一八八一年、彼と同じフランス人のアミーユ・フォーレは鉛蓄電池の電極を改良し、現在も自動車で使用されている基本設計に到達しました。

ニッケルカドミウム電池（いわゆる乾電池）は、一八九九年にスウェーデンのユングナーが発明したものが最初と言われています。その後、アメリカで商品化され、日本でも一九六三年から、三洋電機、松下電器産業が民生用として相次いで量産化しました。

3 ワクチン

天然痘が治った人の膿をなすりつけると天然痘にならないというトルコの民間療法が有効であることをイギリスの駐トルコ外交官の夫人が発見し、本国に持ち帰りました。

一七九八年、イギリスの医学者ジェンナーにより天然痘の予防方法である種痘が開発されました。パスツールは、ジェンナーの考えた種痘に「ワクチン」という名前をつけ、ワクチンが他の病気にも応用できるのではないかと考えました。研究の末、パスツールは狂犬病、ニワトリコレラ、炭疽病などのワクチンの開発に成功しました。

4 電灯

イギリスの物理学者ジョゼフ＝スワン（1828〜1914）が、一八七八年に発光体に炭素を用いた白熱電球を試作して論文を発表し、特許も取りました。その後、試行錯誤で最初の長持ちする電球を開発したのは、エジソンであり、太陽の光への完全依存から、人類を解放しました。

電灯は、家庭の照明や街路灯から懐中電灯や車のヘッドライトまで、あらゆるものに使用されるようになりました。初期の電球に電力を供給するために構築された送配電システムは、他の無数の電機製品の普及への道を開きました。

5 電信

電報は、後にラジオ、電話、電子メールを含む一連の通信ブレークスルーの最初のものでした。一八世紀と一九世紀にさまざまな発明者によって開拓された電信は、最終的に一八五四年に画家でもあったサミュエル・モールスの権利が米国最高裁判所によって認定され、特許の紛争は解決されました。

モールスはアメリカ・ヨーロッパ間の海底ケーブルの計画を立て、それは一八六六年に実現されました。

イギリスは、大西洋横断ケーブルの完成後、ロンドンからインドへ到る海底電信ケーブルも敷設、一九〇二年には太平洋横断電信ケーブルを敷設し、世界を結ぶ大きなケーブル網（All Red Line）を完成させました。このことによってイギリスは情報伝達面において圧倒的な力を得ることができました。

遠く離れた場所にメッセージを迅速に送信する機能は、政府、貿易、銀行、産業、戦争、ニュースメディアに永続的なインパクトをもたらし、現在の情報化時代の基盤を形成しています。

6 化学肥料

ハーバー・ボッシュ法は、現代化学工業における窒素化合物合成の基本的製法であり、フリッツ・ハーバーとカール・ボッシュが一九〇六年にドイツで開発しました。

大気中に無尽蔵に存在する窒素を固定化することで農業用の肥料を作れることになり、現在も人類の食料生産はこの発明を基盤としています。

7 抗生物質

一九二八年に世界で初めての抗生物質「ペニシリン」が、イギリスのフレミングによってアオカビから発見されました。抗生物質の発見により、人類の平均寿命は劇的に向上しました。第一次世界大戦で高かった負傷兵の死亡率は、第二次世界大戦中には抗生物質（ペニシリン）の使用により、劇的に低下しました。

死の病と恐れられていた結核は、戦後にワックスマン（アメリカの科学者）が結核菌（ペニシリンの効かない病原体）に対する抗生物質を発見したことで、治療が可能となりました。ワックスマンは、一九五二年にノーベル生理学・医学賞を受賞しています。

8 半導体

一九四七年にベル研究所の物理学者のジョン・バーディーンとウォルター・ブラッテンがトランジスタによる信号の増幅実験に成功し、さらに一九四八年にはウィリアム・ショックレーが、より安定的に利用できるタイプのトランジスタを発明したことで、半導体ビジネスが始まることになります。

以来、ムーアの法則として知られている通り、半導体の集積度は、ほぼ一八カ月ごとに倍増し続け、計算速度の指数関数的な向上は現在も続いています。

9 コンピューター

現代のコンピューターの発明者とされる特定の一人はいませんが、アラン・チューリングは一九三〇年代に「チューリングマシン」という概念を提案し、現代のコンピューターの理論的な基礎を築きました。

ジョン・フォン・ノイマンは一九四〇年代に現代のコンピューターの基本的な設計原則を定義しました。

一九四〇年代、「コンピューター」という言葉は、手作業で複雑な計算を行う人々（主に女性）を指していました。第二次世界大戦中、アメリカは弾道軌道の計算を行う新しい機械の開発を開始し、手作業で計算を行っていた人々は、これらの機械をプログラミングする仕事に就きました。コンピューター、ストレージとメモリの開発がこれに続きました。

10 インターネット（ARPANET）

インターネットにも特定の発明者はいませんが、多くの人の関与により時間とともに形成されました。

一九五〇年代、コンピューターの発展とともにアメリカで始まり、インターネットの最初の実用的なプロトタイプとなったのは、一九六〇年代後半に登場したARPANET（Advanced Research Projects Agency Network）でした。

一九七〇年代までに、伝送制御プロトコル（TCP／IP）が開発され、コンピューターが相互に通信できるようになりました。

ARPANETは一九八三年TCP／IPプロトコルを採用し、そこから研究者は「ネットワークのネットワーク」を構築し始め、それが現代のインターネットになりました。

World Wide Webの父は、イギリスのコンピューター科学者であるティム・バーナーズ＝リーであると考えられています。彼は、世界中の大学や研究機関の科学者の間で情報を共有できるようにするために、かれが所属していた欧州原子核研究機構（CERN）のWebを作成し、一九九〇年に世界最初のウェブサイトhttp://info.cern.ch/を公開しました。CERNは一九九三年WWWを誰に対しても無償で開放することを発表しました。

イノベーションの限界効用

「特別な世紀」で生まれた数々の超イノベーションのようなものは、今後はもう起きないだろう、というロバート・J・ゴードン・ムーアの考え方を前の章で紹介しました。[*5]

技術の進歩はすごいが、技術の変化の割には、生活者の感じる効用は限定的、ということです。このことを「イノベーションの限界効用が逓減している」と言い換えることができるかもしれません。もちろん厳密な意味ではありません。

効用とは、人間の主観的な欲望の単位で、財の消費を一単位追加したときの効用の増加分を限界効用といい、それはだんだん減っていきます。これを「逓減《ていげん》する」といい、この原理を「限界効用逓減の法則」といいます。イノベーションの革新度は材の消費と異なり定量化できないので、あくまでイメージの話です。

過去の「超」イノベーションでは、移動の速度が一〇〇倍になり、寿命が倍になる、といった巨大な効果がありました。しかし、この二年間で計算速度が二倍になっているのに、我々が受ける効用は二倍にはなっていません。

今後のイノベーションも、同じように我々の生活をどんどん良くしていますが、その変化の幅は、技術の革新度の大きさに見合わず、かつてよりは小さくなるのかもしれません。

技術はものすごく進化しても、イノベーションによる「顧客体験」という意味では、生活者が劇的な進歩を感じにくくなっているのです。

超電導リニアは「超」イノベーションか？

一八五三年に東京から大阪に行くのは基本的に徒歩で一四日間かかりましたが、明治時代には鉄道の開通により、二〇時間で行けるようになりました。

徒歩で一四日間もの長期間を移動するとなると、弥次さん喜多さんのように、泥棒の被害にあったり、病気になったりするリスクも大きいので、ほとんどの人は生まれた場所で育ち、死んでいきました。

これがわずか一日で行けるようになると、人間の生き方が変わります。社会の在り方を根本的に変えるイノベーションでした。

新幹線の開通もインパクトはかなり大きいものでした。東京―大阪が三時間半（現時点では二時間半）となり、ビジネスでの日帰りをすることも可能となり、ますます移動が活発化していきました。

次は超電導リニアということになります。完成すると東京―大阪間は今の新幹線の半分以下の所要時間になると言われています。

リニアが我々の生活や社会にどのような変化を及ぼすか、ということを考えると、過去の二回のイノベーション（鉄道の開通、新幹線の開通）がもたらしたインパクトと比較すると、非常に限定的なインパクトしかないでしょう。

なぜなら、東京―大阪日帰りは今の新幹線でも可能で、飛行機も一時間弱で羽田―伊丹を結んでいるからです。

超電導リニアという技術自体は大変素晴らしいものですが、残念ながら我々の生活へ及ぼす影響、顧客体験の変化は非常に小さいでしょう。

このように、さまざまな技術分野でイノベーションの効果が昔ほど体感しにくくなってきているのが現代だと考えることができます。

17

宇宙の「超」フロンティア

宇宙エレベーターのイメージ

大林組「宇宙エレベーター建設構想」
『季刊大林』
https://www.obayashi.co.jp/kikan_obayashi/detail/kikan_53_idea.html

イノベーションのフロンティア

技術がどんどん進歩しても、生活者が体感する変化には限界があること、つまり生活水準の向上という意味では、フロンティアが消滅しつつあるのではないか、ということは実は多くの人が感じていることです。人類は次のイノベーションのフロンティアを求めている段階です。

たとえばサステイナビリティ（持続可能性）の追求であり、たとえば宇宙などの新たな未踏の分野の開拓です。どちらも次のフロンティアとして脚光を浴びている状況ですが、どちらもすぐに我々の生活水準の向上に直結するものではありません。

自動車の速さを倍にすることより、ＥＶ（電気自動車）で速さは同じだが環境負荷を下げることのほうが、今の時代のフロンティアに合致しています。

ＥＶは航続距離や充電時間などを考えると、ガソリン車より不便であり、生活利便性の向上ではなく、サステイナビリティを目指すイノベーションということになります。

地球温暖化が防げるとしてもそれはすぐにではなく、我々にとっては、大きな体感できる変化はないでしょう。

宇宙開発でもし火星に住めるようになるとしてもかなり先の話であり、将来の人々に関わることで、現在生きている我々には実際の恩恵はほとんどありません。

技術の中身では驚くべき速度で大きな革新が起こっているのですが、人間の生活に反映すると、実はその有難味がわかりにくくなっているのです。

より速く、より大きく、よりおいしく、より安く、というようなこれまでのフロンティアは限界まで達しています。つまりこれまでのフロンティアが消滅し、新たなフロンティアが注目されています。

新たな「超」イノベーションのフロンティアはどこになるのかというと、さまざまな方向性があります。

持続可能性、宇宙空間の利用、エネルギー革命、寿命革命などがあります。本書では到底すべてをカバーできないので、そのほんの一部について見ていきます。

寿命脱出速度

ちなみに寿命の革命とは何かというと、人類が不老不死に近づくことです。老化は病気のように治せるのではないか、ということでさまざまな研究があり、ゾンビ細胞のスタートアップにはジェフ・ベソスが、アマゾン引退後に投資したりしています。ゾンビ細胞（senescent cells）は、正式には老化細胞といい、細胞が分裂を停止した状態でありながら、死なずに体内に留まる細胞のことを指します。

細胞分裂を停止して一見死んでいるように見えるのにいつまでも体内にとどまるため通称ゾンビ細胞と呼ばれます。多くの加齢関連疾患の発症リスクを高め、外観も老化させると考えられています。

ゾンビ細胞を特定し除去する薬剤や、ゾンビ細胞による悪影響を抑制する薬剤が研究の対象となっています。

キッシンジャー博士は一〇〇歳、世界最高の投資家ウォーレン・バフェットの盟友チャーリー・マンガー氏は九九歳で亡くなりましたが、二人とも最近まで活動をしていました。科学の進歩により、昔に比べて毎年少しずつ寿命は延長しています。

寿命の延長の速度が毎年一年を超えるようになると、人間が年をとるスピードより寿命が延長するスピードのほうが上回り、人類の不老不死が理論上可能となります。これが「寿命脱出速度」と呼ばれているものです。

宇宙でのイノベーションはどこに向かうのか？

実際は、宇宙はすでに我々の日常生活の多くの側面に関連しています。

新しいビジネスアイデアが創出され続けており、新しい大規模な投資機会の創出が期待されています。宇宙は間違いなく現代のフロンティアの一つです。

宇宙は生活利便性の向上だけではなく、安全保障の面、地球規模のサステイナビリティを推進する上でも重要な役割を果たすため、最も将来性がある分野の一つです。
かつてのアメリカとソ連の間の宇宙開発競争は、主に軍事技術競争でした。宇宙は依然としてかなりの部分は、安全保障と科学的実験の領域ですが、機関投資家や大企業、超富裕層からの投資が急速に増加し、商業利用の範囲が拡大しつつあります。急速な技術の進歩により、商業的な資金提供が促進されて、国だけでなく民間資本が宇宙にアクセスしやすくなっているのです。
二〇〇〇年代初頭、宇宙関係の研究開発資金の九〇%以上が政府からのものでしたが、二〇二三年時点で、民間資金が全体の約三〇%を占めています。[*6]
また、宇宙活動はますますグローバル化しています。過去五年間で、アメリカ以外の宇宙予算は一三〇%以上増加しました。二〇二一年には四〇カ国が軌道に衛星を打ち上げ、二〇一五年の二倍になっています。[*7]
マッキンゼーの二〇二二年のレポートによると、宇宙経済は、すでに世界のGDPの約〇・六%を占めています。[*8]
衛星によって全地球測位システム（GPS）が可能になり、紙の地図は誰も持たなくなりました。しかもレストランへの道順や所要時間まで、何でも案内してくれます。金融でも、衛星を介した通信でクレジットカードの読み取りからモバイルバンキングまで、金融取引が容易になっています。衛星データにより天気予報もより正確となりました。

テレビ会議や農業から排出量の追跡、モノのインターネット（IoT）の相互接続性まで、日常生活の多くの側面をサポートしています。

過去数十年間で、打ち上げコストは一キログラムあたり六五〇〇〇ドルから、地球低軌道（LEO）への打ち上げでは一五〇〇ドルにまで九五％以上低下しました。ソフトウェアの進歩、小型化、およびスペースXのような再利用ロケットの技術的進歩が組み合わさって、コストが低下したのです。打ち上げコストの低下により、さらに多くの可能性が開かれていくことでしょう。

また、コンピューターの能力の進化により衛星の情報処理・通信能力は格段に向上しています。過去五～一〇年間で、衛星のコストパフォーマンスは一千倍以上向上したケースもあり、衛星はこれまでよりもはるかに多くのデータを生成および転送しています。稼働中の衛星の数は、過去二年間で二倍になり、AIの利用により、膨大な量のデータを処理および操作する能力がもたらされました。

さらに先を見据えると、AI、ロボット、原子力エンジンなどの進歩により、排出量などが改善され、宇宙空間での素材生産などのサステイナブルな、全く新しいビジネス機会が生み出される可能性があります。[*9]

LEOメガコンステレーション

通信衛星は一九六〇年代から存在しましたが、当時は地上約三万六千キロメートルの静止軌道上に位置するため、通信の遅延、通信速度が遅い、特定の地域において通信できない、といった欠点がありました。

これに対し、LEO（Low Earth Orbit＝低軌道）通信衛星コンステレーション（コンステレーションとは星座という意味で、星が連なっている様子を指す）は地上二千キロメートル以下という低〜中軌道上に存在するため、遅延が小さく、通信速度も速くなり、すべての地域に対してサービスを提供できます。つまり、地球上どこでもブロードバンド通信が可能になります。

二〇二三年現在、世界でブロードバンドが十分に整備されていない地域の人口は約三〇億人と言われていますが、たとえば、現在ブロードバンド環境が整っていないアジアやアフリカ、高山や北極圏などの地域において、インターネット経由でエンタメや高度な教育が提供できるようになるのです。

インド発の教育テック（EdTech）企業であるPhysicswallahは、物理学をはじめとしてあらゆる理科の教科を動画配信で教えるサービスを提供しています。二〇一七年に個人で細々とユーチューブ上で配信を始めたこの会社の企業価値は一〇億ドルに達しています（二〇二二年七月現在）。ブロードバンドがどこでも可能となると、どんな僻地で生まれても、やる気さえあれば勉強できるようになるわけです。

デジタルディバイドとは、情報通信技術の恩恵を受けることのできる人とできない人の間に生じる経済格差のことを言いますが、その解消は教育だけではなく、多くの面で格差の解消につながるでしょう。


LEOコンステレーションの老舗であり現在はイギリス政府とインドの企業が株主のワンウェブ（OneWeb）は各国企業や政府との提携を進めています。二〇二三年二月カナダ全域に通信キャパシティを提供する契約を締結したことを発表しました。[*10] カナダにはブロードバンドにアクセスできない地域が数多くありますが、特にヌナブト準州は旧来型の衛星接続サービスに一〇〇%依存していて、通信速度の遅さなどが深刻な問題となっています。

同じ二〇二三年二月には、カザフスタン鉄道と契約を締結し、カザフスタン全土の鉄道車両や駅向けに通信サービスの提供を検討していくことを発表しています。

波及効果は多くの産業分野に及び、次のような可能性が語られています。

金融　デジタルディバイドが存在する地域におけるネット接続による電子決済や仮想通貨などの普及により、銀行口座などを持てない貧困層でも携帯などで決済することができる。

医療　インターネットを通じたオンライン診療、または遠隔での機器操作による手術の実現により、地球上に存在する医療格差の是正が可能になる。

エンタメ　ソーシャルゲームが地球上どこでも楽しめるようになる。

遠隔労働　約三〇億人の人が追加でインターネットに接続することにより、業務のアウトソーシングのための新たな労働力の確保が可能になる。たとえばブロードバンドを通じて海外の低賃金の労働者が日本国内の工場のオペレーションを担うことも可能になる。こういう形での労働力不足の解消を「デジタル・イミグレーション（デジタル移民）」と呼ぶ。[*11]

農業　遠隔労働により僻地における児童労働などが解消でき、フェアトレーディングが実現する。

メタ労働　あらゆる場所での高品質通話・ビデオ会議、航空機内の高速通信も可能になり、働き方にも大きな影響をもたらす。メタ空間で会議したり協業したりというのが、地球上どこにいても可能になる。

通信衛星コンステレーションには、このようなビジネスチャンスがありますが、さらに多様なビジネスチャンスも派生します。

近い将来に確実に生ずる問題として、小型衛星の寿命は数年であるため、交換も頻繁に行わなければならず、特段の対処をしない場合は大量の宇宙ゴミが発生してしまうことが最大の問題です。

こうした未来の課題を解決することもビジネスの着眼であり、日本発のスペースデブリ回収スタートアップのアストロスケール社はそうした問題意識を世界に先駆けて、かなり早い時点で持っていたことになるでしょう。ちなみにアストロスケール創業者の岡田光信氏は東京大学農学部卒で財務官僚を経てマッキンゼーという異能の人物です。

宇宙ツーリズムの将来性

宇宙ビジネスは大きく四つの分野に分かれています。

1 打ち上げサービス、ロケット製造
2 人工衛星の製造
3 地上設備製造
4 商業用宇宙ツーリズム

アストロスケールのデブリ除去技術実証衛星「ELSA-d」
画面左の衛星が捕獲機（サービサー）で、右の衛星が模擬デブリ（クライアント）
Credit: Astroscale
https://sorae.info/space/20230316-astroscale.html

宇宙産業でのメジャーなカテゴリーは機器や衛星の製造であり、世の中の宇宙産業の多くは1～3にあたります。一方、4の宇宙ツーリズムのカテゴリーはいちばん新しい分野であり、今後も伸びていくとされています。[*12]

宇宙旅行ビジネスは未来のニーズを想定したビジネスの一つと言えるでしょう。

たとえば、アメリカの宇宙産業ベンチャーであるスペースアドベンチャーズ社（Space Adventures, Inc.）は、一九九八年にアメリカ、バージニア州で設立され、従業員数は四〇人ほどの会社です。[*13]同社は宇宙旅行の旅行代理店であり、民間人を宇宙へ連れていくビジネスです。国際宇宙ステーション（ISS）へ訪問させたりしており、日本でも、ZOZO創業者の前澤有作氏が同社のサービスを使用して、国際宇宙ステーションに一二日間滞在しています。

同社は、自社ではロケットや宇宙船を作らず、宇宙旅行のサービスを提供することにフォーカスしています。他社のロケットを使用するため、開発・製造などの膨大な投資は不要になり創業のハードルが低く、かつ、自社のサービスに合致した打ち上げ会社と手を組める自由さがあります。

出発する前には、民間人にさまざまなメディカルチェックや訓練を施し、宇宙に送り出します。イーロン・マスクによるスペースX社は、自社でロケットを製造してサービスを提供するビジネスを展開しているため、その点が異なります。

現時点ではそれほどニーズがなく、また利益も出ない、先を見据えた宇宙旅行や宇宙観光といった産業に二〇年ほど前から事業展開をしていることが非常に興味深い点です。

宇宙産業は過酷な外部環境でも機能する必要があることから、地球で使用するよりさらに高度な技術が必要となってくるため、宇宙旅行は科学技術の進歩にも寄与すると考えられます。

宇宙旅行はこれまでは選ばれ訓練された宇宙飛行士のみが行くものでしたが、今後は民間人にも確実に広まっていき、将来は旅行ビジネスも拡大していくでしょう。

宇宙旅行が拡大すれば、それに伴い宇宙での食事やトイレ、宇宙でのスポーツなどの娯楽、宇宙でのアートなど、それからさらに派生するビジネスも多数出現していくと考えられます。

コンステレーション大競争時代

低軌道通信衛星コンステレーションの問題は、低軌道のためカバー範囲が狭く、大量の衛星を軌道上に並べる必要があることです。このため、宇宙ゴミの問題と並んで、軌道という有限な資源の獲得競争が生じます。

すでにコンステレーションビジネスにはアメリカの大手テック企業が軒並み参入しているほか、既存大手企業、中国企業、インド企業、スタートアップ企業など、数多くの企業が名乗りを上げています。

イーロン・マスクのスペースX社のスターリンク計画は最終的には約一万二千機（四万機とも言われ諸説あり）の小型衛星を軌道上に配置し、それらの衛星からインターネット通信サービスの提供を計画しています。

スターリンクは二六八八基の衛星（二〇二二年十月時点、稼働中のみ）から構成され、日本でもサービスが開始されました（二〇二二年十月発表）。月額サービス料は一万二三〇〇円、アンテナキットは七万三千円と、手の届く価格となっています。

スターリンクは、ウクライナがロシアの攻撃によって通信インフラの途絶する危機を迎えたとき、イーロン・マスクがウクライナに無料で提供し、これによりウクライナはその危機を回避できたことで、有名になりました。[*14]

ウクライナのフェドロフ副首相への日経ＢＰのインタビューによれば、「二二年四月、キーウ攻防戦で被害を受けた首都近郊のイルピンやロマニフカ周辺で、ボーダフォン社のエンジニアがスターリンクに接続された基地局を開設し、住民に４Ｇ接続を提供した」ということです。

アマゾンも、世界中の三八億人と、アメリカの固定ブロードバンドにアクセスできない二一三〇万人への通信サービスの提供を掲げ、通信衛星コンステレーションに参入を表明しました。アマゾンはＡＷＳを運営しており、ブロードバンド通信に接続できる人が増えることでそれらの収益も増えるという効果が期待できるほか、衛星と通信を行うための地上設備である地上局の運用を行うサービスAWS Ground Stationをすでに提供しており、ＡＷＳや通信衛星コンステレーションと合わせることで、通信インフラの垂直統合の実現を目指しているとされています。[*15]
アマゾンのコンステレーションでは一兆円以上の投資が必要であるとのことです。地上の基地局整備にはさらに膨大な設備投資が必要なことを考えても、コストパフォーマンスに優れていると考えられています。

アメリカ企業ではその他、グーグル（衛星ではなく気球）、ボーイングなども名乗りを上げています。

ヨーロッパではルクセンブルクの通信衛星会社であるSESも通信衛星コンステレーションを構築する計画を推進中です。ちなみにその計画の名称はO3b計画といいます。Other 3 billionの略であり、世界中にいるインターネットに繋がっていない三〇億人の人をイメージしています。

北極圏にインターネットを届けるスペースノルウェー（Space Norway）や、IoTサービス用の通信衛星コンステレーションの構築を目指すケプラー（Kepler）、フランスの企業であり、リモートセンシングとIoTネットワークの両方を実現するテイア（Theia）も存在します。

資本市場からの巨額な投資が宇宙開発をドライブする

こうした急速なビジネス化は、資本市場により民間から巨大な資金調達が可能になったことによっています。資本市場からの資金調達により設立された宇宙関連のスタートアップの数は、二〇一〇年から二〇一八年の間に二倍以上になりました。

実は一九九〇年代には宇宙ブームがありましたが、先細りとなり予測は外れました。今回のブームは以下の三点で前回のブームとは大きく異なるからです。

1 コストパフォーマンスの改善　コストパフォーマンスが圧倒的に改善しています。コンピューターの能力の向上で同じ衛星でも能力が劇的に向上している一方で、打ち上げコストが劇的に低下した結果、一〇年前には構想だけでコストが見合わず実用化できなかったアイデアが現実化しています。

2 資本市場の役割の増加　宇宙は現在、資本市場から巨大な資金を集めるようになっており、政府への資金依存は減少しています。

3 グローバル競争　アメリカ一強ではなく、中国、インドをはじめ多くの国が参加することで、宇宙製品やサービスの需要がますます高まる可能性があります。

日本の現状はどうか?

日本の場合は、宇宙産業に民間があまり入ってきておらず、アメリカなどに比べて遅れているという認識が一般的です。

ispace社が発表した、民間月面探査プログラム「HAKUTO-R」において月に輸送予定のマイクロローバー（小型月面探査車）の最終デザイン

ispaceのHPより（2023.11.16）
https://ispace-inc.com/jpn/news/?p=4964

内閣府ホームページの情報を国別にみると、宇宙関連企業の世界売上高上位一〇社中、八社は米国企業、残り二社はヨーロッパ企業が占めています。各国ともに国家戦略として宇宙産業を育成しており、欧米は商業展開を通じて事業の効率化を推進しています。

日本に関しては、世界の売上高上位二五位のうち、一九位に三菱電機が入っているのみという状態です。[*16] 日本で宇宙産業を発展させていくには、民間からの参入を可能にすることが急務でしょう。二〇二三年に東証に上場したアイスペース（ispace）のような宇宙スタートアップが今後も生まれることが期待されています。

宇宙エレベーターは未来の「超」イノベーション？

まだ相当先の未来にはなりますが、「超」イノベーションの候補として宇宙エレベーターがあります。宇宙エレベーターというのは静止衛星と地球を物理的につなぎ、それを伝わって宇宙と地球を行き来するものです。

静止衛星とは軌道上に静止している衛星のことですが、なぜ静止できるのかというと、地球の自転による遠心力と重力が拮抗しているからです。それより地球に近いと落下し、それより遠いと宇宙空間に飛んでいってしまいます。

遠心力がないと成立しないので、赤道付近が最も適しています。建設は静止衛星からちょっとずつ糸を垂らすように地表に向けて建設していくことになるでしょう。同時に反対側にも同じ長さでちょっとずつ伸ばし、遠心力のバランスを維持しつつ建設する必要があります。問題は地表まで四万キロメートルもあることで、鉄だと自重で折れてしまいます。長年荒唐無稽とされてきたこのアイデアが、軽くて驚異的な強度のあるカーボンナノチューブの開発が成功したことで原理的には可能となり、現実味を帯びてきています。

スタンリー・キューブリック監督の『2001年宇宙の旅』の原作者であるSF作家のアーサー・C・クラークはイギリス人ですがイギリスに住んでいた年数よりもスリランカに住んでいた年数のほうが長く、スリランカに移住し死ぬまでそこで暮らしました。

宇宙エレベーターがどれほどすごいことなのか、アーサー・C・クラークの宇宙エレベーターを題材とした小説『楽園の泉』で宇宙エレベーターの構想についての主人公の演説がわかりやすいので、そのまま引用します。

小説上の島の名前はタパプロミーですが、九〇%スリランカであり、それはミルトンの詩にある「インドから、マレー半島から、また最果てのインドの島タプロバニーから……」（ミルトン『復楽園』第四部）からとったようです。

「宇宙時代に入ってもう二〇〇年近くなります。われわれの文明は、その期間のなかば以上にわたって、いま地球をまわっている無数の人工衛星に全面的に依存してきました。世界の通信網、気象の予知や制御、陸地や海洋の資源、銀行、郵便や情報のサービス……宇宙空間にあるそれらのシステムに何かがおこれば、われわれは暗黒時代に逆戻りすることでしょう。それがもたらす混乱の中で、病気と飢えのために人類の多数が滅びることでしょう」[*17]

「……宇宙船はいまもはなはだしい低効率であります。そればかりか、環境への影響には恐るべきものがあります。接近回廊を管制しようとする多大の努力にもかかわらず、発進と再突入時の騒音は、幾百万の人々を悩ませております。上層大気に放出される排気生成物は気候変化を誘発し、それはきわめて重大な結果を招くかもしれません。二〇年代における紫外線の異常増加による皮膚癌の危機、そしてオゾン層の修復に要した化学物質の天文学的経費は、誰しも記憶に新しいところであります。しかし、今世紀の終わりにおける輸送量の増加を推定するならば、地球から軌道への輸送総トン数は五〇パーセント近く増加するにちがいないことがわかります。われわれの生活様式に……おそらくわれわれの生存そのものに……耐えがたい負担をおよぼすことなしには、これを達成することは不可能です」

これを書いているのは、二〇二三年のイーロン・マスクではなく、一九七八年のアーサー・C・クラークです。驚くべきことにアーサー・C・クラークは、軌道に打ち上げるロケットの数が急速に増大することの弊害、騒音やCO2排出による気候変動、大気汚染による健康への悪影響をすでに予想していたのです。

カナダの宇宙開発企業が米国特許を取得した大胆なアイデアは、高さ約20kmの成層圏に達する「宇宙エレベーター」からロケットを発着させるというもの。

https://wired.jp/2015/08/20/thothx-tower-space-elevator/

宇宙エレベーターにより、宇宙利用のコストは極端に低下すると試算されています。一般社団法人宇宙エレベーター協会の試算によると、貨物一キログラム当たり必要な打ち上げコストは一〇五万円（日本のH2Aロケット）だが、宇宙エレベーターだと五千円ですむようになるとされます。こうなると宅急便を海外に送る運賃とあまり変わりません。

太陽光は大気圏で多くのエネルギーを失っているので、宇宙での太陽光発電は非常に効率がいいでしょうし、無重力農業なども現実化してくるでしょう。まさに「超」イノベーションです。

18

量子コンピューター、次のイノベーション論

量子コンピューター
Dmitrmipt, via Wikimedia Commons
https://en.wikipedia.org/wiki/File:Схема_криостата_МФТИ.jpg

量子コンピューター

スーパーコンピューター「富岳」の何千万倍もの速い速度で計算できるのが量子コンピューターです。

アメリカ、中国、イスラエルが先行しており、特にイスラエルでは何年も前から取り組みが始まっていて、たとえばテクニオン・イスラエル工科大学ではアメリカの実業家から巨額の寄付を受けて量子コンピューティングセンターの強化を図っています。中国人の博士課程の研究者など、年齢や国籍に関係なく世界中から優秀な研究者が集まっています。

量子コンピューターの開発に成功すれば、一九四〇年代の米英ソ連が国を挙げてしのぎを削った核開発を凌ぐ、強力な軍事的優位性が得られるとされています。敵国の軍事通信の暗号信号を瞬時に解読でき、それが故に敵を無力化できるからです。

民生利用としても、人ゲノムの情報の解析を通じてがんのゲノム新薬開発を今までの数百倍の速度で可能にするだろうとされています。

シリコンチップを基本とした現在のコンピューターの速度は二年で二倍になるというのがムーアの法則でしたが、量子コンピューターはこのムーアの法則を笑いものにする力を持っているわけです。二年で二倍どころか、二年で数兆倍になります。

このためビットコインなど暗号資産は量子コンピューティングが実用化すると、前提条件が破綻してしまうことになるのではないかと一部では議論されています。[*18]

たとえば、ビットコインの採掘で今二カ月に一ビットコインを掘り出しているところ、量子コンピューターを使えば、一秒もかからないで採掘することができることになり、一挙に希少性が崩れてしまうのではないかとも言われていますが、実際のところは誰にもわからない、というのが正確なところのようです。

グーグルは量子超越性を達成したか

二〇一九年、グーグルが量子スプレマシー（Quantum Supremacy）を達成した、と発表しました。日本語では「量子超越性」と訳され、プログラム可能な量子デバイスが、どのような古典コンピューターでも実用的な時間では解決できない問題を解決できることを証明すること、という定義になっています。

グーグルが発表したのはグーグルの量子コンピューターが、現存するスーパーコンピューターの最も強力なもの（ＩＢＭのＳＵＭＭＩＴ）ですら一万年かかるものを二〇〇秒で計算し終えた、というものでした。世界最高速のスパコンの計算速度よりも一兆五千億倍速いとグーグルは主張したのです。

これに嚙みついたのは量子コンピューター開発のライバルＩＢＭでした。

ＩＢＭの反論は、グーグルがＩＢＭのＳＵＭＭＩＴで一万年かかるとした計算は、実はＳＵＭＭＩＴにとってはたったの二・五日しかかからない、ということです。二・五日であれば、十分実用的な計算時間であり「古典コンピューターでも実用的な時間では解決できない問題を解決できること」という量子超越性の定義にはあたらない、というのがＩＢＭの主張です。[*19]

量子コンピューター開発競争

二〇一九年当時、すでにトランプ政権は、連邦政府全体の量子関連の活動のために、五年間で一二億ドルの承認を得て、量子コンピューティングを優先研究開発対象にしていました。しかし現在では、それよりはるかに多額の資金が資本市場を通じて民間企業に投入されています。

グーグルの量子コンピューター開発のリーダーは、ハルトムート・ネビン（Hartmut Neven）です。イスラエルで物理学と経済学を勉強したあと、ドイツのマックスプランク研究所を経てＮＡＳＡで仕事をし、現在はグーグルの量子人工知能研究所を率いています。

グーグルの量子人工知能研究所は、カリフォルニア大学サンタバーバラ校の量子コンピューターのチーム（John Martinis教授他）を二〇一四年にそっくりそのままヘッドハンティングしています。

グーグルやＩＢＭの量子コンピューターは、超電導キュービット（qubits）を用いる（qubitsとは、量子力学の状態を利用して、0と1以外の重ね合わせ状態を取りうる情報素子のこと）アプローチです。専門家によると、そのアプローチが正しいかどうかはまだ固まっていない状態とのことです。

グーグルとIBMだけでなく、マイクロソフトやインテル、アマゾンといった巨大テック企業が量子コンピューター開発に資金を投じています。

スタートアップ企業も数多く存在し、資本市場やベンチャーキャピタルから巨額の資金を調達することで、他の方式も使用して、量子コンピューティングの実用化に取り組んでいます。[*20]

SPACという手法で上場しており、ナスダックへの上場ではありませんが、米国で上場したばかりの量子コンピューター関連のベンチャー企業IonQ（イオンQ）はSPACのスキームを用いて上場し、二〇二三年二月現在、時価総額は一〇億ドルを超えています。

量子コンピューティングの先駆者リゲッティ・コンピューティング（Rigetti Computing）もSPACにより株式公開。カナダ企業ディーウェーヴ・システムズ（D-Wave Systems）もSPACを通じて、商用量子コンピューターを一般市場に投入する計画を発表し上場を果たしました。

ほかにも、セキュリティソフトウェアのスタートアップのアーキット・クォンタム（Arqit Quantum）社は、量子暗号化サービスを衛星経由で提供するとしています。上場していない、ベンチャーキャピタルの支援するスタートアップ企業は、さらに数多く存在している状況です。基本的には、それらスタートアップ企業はアメリカ、中国、インド、イスラエルに限定されており、しかもすでに政府資金ではなく資本市場からの巨額の資金調達で研究開発がファイナンスされている状況にあります。日系企業の存在は認識されていません。

リーンスタートアップの限界

これまで紹介したイノベーション論、特に第5部で紹介したものは、ボトムアップの考え方になっています。たとえば「リーンスタートアップ」では、まず小さく始め、顧客の反応を見ながら試行錯誤を繰り返すことが重視されていますし、「エフェクチュエーション」は、目指すゴールから逆算するのではなく、自分の手持ちの強みからスタートし、リスクの低い形で少しずつ始めることが重視されています。

これらは、失敗を避けローリスクで起業を成功させる方法論という意味では正しく、たとえば、アプリ開発、ＳａａＳ系、ビジネスモデル系のビジネスアイデアには向いているでしょう。そうしたビジネスは小さく始めることが可能だからです。

しかし、ディープテック系の研究開発型スタートアップでは、小さく始めることがそもそもできず、売り上げのない状態で巨額の研究開発投資が必要になります。

ディープテック系のスタートアップは、製品が完成するのはまだ先の話なので、「小さく始めて顧客の反応を見る」ということは不可能です。

実際に顧客の反応を見て軌道修正を繰り返すことはできないので、ほかの観点から、ビジネスアイデアが妥当かどうか、勝算があるか、投資していいかを判断しないといけません。

コンセプト・ドリブン方式とは

リーンスタートアップの試行錯誤とは逆の方式として、インベストメント・セシス（Investment Thesis）方式があります。インベストメント・セシスとは、ベンチャーキャピタリストが投資委員会に自分の投資案件を売り込むための提案書になります。セシスとは論文のことです、辞書でThesisの意味を検索すると、学位論文、卒業論文、論題、題目、（学校の）作文、（論証さるべき）命題、定立、テーゼと出てきます。インベストメント・セシス方式とは私が知人から聞いたもので、一般的な用語とはなっていませんが、将来的に脚光を浴びそうな分野、比較的競合が少ない、空いている分野を狙い、人工的にスタートアップを作る方式を指しています。

たとえば、量子コンピューターのスタートアップ、ということだけだと投資対象としては、いまひとつです。なぜなら、先行する競争相手がひしめいており、勝算が低いからです。ところが、量子コンピューターが実現された段階で次の暗号化を考えるビジネスなら、勝算はあるでしょう。量子暗号化サービスを衛星経由で提供するサービスを掲げるスタートアップについて既述しましたが、「量子コンピューター」×「暗号化」×「衛星経由」ということであれば、先行者となり勝てる可能性も出てきます。

先に紹介した宇宙のデブリ回収サービスの会社であるアストロスケールも、出発点はそれに近く、宇宙ベンチャーの数は多かったものの、「宇宙」×「ゴミ回収」のベンチャーは当時はなく、世界で先行者になることができました。

誰もやっていない分野にいちばん初めに本格的に資源を投入すると、それだけで優位性を獲得することができます。

もしアストロスケールの創業者の岡田光信氏が自分の強みから発想していたら、起業はできなかったかもしれません。彼はコンサルタントや官僚の経験はありましたが、農学部出身で、宇宙の専門家ではなかったからです。

同じようなやり方で「都市計画」×「ディープラーニング」であるとか、「メッセンジャーRNA」×「畜産」とか、いくらでも領域を考えることができ、そこで勝てるアイデアがあるかを考えるのです。

こうした方式は一部ではすでに、ベンチャーキャピタル主導で行われています。

ベンチャーキャピタルがMBAと理系の博士の両方を持っている人材を多数抱えているようなレベルだからこそ可能な方法です。

特定の面白そうな領域を設定し、専門の近い主な大学の研究者などをリストアップし、チームアップして起業させ、同時に社長やアドミニストレーション、ファイナンスを提供するのです。

すべての産業を俯瞰できる資金の出し手からの発想による人工的なスタートアップの作り方です。攻める領域のコンセプトからスタートし、それからそのスタートアップを担う研究者や経営者を集めるという、ボトムアップとは全く逆のトップダウンの方式です。手持ちの資源から出発するのではなく、狙うコンセプトから出発するという意味で、インベストメント・セシス方式、またはコンセプト・ドリブン方式と言えるでしょう。

こうした異なる方向でのイノベーション論が今後は出てくるのではないでしょうか。

注釈

*1 たとえば，Sri Lankans storm the President's house to find 'overwhelming luxury. ABC News. ２０２３年８月閲覧

*2 Ted Nordhaus and Saloni Shah. (2022) . In Sri Lanka, Organic Farming Went Catastrophically Wrong. Foreign Policy. https://foreignpolicy.com/2022/03/05/sri-lanka-organic-farming-crisis/. Retrieved in August 2023

*3 バランスキーら (2014)

*4 Brandt ら (2011)

*5 Gordon, Robert J. (2016) . The Rise and Fall of American Growth: The U.S. Standard of Living since the Civil War. Princeton University Press.

*6 前掲．McKinsey and Company. (2022) .The role of space in driving sustainability security and development on earth.

*7 前掲．McKinsey and Company. (2022) .The role of space in driving sustainability security and development on earth.

*8 McKinsey and Company. (2022) .The role of space in driving sustainability security and development on earth.

*9 McKinsey and Company. (2022) .Why on earth should business care about space?.

*10 OneWeb がカナダの通信サービス企業と提携。衛星通信依存率 100% の地域に高速インターネットを提供へ．『宙畑』．宇宙ビジネスニュース．２０２３年２月６日配信．

*11 Leo Lewis. (2022) .Who benefits from Japan's panic over ageing?
Outsourcing jobs overseas makes sense but corporate Japan may not be ready. FT Magazine. Japanese business & finance.

*12 Revfine. Space Industry: The No.1 Guide into space!.
https://www.revfine.com/space-industry/. ２０２３年９月28日参照．

*13 PitchBook. Space Adventures Overview. https://pitchbook.com/profiles/company/53638-21#overview．２０２３年９月29日参照．

*14 ウクライナ戦争で見えた「スターリンク」の凄さとリスク．『Wedge』．２０２２年10月19日配信．

*15 通信衛星コンステレーションビジネスとは～参入企業，市場規模，課題と展望．『宙畑』．https://sorabatake.jp/. ２０２０年８月28日配信．

*16 内閣府．海外主要国の宇宙政策及び宇宙開発利用の動向．内閣府ホームページ． https://www8.cao.go.jp/space/comittee/tyousa-dai1/siryou4.pdf. ２０２３年９月25日参照．

*17 アーサー・C・クラーク．(1980)．『楽園の泉』．海外SFノヴェルズ．

*18 Quantum computers and the Bitcoin blockchain - An analysis of the impact quantum computers might have on the Bitcoin blockchain. https://www2.deloitte.com/nl/nl/pages/innovatie/artikelen/quantum-computers-and-the-bitcoin-blockchain.html.

*19 Google Claims Breakthrough in Quantum Computing.
The Wall Street Journal. https://www.wsj.com/articles/google-claims-breakthrough-in-quantum-computing-11571843751. Retrieved in August 2023.

*20 世界の量子コンピュータ企業に投資する．https://www.zoomy.club/invest/world-quantum-companies/. 投稿日：２０２２年２月22日 更新日：２０２３年４月17日．

あとがき

イノベーションのためにはオリジナリティある研究成果から、というようにキレイな方向でイノベーションを振興しようとしてもうまくいきません。オリジナリティがなければイノベーションが生まれないと考えてしまうことは、イノベーションの可能性の幅を狭めてしまい非常に危険ですし、これまで何十年もやってきたことと変わりありません。

それよりもはるかに重要なのは、クリエイティブな解決案を見出すことのできる人たち、アニマルスピリッツ溢れる人たちの活躍する余地を大きくすることです。

本文で書いたように、ライドシェアの禁止により、アニマルスピリッツ溢れる起業家が、海外から模倣したビジネスモデルで競い合うという、エミュレーションとディフュージョンのサイクルが生まれる絶好の機会を奪ったことは、本当に残念なことでした。

よく、日本経済の停滞の象徴として、時価総額上位の会社の入れ替わりがあまり起きていないことが挙げられていますが、アニマルスピリッツの活躍の余地を狭めれば狭めるほど、下剋上が起きにくくなり、社会が停滞するのは当然です。

イノベーションを振興したいなら、税金を使って補助金を増やすよりも、アニマルスピリッツ溢れる個人が活躍することのできる空間を作り上げることのほうが、はるかに有効でしょう。

私見では、日本の制度疲労は極限に達しているようなので、ここが底と考えて、これからのポジティブな変化に期待したいと思います。

私にとって初めてのイノベーションとの出会いは、新卒で就職後の社会人一年目でした。学生のとき、イノベーション、起業やアントレプレナーなどという言葉は、授業でも仲間内でも一回も聞いたことがなく、ましてや自分の人生にひきつけてそうした言葉を理解しようとしたこともありません。

新卒で単に面白そうだということだけで就職した戦略コンサルティング会社のマッキンゼーで、私の席の近くのブースにいたのがアメリカのオフィスから派遣されてきていた、ビジネススクールを卒業したてのR君でした。R君はオン・ザ・ビーチで（どのプロジェクトにも入っていないコンサルタントの状態を示す社内の俗語）、ヒマな状態にあるはずでしたが、自分のブースに籠り、いつも忙しく作業をしていました。何をしているのか気になり、ある日、「いったいなんでそんなに忙しくしているの？」と聞いたところ、目を輝かせて、「自分の会社を立ち上げるので、ビジネスプランを書いているのさ！」ということでした。

そのような道もあるのか、と驚いたのが人生における初めての、そういう人たちとの出会いでした。

同社は、日本でも起業家を輩出しています。エムスリーの谷村さん、DeNAの南場さんなどが私とほぼ同年代です。私も普通の日本の会社に就職していれば、そうした雰囲気に触れることもなく、イノベーションとかアントレプレナーシップとは無縁の人生を送ったかもしれません。

私は現在、京都大学でアントレプレナーシップ教育を担当し、全学の共通教育でさまざまな専門分野の学生や院生にイノベーションやアントレプレナーシップについて教えています。日本の大学は、私が学生であった当時と比較すると比べものにならないほどそうした教育に注力するようになっています。大学での私の部門も、故瀧本哲史氏らと一緒にスタートしたころは、二人で遠くまで巡業（京大はキャンパスが分かれており、桂キャンパスや宇治キャンパスはやや離れたところにあります）しても教室に来てくれた学生は五人、といった有様でしたが、現在では年間八〇〇人もの学生がさまざまなレベルのコースを受講するようになりました。

現代のイノベーション関連の本の多くは実際にイノベーションを起こしたアントレプレナー達によって書かれています。たとえば『ゼロ・トゥ・ワン』を書いたピーター・ティール氏は、ペイパルや最近生成ＡＩで話題になったオープンＡＩの共同創業者で、パランティアというビッグデータ解析の会社もナスダックに上場させています。米国ＮＳＦ（国立科学財団）の技術商業化プログラムにも採用されている顧客開発モデルの実践講座「リーンローンチパッド」を開発したスティーブン・ブランク氏（私は彼のカリフォルニアの家を訪問したことがあります）も、シリコンバレーで八社の創業に携わり、そのうち四社を上場させたシリアル・アントレプレナーです。そうした起業家達が編み出した手法は実践的で非常に有用であり、私も授業に取り入れて活用しています。

一方、起業しイノベーションを起こすというようなことがそれほど当たり前ではない日本では、そうした実践的なツールやフレームワークとは別の何かが必要ではないか、と思うようになりました。

起業するというのは誰にとっても人生の大事な選択です。そうした大きな意思決定をする際の、そもそもの判断軸には、何が必要か？

判断軸とは、迷ったときに、どちらの方向感が正しいのか、ということですが、言い換えると、「大局観」と言ってもいいかもしれません。

「大局観」を得るには、やはり、専門特化した知識や、個々のアイデアの具体的な方策の合理的な得失を考えるよりも先に、世界をより広く見渡して、事実について知ることだと思います。世界について、歴史について知ること。時間や空間を超えて物事を比較することで、人間は自分の立ち位置を把握することができます。

江戸時代の思想家である荻生徂徠はこう書いています。

「学問は飛耳長目の道と荀子も申し候。この国にいて見ぬ異国のことをも承り候は、耳に翼出来て飛び行き候ごとく、今の世に生まれて数千載の昔の事を今目に見る如く存じ候ことは長き目なりと申すことに候。されば見聞広く事実に行き渡り候を学問と申すことに候ゆえ、学問は歴史に極まり候ことに候」（北岡伸一『世界地図を読み直す―協力と均衡の地政学』より抜粋、『荻生徂徠先生問

答書』の一節）
一部を意訳すると以下のようになります。
「自国にいながらにして、見たことのない異国のことを知ることができるのは、まるで耳に翼が生えて遠くへ飛んで行くようなものです。また、現代に生きながら、数千年前の出来事を目の前に見るように理解できるのは、まるで目が遠くまで見通せるようなものです」
要するに、「異国の事」、「歴史」を知ることが事実を深く認識するために重要だということです。本書を読んで「耳に翼が生えて遠くに飛んで行くような」感想を持っていただければ、著者として最上の喜びです。

本書を書くきっかけは、ちょうどそうした「全体性」のある仕事をしたいと考えていたところ、「『イノベーション全史』という題で、本を書く気はないか」と千場弓子さんからお話をいただいたことです。
千場弓子さんと言えば、ディスカヴァー・トゥエンティワンの社長時代、『経営戦略全史』や『ビジネスモデル全史』をヒットさせていますし、ビジネス書大賞の仕掛け人でもあります。これは非常にいい話をいただいたと思い、「全史」とは相手にとって不足はない、やってやろうじゃないか、というくらいのノリで引き受けることにしましたが、始めてみると当たり前のことですがイノベーションというのは実に領域が広く、バイオもあればＡＩもあり、執筆は断続的に二年もかかってしまいました。原稿が遅くなっても辛抱強く待っていただいた千場さんには感謝しかありません。

事業構想大学院大学教授、大阪大学招へい教授の松行輝昌先生には初稿から丁寧に読んだ上でコメントしていただき、欠けている視点や追加すべき必読書等、さまざまな貴重なご指摘をいただき、それらはフルに本書に反映させていただきました。大いに感謝申し上げます。

京都大学の同僚、客員の先生方やフェローの方々、授業のサポートをお願いしているメンター役の皆さんの支えがあり、いろいろなアイデアに触れることができました。御礼を申し上げます。

さらに私の授業を受講し、質問をし、素晴らしいレポートを書いてくれた学生、院生の皆さんには、大いに刺激をもらいましたし、面白い事例やクリエイティブな図表など、本書でもその一部は参考にさせていただいています。ここに感謝の意を表したいと思います。

二〇二四年二月　木谷哲夫

木谷哲夫（きたに てつお）

京都大学イノベーション・マネジメント・サイエンス特定教授
マッキンゼーにて自動車、ハイテク、通信等のコンサルティングに従事した後、コーポレートファイナンス・ターンアラウンド業務等を経て、2008年より京都大学イノベーション・マネジメント・サイエンス寄附研究部門教授。現在は京都大学でテクノロジー商業化、起業家育成方法、エコシステムについての研究と、全学アントレプレナーシップ教育プログラムの開発・実施に従事している。
日本経済新聞アジアアワードアドバイザリーボードメンバー、関西における起業家教育コンソーシアム協議会の議長も務める。
東京大学法学部卒、シカゴ大学政治学博士前期課程修了（MA）、ペンシルバニア大学ウォートンスクールMBA。

BOW BOOKS 023
イノベーション全史

発行日　2024年3月30日　第1刷

著者　木谷哲夫
発行人　干場弓子
発行所　株式会社BOW&PARTNERS
https://www.bow.jp　info@bow.jp
発売所　株式会社 中央経済グループパブリッシング
〒101-0051　東京都千代田区神田神保町1-35
電話 03-3293-3381　FAX 03-3291-4437

装幀＋本文FMT　辻中浩一＋村松亨修（ウフ）
編集協力＋DTP　BK's Factory
校正　株式会社 文字工房燦光
印刷所　中央精版印刷株式会社

 ISBN978-4-502-49961-6

BOW BOOKS

時代に矢を射る　明日に矢を放つ

001
リーダーシップ進化論
人類誕生以前からAI時代まで

酒井 穣
2200円｜2021年10月30日発行
A5判並製｜408頁

壮大なスケールで描く、文明の歴史と、そこで生まれ、淘汰され、選ばれてきたリーダーシップ。そして、いま求められるリーダーシップとは？

002
ミレニアル・スタートアップ
新しい価値観で動く社会と会社

裙本 理人
1650円｜2021年10月30日発行
四六判並製｜208頁

創業3年11ヶ月でマザーズ上場。注目の再生医療ベンチャーのリーダーが説く、若い世代を率いる次世代リーダーが大切にしていること。

003
PwC Strategy&のビジネスモデル・クリエイション
利益を生み出す戦略づくりの教科書

唐木 明子
2970円｜2021年11月30日発行
B5判変型並製｜272頁

豊富な図解と資料で、初心者から経営幹部まで本質を学び、本当に使える、ビジネスモデル・ガイド登場！

004
哲学者に学ぶ、問題解決のための視点のカタログ

大竹 稽／
スティーブ・コルベイユ
2200円｜2021年11月30日発行
A5判並製｜288頁

哲学を学ぶな。哲学しろ。ビジネスから人生まで生かしたい、近代以降デカルトからデリダまで33人の哲学者たちによる50の視点。

005
元NHKアナウンサーが教える
話し方は３割

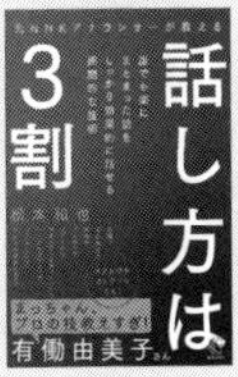

松本 和也
1650円｜2021年12月25日発行
四六判並製｜248頁

有働由美子さん推薦！
「まっちゃん、プロの技、教えすぎ！」
スピーチで一番重要なのは、話し方ではなく、話す内容です！

006
AI時代のキャリア生存戦略

倉嶌 洋輔
1760円｜2022年1月30日発行
A5判変型並製｜248頁

高台（AIが代替しにくい職）に逃げるか、頑丈な堤防を築く（複数領域のスキルをもつ）か、それとも波に乗る（AIを活用し新しい職を創る）か？

007
創造力を民主化する
たった１つのフレームワークと３つの思考法

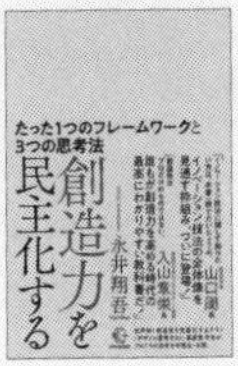

永井 翔吾
2200円｜2022年3月30日発行
四六判並製｜384頁

本書があなたの中に眠る創造力を解放する！　創造力は先天的なギフトではない。誰の中にも備わり、後天的に鍛えられるものだ。

008
コンサルが読んでる本 100＋α

並木 裕太 編著
青山 正明+藤熊 浩平+
白井 英介
2530円｜2022年5月30日発行
A5判並製｜400頁

ありそうでなかった、コンサルタントの仕事のリアルを交えた、コンサル達の頭の中がわかる「本棚」。

科学的論理思考のレッスン

009

高木 敏行／荒川 哲
2200円｜2022年6月30日発行
A5判横イチ並製｜212頁

情報があふれている中、真実を見極めるために、演繹、帰納、アブダクション、データ科学推論の基本を！

朝日新聞記者がMITのMBAで仕上げた 戦略的ビジネス文章術

010

野上 英文
2420円｜2022年7月30日発行
四六判並製｜416頁

ビジネスパーソンの必修科目！　書き始めから仕上げまで、プロフェッショナルの文章術を、すべてのビジネスパーソンに。

わたしが、認知症になったら 介護士の父が記していた20の手紙

011

原川 大介／加知 輝彦 監修
1540円｜2022年9月30日発行
B6判変型並製｜192頁

85歳以上の55％が認知症!? 本書が、認知症、介護に対するあなたの「誤解・後悔・負担・不安」を解消します。

グローバル×AI翻訳時代の 新・日本語練習帳

012

井上 多恵子
2200円｜2022年9月30日発行
B6判変型並製｜256頁

外国人と仕事するのが普通となった現代のビジネスパーソン必携！　AI翻訳を活用した、世界に通じる日本語力とコミュニケーション力。仲野徹氏絶賛!!

人生のリアルオプション 仕事と投資と人生の「意思決定論」入門

013

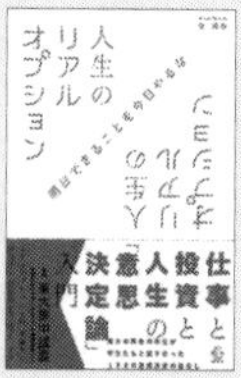

湊 隆幸
2420円｜2022年11月15日発行
四六判並製｜320頁

「明日できることを今日やるな」　不確実性はリスクではなく、価値となる。私たち一人ひとりがそのオプション（選択権）を持っている!!

こころのウェルビーイングのために いますぐ、できること

014

西山 直隆
2090円｜2022年12月25日発行
四六判並製｜320頁

モノは豊かになったのに、なぜココロは豊かになれないんだろう…幸せと豊かさを手にしていく「感謝」の連鎖を仕組み化！

「幸福学」の前野隆司氏推薦!

コンサル脳を鍛える

015

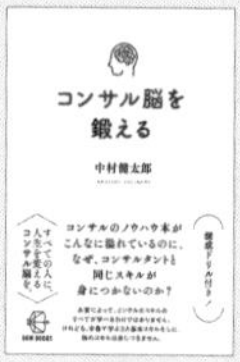

中村 健太郎
1980円｜2023年2月25日発行
四六判並製｜256頁

コンサル本が溢れているのにコンサルと同じスキルが身につかないのはなぜか？

　その答えは「脳の鍛え方」にあった!? すべての人に人生を変える「コンサル脳」を。

はじめての UXデザイン図鑑

016

荻原 昂彦
2640円｜2023年3月30日発行
A5判並製｜312頁

UXデザインとは、ユーザーの体験を設計すること。商品作りでも販売現場でもアプリやDXでも…あらゆる場面でUXデザインが欠かせない時代の武器となる一冊!

BOW BOOKS

時代に矢を射る　明日に矢を放つ

WORKとLIFE のSHIFT のその先へ。
この数年、時代は大きく動いている。人々の価値観は大きく変わってきている。
少なくとも、かつて、一世を風靡した時代の旗手たちが説いてきた、
お金、効率、競争、個人といったキーワードは、もはや私たちの心を震わせない。
仕事、成功、そして、人と人との関係、組織との関係、
社会との関係が再定義されようとしている。
幸福の価値基準が変わってきているのだ。
では、その基準とは？　何を指針にした、どんな働き方、生き方が求められているのか？
大きな変革の時が常にそうであるように、その渦中は混沌としていて、
まだ定かにこれとは見えない。
だからこそ、時代は、次世代の旗手を求めている。
彼らが世界を変える日を待っている。あるいは、
世界を変える人に影響を与える人の発信を待っている。
BOW BOOKSは、そんな彼らの発信の場である。
本の力とは、私たち一人一人の力は小さいかもしれないけれど、
多くの人に、あるいは、特別な誰かに、影響を与えることができることだ。
BOW BOOKSは、世界を変える人に影響を与える次世代の旗手を創出し、
その声という矢を、強靱な弓（BOW）がごとく、強く遠くに届ける力であり、
PARTNERである。
世界は、世界を変える人を待っている。
世界を変える人に影響を与える人を待っている。
それは、あなたかもしれない。

代表 干場弓子